Premio de Teatro Rafael Dieste
2007

Unha primavera para Aldara

Una primavera para Aldara

de
TERESA MOURE

Edición bilingüe galego-castellano

Edición de Ana Garrido González

PUBLICACIONES DE LA ASOCIACIÓN DE
DIRECTORAS Y DIRECTORES DE ESCENA DE ESPAÑA

PUBLICACIONES DE LA ASOCIACIÓN DE
DIRECTORAS Y DIRECTORES DE ESCENA DE ESPAÑA

Dirección editorial: Carlos Rodríguez Alonso y Manuel F. Vieites

© Teresa Moure Pereiro, 2025
© del estudio preliminar: Ana Garrido González
© de la presente edición:
    Asociación de Directores de Escena de España

Primera edición: Noviembre, 2025

Publicaciones de la ADE
Serie: Premios de Teatro Rafael Dieste Nº 14

Paseo del Rey, 10, bajo A. 28008 Madrid (España)
http:// www.adeteatro.com
correo electrónico: redaccion@adeteatro.com

Diseño: Tomás Adrián
ISBN: 978-84-17189-66-2
Depósito legal: M-22879-2025
Imprime: Safekat S.L.
Impreso en España

Este libro se realiza con la colaboración
de la Deputación da Coruña

Premio de Teatro Rafael Dieste
2007

Unha primavera para Aldara

Una primavera para Aldara

de

TERESA MOURE

Edición bilingüe galego-castellano

Edición de Ana Garrido González

Rebeldes en busca de libertad

Por Ana Garrido González[1]

> RECALMÓN
> gasto a miña paciencia rachándoa, afiándoa a modiño, moi a modiño,
> esa é a clave, quero indicar un remoloneo acompasado coas sílabas,
> *re cal mon re cal mon*, o chachachá do tren, *recalmón recalmón*,
> tempo coa letanía e cando te dás conta, chega un momento
> no que non sabes xa nada dela, vamos,
> que non a recoñeces e é coma se a inventaras
> por primeira vez.
>
> Xohana Torres, *Adiós María*[2]

La gramática violeta y el fenómeno Moure

Empezaremos haciendo un recorrido por la trayectoria de la autora y no es por rutina o a modo de presentación al uso. Toda la producción de Teresa Moure, tanto la artística como la académica,

---

[1] Ana Garrido González es doctora en Humanidades con especialidad en literatura por la Universidad de Varsovia y profesora de esta misma institución. Es autora del ensayo *Xohana Torres: da viúa de vivo á muller navegante* –Premio Xohana Torres (2019)–. Como investigadora, ha publicado numerosos artículos académicos en revistas como *Sociocriticisml, Itinerarios, Abriu, Pasavento...* También ha coordinado, entre otros, el monográfico "Migraciones y Género en la Literatura Gallega", para la revista *Humanidades* y "Ciencia ficción, figuras de exclusión e xénero na cultura galega" para *Madrygal*. Ha sido presidenta de AIEG (2021-2022). Encabeza el grupo de investigación "(Otra)Iberia: Otras representaciones, culturas e identidades en la Península Ibérica". Es la responsable del Centro de Estudios Gallegos de la UW y coordinadora para la Universidad de Varsovia del proyecto internacional BLEARN AUTONOMY (2020-1-ES01-KA203-082513). También es traductora al gallego de *Alma Perdida* de la novelista Olga Tokarczuk. Sus líneas de investigación son: la representación de la emigración y el exilio en la literatura, identidades, estudios de género, teoría de las emociones.

[2] "RECALMÓN gasto mi paciencia resquebrajándola, afilándola despacito, muy despacito, esa es la clave, quiero indicar un remolino rítmico con las sílabas, *re cal mon re cal mon*, el chachachá del tren, *recalmón recalmón*, tiempo con la letanía y cuando te das cuenta, llega un momento en el que ya no sabes nada de ella, vamos, que no la reconoces y es como si la inventaras por primera vez". Las traducciones al castellano, salvo indicación contraria, son de la autoría de Ana Garrido.

9

está profundamente ligada a su modo de entender el mundo y a sus militancias. Las obras de Moure muestran una concepción de su proyecto académico-artístico como medio de intervención social que busca concienciar al lector para que este se implique en la misión de transformar el mundo. El tono revolucionario y la denuncia de los paradigmas dominantes es una constante, particularmente en lo que atañe a la visualización histórica de la mujer, las políticas de género, sexualidad, ecología y lenguaje (Novo, 2005, p. 208; Anderson, 2014, p. 54). Se trata de un proyecto global, en el cual la producción ensayística y la ficcional se retroalimentan. Por ejemplo, el lenguaje como fuente de poder, una hipótesis de sus investigaciones como lingüista, está muy presente también en sus novelas y obras teatrales. Ella misma lo define como un *work in progress* en la solapa de *Sopas New Campbell* (2020). De ahí que prácticamente la totalidad de los temas que la autora toca entre los años 2004-2008 reaparezcan también en *Unha primavera para Aldara* (2008). Con Moure, la idea de que la obra solo es del autor mientras no se publique, para luego cobrar vida e interpretaciones libres, no funciona. La autora reflexiona a posteriori en sus ensayos sobre sus obras artísticas e incluso sobre la recepción de estas por parte del público.

> Nos meses seguintes á representación, fun a varios institutos para falar deste texto e alí experimentei unha certa turbación. Entre o alumnado e entre o profesorado o lesbianismo das monxas producía obsesión e mesmo morbo. Preocupoume moi intensamente –eu tamén persoa pechada nunha sociedade heteronormativa– que o público deixase de atender a algo que a min me parecía esencial: o trasunto da liberdade fronte a opresión, porque non importa tanto se Aldara tivera un amante muller ou home; o miolo da obra é a rebeldía fronte ao poder. O obispo quere quitarlle a autoridade e a única forma de vida. Daquela, cando me ofreceron unha segunda edición en Xerais, incluín un prólogo onde desviei voluntariamente a atención. Eu insisto nese prólogo en que para min o obxectivo é cantar a liberdade íntima das persoas e opoñernos ao poder, cutre e esclerotizado, e as formas en que se dea o sexo son secundarias,

porque sexo é para min sempre revolta interior, escándalo puro. (Moure, 2014, pp. 82-83)[3]

La autora llega al extremo de escribir prólogos en las segundas ediciones para contrarrestar interpretaciones que la disgustan. Su proyecto artístico se desenvuelve entre la inmejorable recepción y las polémicas: "eu non tiven unha sensación tan positiva, senón máis ben a dunha buguina que se arrecunchaba sentíndose atacada polo que dicía ou non dicía, facía ou non facía" (Moure, 2007, p. 150)[4]. Como ha señalado Lorena López López "o jogo com a figura autoral serve também para criticar o processo de assimilação da literatura das autoras por todo o campo literário: a forma como é categorizada segundo rótulos que servem para as embalar e vender como produtos editoriais acaba por restringir as suas leituras e o seu alcance"[5] (2022, p. 174). Moure escribe en lucha constante por mantener el control sobre su figura autoral y sobre sus obras, e incluso coloca esta idea en boca de sus personajes: "se tinha um projeto literário era o meu, não o que as editoras decidissem[6]" (2015, p. 241). Por si esto ya no fuera de por sí significativo, la recepción de la obra de Moure constituye un punto de inflexión paradoxal dentro del sistema literario gallego. La puesta en escena, los múltiples pre-

---

[3] "En los meses siguientes a la actuación fui a varios institutos para hablar de este texto y allí experimenté cierta perturbación. Entre los estudiantes y entre los profesores, el lesbianismo de las monjas produjo obsesión e incluso morbo. Me preocupaba mucho —soy también una persona cerrada en una sociedad heteronormativa— que el público dejara de prestar atención a algo que me parecía esencial: la cuestión de la libertad frente a la opresión, porque no importa tanto si Aldara había tenido un amante o una amante; el corazón de la obra es la rebelión contra el poder. El obispo quiere quitarle su autoridad y su única forma de vida. Luego, cuando me ofrecieron una segunda edición en Xerais, incluí un prólogo donde voluntariamente desvié la atención. Yo insisto en este prólogo en que para mí el objetivo es cantar la libertad íntima de las personas y oponerse al poder, cutre y esclerotizado, y las formas en que se da el sexo son secundarias, porque para mí el sexo es siempre una revuelta interior, un escándalo puro".

[4] "Yo no tuve una sensación tan positiva, sino la de una niña pequeña que se acurruca en un rincón y se siente atacada por lo que dice o no dice, hace o no hace".

[5] "El juego con la figura del autor sirve también para criticar el proceso de asimilación de la literatura de las autoras en todo el campo literario: la forma en que se categoriza según etiquetas que sirven para envasarlas y venderlas como productos editoriales termina restringiendo sus lecturas y su alcance".

[6] "si tenía un proyecto literario, era el mío, no el que decidían los editores".

11

mios y las reediciones de *Unha primavera para Aldara* solo se entienden conociendo lo que fue el llamado 'fenómeno Moure', pues como veremos la autora publica en un momento de fuerte anhelo de renovación en el que "la literatura militant, situada en un feminisme de la diferència i expressament ideologitzada, es va convertir en un èxit de vendes reconegut per multitud de premis" (González Fernández, 2008, p. 85)[7]. Por este motivo, es necesario atender a la trayectoria y a la atípica recepción de las obras de Moure.

Teresa Moure Pereiro (Monforte de Lemos, 1969) es doctora en lingüística, docente en la Universidad de Santiago de Compostela, directora del Centro Interdisciplinario de Investigacións Feministas e de Estudos de Xénero da USC desde 2022 y una escritora muy polifacética que ha recorrido casi todos los géneros literarios. Sus obras —más de diez novelas, numerosos ensayos teóricos, varios libros de poesía, dos piezas teatrales, y algunas traducciones— abordan como la subversión de género, el lenguaje como poder, la identidad, la importancia del conocimiento, el ecofeminismo, la maternidad, la sexualidad, la discriminación… En 2004 la autora monfortina hace su primera incursión en la literatura con *A xeira das árbores* (2004), que obtuvo dos importantes premios, el Premio Manuel Lueiro Rey y el Premio Arzobispo San Clemente; era una novela sobre las dificultades de una madre soltera de familia numerosa, pero también se tocaban temas como el maltrato y se aprovechaba la profesión de traductora de la protagonista para hacer reflexiones de tipo lingüístico. En ese mismo año 2004 publica también un ensayo sobre la necesidad de crear una lengua artificial que favorezca los intercambios culturales sin perjudicar la lengua propia de cada comunidad, *Outro Idioma é Posible* (2004), ganador del Premio Ramón Piñeiro, del que también sería finalista solo un año después con *A palabra das fillas de Eva* (2005). En este segundo ensayo, muy cercano a los feminismos de la diferencia[8], Moure denuncia como el lenguaje

---

[7] "la literatura militante, ubicada en un feminismo de la diferencia y expresamente ideologizada, se convirtió en un éxito de ventas reconocido por multitud de premios".

[8] Hablamos premeditadamente en plural porque la misma Moure usa el término así (2014, p. 155) y, aunque algunas investigadoras como Olga Novo (2005), Rodríguez Rodríguez (2011), Helena González Fernández (2008) o Alicia Romero López (2015)

como forma de poder que nos moldea y desenmascara las fuerzas sociales que lo manejan. En definitiva, propone renovar el lenguaje, pero también introduce cuentos dentro del ensayo sobre temas que, hasta el momento, apenas habían aparecido en la literatura –como el parto. En *Herba moura,* 2005, una joven que está escribiendo su tesis doctoral sobre Descartes y sus ideas, contradiciendo el criterio de su tutor, se apasiona por las historias de las dos mujeres que marcaron la vida del filósofo. Entre los años 2007 y 2009 también se interesa por la literatura infantojuvenil[9] y toca temas como la familia, los traumas y la maternidad: *A casa dos Lucarios* (Xerais, 2007); *Eu tamén son fonte* (Galaxia, 2008); *Mamá, ti si que me entendes!* (Galaxia, 2009).

---

han adscrito este texto al feminismo de la diferencia, ya Elena Miguélez-Carballeira (2006) había señalado como problemático esencializar y polarizar las tendencias de género a la hora de tratar temas como la lengua y su uso. Además, Moure "mostra a sua disposição de não ser identificada e limitada por nenhum processo de categorização" ["muestra su voluntad de no ser identificada y limitado por ningún proceso de categorización"] (López López, 2022, p. 162) y Rodríguez Rodríguez también incluye dentro del feminismo de la diferencia otras obras de Moure, como *Benquerida catástrofe* (2014, p. 76), que la propia Moure considera en la línea de lo queer (2014, p. 76). Resulta indudable que para aquel entonces la autora se había ido dirigiendo cara otros derroteros ideológicos, como prueba la publicación de *Queer-emos un mundo* novo (2014). N obstante, también es cierto que Moure insinúa contantemente lenguajes diferenciados hombre/mujer y presenta el pacifismo como un rasgo femenino a lo largo de toda su producción, incluida *Unha primavera para Aldara.* Quizás la mejor definición ideológica de Moure la haya dado Dolores Vilavedra cuando en 2007 afirmaba: "A obra e a autora están, sen dúbida, claramente comprometidas co feminismo, quizais con todos os feminismos posibles. Así, nela combínase a reivindicación do protagonismo histórico de determinadas mulleres que a historiografía oficial relegou a un segundo plano como a raíña Cristina de Suecia, coa defensa do dereito a cultivar a privacidade e mesmo a domesticidade nun mundo no que triunfan os valores masculinos do éxito e a extroversión" ["La obra y la autora están, sin duda, claramente comprometidas con el feminismo, quizás con todos los feminismos posibles. Combina así la reivindicación del papel histórico de determinadas mujeres relegadas a un segundo plano por la historiografía oficial, como la reina Cristina de Suecia, con la defensa del derecho a cultivar la privacidad e incluso la domesticidad en un mundo en el que triunfan los valores masculinos del éxito, el triunfo y la extroversión"] (148).

[9] Aunque la autora no admite esta etiqueta, porque considera que solo responde a los dictámenes del mercado, el cual efectivamente tiende a desviar todas las obras que entiende que son adaptables hacia las colecciones infanto-juveniles, porque la demanda de las escuelas les resulta lucrativa (López López, 2022, p. 148, entre otros). De hecho, la reedición de *Unha primavera para Aldara* de la Editorial Xerais se hizo en la colección juvenil Fora de Xogo.

13

En 2007, con *Benquerida catástrofe* Moure comienza a inclinarse hacia las teorías queer y en 2008 vuelve al ensayo con *O natural é político* (Xerais) en el que alterna el ensayo literario con narraciones bajo una única finalidad: provocar una revuelta contra el medioambientalismo vacuo y el consumismo masivo.

Ese mismo año publicará la obra teatral que hoy nos ocupa *Unha primavera para Aldara*, tras la que seguirá publicando novelas, ensayos y una segunda y última, hasta el momento, obra teatral: *Cínicas* (2010). Pero, retomemos el contexto en el que se publica *Unha primavera para Aldara*, que es el tema que nos ocupa. Como ya hemos señalado, la obra prima de la autora había tenido muy buena acogida, sin embargo, es sobre todo la publicación de *Herba moura* (2005) la que ocasionará el llamado, tanto por la prensa como por la crítica, 'fenómeno Moure' (Vilavedra, 2005; Miguélez-Carballeira, 2006, p. 86, entre otros). La novela fue galardonada con cinco premios literarios, traducida a siete lenguas y rápidamente canonizada. Esto se consideró un fenómeno sin precedentes en el sistema literario gallego y convirtió a Teresa Moure en la "autora de moda" (Novo, 2005, p. 208).

Sin embargo, el fenómeno Moure no es un hecho aislado. La autora monfortina es el paradigma por excelencia del grupo de narradoras que irrumpe con fuerza y consolida su trayectoria a principios del siglo XXI para provocar una profunda transformación en la literatura gallega. Ellas trajeron a la narrativa las experiencias y el imaginario femenino. La poesía escrita por mujeres, como afirma González Fernández, ya había supuesto "un laboratorio del lenguaje y un proveedor de modelos innovadores para el conjunto del campo literario" (2013, p. 55), pero en el caso de la narrativa, serán factores como una sociedad más sensible a la discriminación de género, lectoras cada vez más exigentes y la creación de una nueva etiqueta editorial, 'literatura violeta', lo que les allane el camino:

> La incorporación de las escritoras y de lo femenino en estos últimos años no se realizó desde una simple asunción de la igualdad (por lo demás, inexistente aún ahora) sino como factor de normalización y modernización; visibilizar y explicitar esta incorporación de lo fe-

menino en la identidad nacional permite subrayar en positivo la diferencia nacional. (González Fernández, 2013, p. 74)

Así, la consolidación de un buen grupo de mujeres novelistas se convirtió en un hito perseguido y deseado. Una narrativa muy esperada, aun cuando en realidad si existían algunas narradoras con una larga trayectoria literaria como eran, entre otras, María Xosé Queizán o Marilar Aleixandre. No obstante, ahora, el sistema editorial veía en ellas un modo de modernización. En definitiva, un momento propicio que permitió la entrada de lo que Helena González Fernández llamó 'gramática violeta': una literatura concebida en femenino, que ha afectado también a la escritura de autoría masculina (2008, p. 81). Un fenómeno que por lo tanto no fue marginal en el campo literario gallego, pero que, por ello, no deja de ser complejo.

Con respecto al tema principal de esta introducción, la producción teatral de Moure se enmarca en los mismos parámetros, de hecho, González Fernández emplea la cita final de *Una primavera para Aldara* para ejemplificar su definición de «gramática violeta»: "¡Acabamos de descubrir que somos gorriones, terrible y completamente independientes!" (*Vid.*, p. 282).

Las escritoras gallegas han ido avanzado haciendo complejos equilibrios con el discurso patriarcal de la nación, que las mantenía bajo el 'paraguas totalizador'(González Fernández, 2005) que ha relegado y manipulado el discurso de la vindicación, pero también lo ha amparado y promovido cuando el peso social que había ido ganado lo convertía en una vía de modernización, universalización, visibilización y normalización de un sistema literario precario, pero fruto de una tradición ideológica más bien de izquierdas y laica (González Fernández, 2008, p. 82). Es decir, el sistema presenta las obras de Moure como inaugurales (Miguélez-Carballeira, 2006), pero como ya hemos señalado, hay narradoras de renombre a las que todo este fenómeno, en realidad, les perjudicó: vender a este grupo de escritoras como un fenómeno, inaugural, fresco, innovador, etc., ensombrece a aquellas que llevaban años publicando (Miguélez-Carballeira, 2006, p. 84). El caso de María Xosé Queizán será especialmente relevante porque ambas "se recrean en la reescritura de cuerpos, sexualidades y emociones que transgreden el pensamiento binario y desnaturalizan sus categorías fundacionales: heterosexualidad/homosexualidad, identidad/alteridad, identificación/idealización, cultura/naturaleza, dentro/fuera (Moszczyńska-Dürst, 2019, p. 505). No obstante, como veremos, si hay que reivindicar a una dramaturga como inaugural esa será Xohana Torres. En definitiva, es en esta estela en la que debemos situar la obra teatral que aquí nos ocupa.

Una genealogía de dramaturgas

Unha primavera para Aldara, también fue una obra muy premiada. Obtuvo el Rafael Dieste en 2007 y el Premio de la AELG en la categoría de teatro en 2008. Además, fue puesta en escena por la compañía Teatro do Atlántico y distinguida con siete galardones en los Premios María Casares 2009, incluido el de mejor texto original. La pieza explora relaciones de igualdad integradas en estructuras y espacios patriarcales (Anderson, 2014, p. 49) concretamente el interior de un monasterio, en la Galicia del siglo XV, durante la denominada Gran Guerra Irmandiña (1467 y 1469)[10] y con los abusos de la nobleza feudal como telón de fondo. En consecuencia, por una parte, debemos agrupar *Unha primavera para Aldara* con las novelas históricas *Herba moura* y *Ostrácia* (2015), por su común propósito de devolvernos las vivencias femeninas en el pasado y su perspectiva sobre los acontecimientos históricos. Un proyecto de restitución de la dignidad de la mujer que está ligado al concepto de (in)visibilidad y al cuestionamiento de las tesis históricas tradicionales, incluso aquellas que han sustentado a la nación Galicia:

> (...) asumín o propósito de escribir unha obra histórica situada na época dos irmandiños. Como no meu círculo de amizades me previron do masculinismo a que estaría abocada a miña escrita –a falar de guerreiros e de batallas– quixen xogar ás alternativas. Nada máis suxestivo que conxugar a épica do movemento irmandiño e as súas posibilidades, traxicamente frustradas pola historia, de conseguir

---

[10] Para más información véase (López Carreira, 1991).

para Galiza unha auténtica liberación nacional, cun ambiente coral e feminino de mulleres non sometidas ao matrimonio, un convento[11]. (Moure, 2011, 80-81)

Como ya apuntamos, una de las mayores contribuciones de Moure a la recuperación de la historia de las mujeres consiste en la integración de aspectos que en el pasado no se habían considerado dignos de ser novelados, en el caso que nos ocupa: la maternidad; las violaciones y agresiones; las razones que llevaban a las mujeres a entrar en los conventos; la falta de acceso al conocimiento; la sabiduría popular de las mujeres; el deseo y la sexualidad femenina; la castración del impulso sexual por medio de hiervas, la misoginia en la literatura, los abusos de las autoridades eclesiásticas sobre las monjas... En este sentido, como antecedentes inmediatos de *Unha primavera para Aldara* habría que señalar *Virxes* (2006) –cabaret-western de la compañía homónima integrada por Andrea Álvarez, Sonia Méndez y Paula Sanmartín– que denunciaba el papel de la mujer desde dentro del discurso patriarcal establecido y *A mirada de Pier* (2008) –presentada por Nut Teatro a partir del original de Clara Gayo– que atacaba directamente el discurso falocentrista al presentar el tema del deseo como hilo argumental de tres historias diferentes, que constituían diferentes formas de vivirlo y de gestionarlo (Biscainho-Fernandes, 2019, p. 337). Por otra parte, Moure combina la recuperación de la historia y de la memoria de mujeres relegadas con una mirada queer, una manera alternativa de entender el cuerpo, el sexo y el placer, como señalaba ya Vilavedra para *Herba Moura* (2007, p. 150). Tal vez los antecedentes de este trazo de la pieza estén en el efímero Teatro Bruto y Matarile, de la década de los 90.

Abondaba con que un bispo se encaprichase dun convento para acusar a abadesa e as demais de calquera pecado que lle permitise

---

[11] "Me propuse escribir una obra histórica ambientada en la época de los irmandiños. Como en mi círculo de amigos me advertían del masculinismo al que se verían abocados mis escritos –al hablar de guerreros y batallas– quise jugar con las alternativas. Nada más sugerente que combinar la epopeya del movimiento irmandiño y sus posibilidades, trágicamente frustradas por la historia, de lograr una auténtica liberación nacional para Galicia, con un ambiente coral y femenino de mujeres no sujetas al matrimonio, un convento".

requisar os seus bens. Nese contexto, o amor feminino era en varios sentidos distintos unha provocación e, ademais, proporcionaba ás protagonistas a coartada perfecta: acusada de ter amores cun guerreiro irmandiño e ser nai dunha nena que naceu no convento, Aldara garda na manga a carta da verdade. A súa amante era unha muller e, daquela, a acusación non era convincente[12]. (Moure, 2011, p. 81)

Ahora bien, como ya hemos mencionado, podemos buscar antecedentes mucho más atrás, en el teatro de Xohana Torres, *A outra banda do Iberr* (1965) e *Un hotel de primeira sobre o río* (1968), pues la autora de "Penélope", aunque no pudo ver representadas sus obras, es la primera en practicar un criterio fundamental que seguirán dramaturgas posteriores como María Xosé Queizán o Inma Souto: la protagonista femenina (López Silva, 2011, p. 5). Además, en el caso de Queizán y Moure, Aldara y Elvira –personajes principales–, responden también al arquetipo de mujer rebelde y de ideas revolucionarias, como las Ruth y Malen de Torres. Son todas ellas mujeres de carácter fuerte ante las que el resto de los personajes no pueden permanecer indiferentes y que condicionan la historia que se nos cuenta. Los personajes varones, o que encarnan los valores y el discurso masculino –pues Nuno/Nona, de *Unha primavera para Aldara* encarna, como veremos, el prototipo del perfecto caballero irmandiño– son el contrapunto que nos permite ver la voluntad inquebrantable que tienen las protagonistas de decidir por sí mismas, construir su propia identidad y articular su propia concepción de la vida y de la libertad.

---

[12] "Bastaba que un obispo se enamorara de un convento para acusar a la abadesa y a las demás de cualquier pecado que le permitiera confiscar sus bienes. En este contexto, el amor femenino era en varios sentidos una provocación y, además, proporcionaba a las protagonistas la coartada perfecta: acusada de tener aventuras con un guerrero irmandiño y de ser madre de una niña nacida en el convento, Aldara se queda con la carta de la verdad bajo la manga. Su amante era una mujer y, por lo tanto, la acusación no resultaba convincente".

La revolución Irmandiña y la escena queer

Moure sigue, con *Unha primavera para Aldara*, los pasos de María Xosé Queizán que en *Antígona* (1989) también había escogido una ambientación histórico-medieval. Una decisión que contrasta sin embargo con la tendencia general de las autoras de este periodo, pues solían optar a la contemporaneidad y omitir las referencias temporales o históricas para mostrar como universal el discurso sobre las mujeres (López Silva, 2011, p. 9). Sin duda, tanto Queizán como Moure son conscientes de situar sus textos en un tiempo mítico con profundo arraigo en la tradición galleguista y en el nacionalismo literario. De este modo se reapropian del discurso monopolizado por los valores masculinos y reescriben la estirpe gallega. No obstante, Moure hace una reconstrucción histórica más realista y detallada pues, aunque la obra no transcurre en un espacio con nombre propio, las fechas y las referencias a los señores feudales son concretas. La voz en off de la primera escena nos sitúa, en tono solemne y mítico, en 1467, ante la "Galicia irredenta" y la Revolta Irmandiña. En la segunda escena tenemos noticias de una violación perpetrada por los caballeros del Conde de Lemos, lo que nos emplaza en la zona de Monforte, que de hecho también se nombra. No obstante, salvo este grandilocuente comienzo, en el resto de la pieza llama la atención la contemporaneidad del conflicto y de los personajes (Vidal Ponte, 2012). Moure nos va alejando del tono fundacional y la representación esencializada con que, a menudo, se han tratado los levantamientos irmandiños. *Una primavera para Aldara* nos muestra las carencias de los sublevados que en realidad no son un movimiento ni tan nuevo ni tan renovador: "la Hermandad tampoco nos complace porque intenta arreglar los problemas al estilo de los hombres" (*Vid.*, p. 282).

Por otra parte, con respecto al travestismo, si contemplamos esta pieza teatral desde la heterogeneidad de las tesituras que han marcado en el pasado y aun en la actualidad la forma de concebir el cuerpo y la identidad habría que cuestionar que las ropas de mujer de Nona pongan a prueba, como en su momento señaló Inma López, la "credibilidade dunha obra coma esta, caracterizada, precisamente, por unha feitura realista máis achegada á do cine cá do teatro isabelino" (2008)[13]. Moure sitúa el travestismo en tiempos más remotos de lo habitual, conectando con corrientes de estudio que apuntan a la existencia de toda una tradición clandestina del travestismo femenino en la cultura popular, previa al teatro del siglo XVII (Baamonde, p. 10). La investigadora Daniela Fernández Pérez, que se sitúa dentro de estas tendencias, habla de la necesidad de recuperar la memoria *trans* para aludir a las experiencias de aquellos que a lo largo de la historia han transitado entre géneros cuestionando "as barreiras normativas impostas polas sociedades patriarcais occidentais"[14] (2022, p.14) y por qué no también para esquivarlas. Además, en su exposición hace referencia a casos concretos de travestismo como el de "Margarida Borràs, queimada en Valencia en 1460 por vestir de muller e manter relacións con homes[15]" (2022, p. 13), un caso cercano en sus fechas al contexto histórico de la obra de Moure.

Además, sí conocemos casos, en épocas posteriores, de mujeres que se vistieron de hombres para acceder a ámbitos vedados para ellas y también podemos afirmar que las mujeres no siempre se hacían monjas por vocación y que los conventos no eran una solución exclusiva de las clases bajas. No en pocas ocasiones las hijas ilegítimas de la nobleza acababan entre los muros de un convento. Julia Lewandoska (2013), en un artículo sobre sor Marcela de San Félix, dramaturga e hija ilegítima de Lope de Vega, estudia bajo el concepto de "celda propia" la paradoja de la libertad interna de las "protagonistas ausentes", aquellas que "escribieron y fomentaron la vida cultural, pero no pasaron a la historia". Es decir, si ellas buscaron la libertad entre las rejas de los conventos para dedicar su vida al conocimiento y la creatividad, cuantas situaciones no habrán podido vivirse entre unas mujeres que tenían mucho de rebeldes y que como también señala Lewandowska (pp. 12-13) mantenían una difícil y compleja relación tanto con la iglesia como con el mundo extramuros. De hecho, las monjas del convento de San Ildefonso, donde

---

[13] "La credibilidad de una obra como esta, caracterizada, precisamente, por una hechura realista más próxima a la del cine que a la del teatro isabelino."
[14] "las barreras regulatorias impuestas por las sociedades patriarcales occidentales".
[15] "Margarida Borràs, quemada en Valencia en 1460 por vestirse de mujer y tener relaciones con hombres".

ingresa Marcela de San Félix, fueron testigos y protagonistas rebeldes de uno de los mayores escándalos de la época; a pesar de ser monjas de clausura. Un acontecimiento muy semejante al de la trama de la pieza teatral de Moure: las monjas escondieron, y fueron castigadas por ello, a Pedro de Villegas, que había apuñalado al hermano de Calderón de la Barca (Arellano-Ayuso, 2000, p. 51).

La memoria de las mujeres se ha hecho en gran medida en base a rellenar las lagunas, o incluso la inexistencia de datos, con la ficción de lo que debió ser o lo que debieron vivir porque la historia de ellas no interesaba y no se recogía, y Moure está haciendo memoria. De hecho, como ya hemos señalado, en el prefacio la segunda edición de *Unha primavera para Aldara* deja claro que no busca centrar la atención en la relación lésbica en sí, sino en el contexto de la libertad frente a la opresión. A la autora le interesa hacer historia de la transgresión. Ahora bien, la trama de *Unha primavera para Aldara*, además de posible, es creíble. La historia funciona porque la autora tiene la capacidad de hacer verosímiles estos espacios de libertad alternativos (López Silva, 2008). La tesis que se sostiene en la obra: los monasterios medievales como espacio de libertad para las mujeres (López Silva, 2011, p. 9), es una posibilidad bien argumentada en sus diálogos, que nos van trazando las características de la época y los sucesos que llevan a la derrota irmandiña. Hay una cuidada labor de documentación histórica:

> (…) consultei, observei que había moitos casos de mulleres violentamente expulsadas dos seus conventos —onde levaban a vida que lles parecía, por certo, o que é moi elocuente en termos queer— e abandonadas á miseria ou condenadas á prostitución pola cobiza dos grandes poderes da Igrexa[16]. (Moure, 2014, p. 81)

Otro elemento que aporta realismo a la obra son los parlamentos. Si bien es cierto que la carga ideológica, la narratividad y el enorme número de personajes dificultan su puesta en escena, como

---

[16] "Consulté, observé que había muchos casos de mujeres expulsadas violentamente de sus conventos –donde vivían la vida que pensaban, por cierto, lo cual es muy elocuente en términos queer– y abandonadas a la pobreza o condenadas a la prostitución por la codicia de los grandes poderes de la Iglesia".

demuestra el proceso de síntesis que supuso llevarla a las tablas (Vidal Ponte, 2012; López Silva, 2008), la autora se esmera en que el lenguaje sea creíble y emplea una lengua culta y rica cargada de trazos que dan verosimilitud a la escenificación medieval, pero que no entorpecen la comprensión porque no son arcaísmos sino trazos que en el gallego actual están siendo substituidos por variantes más castellanizadas (Vidal Ponte, 2012).

Además, aunque la novela explore las relaciones de igualdad entre mujeres que encuentran amparo en el convento, dicha igualdad no incluye el factor de clase social. Ni todas son monjas, ni todas tienen el mismo estatus. De hecho, algunas son criadas de las otras. Si bien es cierto que se cuidan mutuamente. Del mismo modo, la información sobre el contexto histórico la vamos conociendo por detalles aquí y allá en los diálogos. Es un duro periodo en el que "la peste, que acecha nuestras tierras, el hambre que arranca criaturas a las madres, la pobreza que no nos deja levantar cabeza, la falta de ilusión con que soportamos la vida..." (*Vid.*, 208) y a las carencias se les une el pillaje y la violencia presentes desde la primera escena. Los señores laicos, para no sufrir las penurias de la crisis asaltan, secuestran, roban y violan. Los caminos se convierten en inseguros y peligrosos. Luego, instalado el clima de terror venden la *encomenda*, pago por protección a ciudades y monasterios (López Carreira, 1992, p. 28). La obra refleja muy bien los intereses cruzados a los que el pequeño grupo de monjas se ve supeditado. La iglesia no toma partido oficialmente por ninguno de los dos bandos y los irmandiños no cuestionan esta institución:

> ALDARA.– Ajá. Por eso no me gusta que vuestra revuelta ayude a la iglesia. Los obispos no se comportan precisamente de manera sacerdotal; suelen ser crueles. En lugar de servir de ejemplo a su grey, molestan a los diáconos con prestaciones personales, imponen tributos y siembran sus prejuicios. Merecen ser llamados recaudadores antes que pontífices de Dios. (*Vid.*, p. 213)

En realidad, la iglesia no puede posicionarse porque no es un todo homogéneo, los dos bandos están presentes dentro de su seno.

Por una parte, el obispo actúa como cualquier otro señor feudal y calumnia y hostiga abadesas y conventos cuando quiere apropiarse del control directo de sus tierras. Una estrategia que Moure conecta muy inteligentemente con las cantigas de escarnio que se mofan de la promiscuidad de las abadesas.

Por otra parte, los cabidos catedralicios, por su origen social (nobleza y alta burguesía) y por la competencia de funciones con los obispos, apoyan a las hermandades y permanecen fieles a Enrique IV (López Carreira, 1992, p. 40). No obstante, el convento y su abadesa no dejan de ser también un pequeño señorío al que sus arrendadores apenas pagan y a los que la hermandad ayuda porque en realidad no tiene planteamientos revolucionarios y goza de reconocimiento legal y de la aprobación del rey. La Irmandade solo pretende una cierta tranquilidad y justicia dentro del orden establecido (López Carreira, 1992, pp. 31-32).

> ALDARA.– Olvidáis algo. El convento es también un señorío. Buena parte de nuestra hacienda (la granja de Lázaro, el molino, las fincas de Pena da Cova) están arrendadas a labriegos de la zona. No pagan, puesto que nos imaginan ricas, viviendo en una casa llena de joyas de la iglesia. Cuando pido lo que nos corresponde soy también una señora feudal que abusa.
>
> NUÑO.– Sinceramente, no os veo en ese papel. (*Vid.*, 209)

De ahí las contradicciones de Aldara con la hermandad porque si bien ampara al convento defiende el orden público y ataja los problemas que a esta causaba el poder señorial, incluida la inseguridad, los robos y violaciones, tampoco supone un cambio profundo en el estatus de la mujer. Es mucha la violencia en la que ellas también se ven inmersas para al final tener que recurrir a hacerse monjas para sobrevivir, para poder estudiar, para huir del matrimonio o simplemente porque su familia ha decidido deshacerse de la carga que ellas suponen entregándolas al convento. Detrás de la historia de cada una de las monjas hay una crítica velada a la institución de la familia y también a la iglesia.

El lenguaje como forma de poder y la sabiduría femenina: la palabra de las mujeres

La denuncia del lenguaje como forma de poder y como medio de discriminación hacia las mujeres es otro punto en común con la obra de Torres. En *Un hotel de primeira sobre o río* Torres, mediante las usurpaciones alienadoras de los lenguajes del poder (Moriana, 2009, p. 103), hace patente lo grotesca que es la situación en la que vive su protagonista y los suyos. Ruth, parodia el discurso de los banqueros, los empresarios y los políticos que quieren comprar sus tierras y las de sus vecinos. Los ridiculiza retorciendo su lenguaje específico hasta convertirlos en una caricatura de sí mismos y una denuncia de las carencias y miserias de la clase obrero-campesina. Tal es el sarcasmo y el ensañamiento que la pieza toma el cariz de tragicomedia y las autoridades llegan a asemejarse a saltimbanquis; unos titiriteros capaces de crear la ilusión de que su futuro es un futuro mejor para todos[17]. Torres seguirá esta misma estrategia en su novela *Adiós María* en la que parodia el lenguaje de la recién estrenada sociedad de consumo y de la publicidad, el lenguaje religioso, el de la novela rosa (Garrido González, 2020, pp. 58-59). En *Unha primavera para Aldara*, como ya hemos señalado, hay alusiones muy claras a las cantigas de escarnio y a cómo este lenguaje poético sirve para denigrar a las mujeres y conchabarse con los espurios intereses de los señores.

> Gonzalo Eanes do Viñal, que debía de ser pariente mío, agradecía su hospitalidad a cierta abadesa cantando «que de amor y de placer no pudisteis más hacer». Con estas bromas los pobres se olvidan de que no tienen pan y los ricos encuentran motivo para mucho reír. ¡Pobres de nosotras! ¡Qué ridículas parecemos tan hambrientas de hombre! Hermanas, por favor, no neguéis la acusación, ¡un poco de dignidad! Fray Miguel, fray Paulino, monjas y niñas mías, quiero que sepáis que la abadesa está segura de que nada de lo acontecido en este convento tiene que avergonzarnos. (*Vid.*, pp. 274-275)

---

[17] Esta característica de la pieza de Torres la han sabido recoger muy bien Gonçalo Guerreiro y María Torres en su adaptación de la obra para el Centro Dramático Galego en 2023, pues los actores realizaban acrobacias mientras repetían sus parlamentos.

Además, hay un juego de palabras con la palabra señor/señora a lo largo de toda la pieza teatral. Por una parte, Aldara es madre, madre abadesa o abadesa y la falsa madre de Guiomar, pero también señora en varios de sus sentidos. Es una señora feudal arrendadora de tierras, pero también es la señora de la canción de amigo que cantan en la escena segunda y que tiene amores en sagrado.

Esto es posible porque, como ha señalado Gómez Moriana, el texto literario es polisémico (o connotativo, no denotativo) y mimético o ficcional, lúdico (2009, pp. 104 -102). Del mismo modo, en la escena 30 frei Miguel y frei Paulino, enviados por el obispo a recopilar información sobre la conducta impúdica de la abadesa y de sus monjas, resultan un esperpento. Los religiosos duermen en la cuadra, entre la paja y no son capaces de afrontar con dignidad el espacio que las monjas les han proporcionado. En su afán de mostrar un comportamiento púdico y mantener la compostura usan los tratamientos de cortesía adecuados y los temas de costumbre –el castigo corporal– y todo en ellos resulta estrambótico y exagerado. Además, al tiempo que colocan para separar sus cuerpos, ya de por sí alejados, una manta colgando, sus comentarios sobre los comportamientos de las mujeres en el convento resultan lascivos, pues van acompañados de miradas llenas de deseo que no pueden evitar. Parecen *voyeurs* espiando a las monjas. De hecho, las didascalias insisten en que *"resultan ridículos"*. La dignidad tan solo aparente de los frailes se hace patente también con la confusión a la hora de usar los tratamientos:

GINEBRA.– Sabemos, señor, que somos...

FRAY MIGUEL.– (*Con retintín*) Mon-se-ñor.

GINEBRA.– No, fray Miguel, no. Las dignidades de la iglesia son para los que participan en esa carrera. Como mujer, y ya de edad, no preciso entrar en esas vanidades. Sabemos para qué habéis venido y de qué nos acusáis. Las que estamos aquí querríamos testificar en favor de Alda... de la abadesa... Ella no es la madre de nadie, ¿verdad, Juana? (*Vid.*, 269)

También hay juegos de contradicción entre las frases hechas puestas en boca de los frailes y los de las monjas. Así, mientras los primeros tratan a Aldara de "abogada das silveiras"[18] por denunciar un caso de maltrato, Xenebra, la prioresa, los trata a ellos de mentirosos usando un vocabulario semejante: "Más quiero a mi puerta una zarza que pique que una mala lengua que mi conducta quite" (*Vid.*, 271).

Ellas toman la palabra como acto de dignidad, frente a la idea de perderse por 'hablar de más', por no guardar el recato propio de una mujer: "ALDARA.– No; he de hablar y hablo" (*Vid.*, 274), "Amé a Nona y a Nona amaría si la fortuna no la hubiese desgraciado" (*Vid.*, 281). El personaje femenino protagonista, al reflexionar sobre sí mismo y sobre el contexto en el que se inscribe, consigue visualizar el conflicto entre la sociedad tradicional y los nuevos tiempos que persiguen los irmandiños, pero lo que hace realmente evidente el choque entre los discursos de unos y otros es la invisibilidad de las mujeres y su situación de opresión. Como ya hemos señalado, la victoria irmandiña tampoco supondría un cambio sustancial para ellas. Todo esto, junto a la usurpación del lenguaje del poder, pone de manifiesto lo grotesca que es la situación de invisibilidad en la que viven las mujeres del convento que, al decidir por sí mismas, afrontan la estructura patriarcal y la marginalidad a la que unos y otros las condenan. Porque a aquellas personas que ferozmente se oponen a lo que la sociedad ha decidido que es el camino de la felicidad se las ignora (Ahmed, 2010).

La protagonista se sitúa entre dos discursos que para ella son casi igual de obsoletos –aunque uno le produzca respeto y otro no. Si el discurso de los frailes que acusan en falso a Aldara es el de unos lacayos interesados y mentirosos, el de Nuno es el de un defensor de la corona y del orden, aunque pretenda justicia:

NONA.– ¡El mundo es demasiado estrecho para las mujeres todas!

---

[18] Persona que induce a otras a pleitos o disputas, actuando de mala fe o persiguiendo algo.

ALDARA.– Y, en vez de ensancharlo, te dedicas a luchar por unos poderes tan decadentes como los que defiende esa revuelta tuya... (*Vid.*, 239)

De hecho, el silencio y la ocultación también resulta clarificadores: "Reíd, trovadores, reíd, esta vez la abadesa ha tenido amores, pero no los cantaréis porque fueron con otra mujer. ¿Vais a divulgar, fray Miguel, esta noticia? ¿O costará demasiadas explicaciones a la iglesia?" (*Vid.*, 281-282). Hay situaciones que no se admiten, porque si no se nombran no existen, "es el terreno excluido, ilegible, que espanta al primero como el espectro de su propia imposibilidad, el límite mismo de la inteligibilidad, su exterior constitutivo" (Butler, 2002, p.14). Moure reelabora críticamente los procesos de identificación, desidentificación y abyección en que se generan las formas de subjetividad, corporeidad y las emociones heterodoxas. Lo normativo se performa, se prescribe, se naturaliza y pasa a ser semiinconsciente, pero además tiene su base en un rechazo sin el cual ninguna subjetividad ni emoción normativa llega a constituirse como tal (Ahmed, 2015). La relación entre Nuno/Nona y Aldara entra en el campo de lo liminal, de lo incomprensible. Por este motivo la iglesia no se puede arriesgar a verbalizarlo como algo que sí ha sucedido y Pero, el criado de Nona, siente incredulidad, furia y rechazo. Se siente engañado y le cuesta aceptar que nada ha cambiado en realidad porque Nuno fuese Nona.

Concluyendo

Aún cabría señalar algunos otros temas, como un amor romántico sorprendentemente normativo, pero entre personajes que se salen totalmente de las normas, o la maternidad comunal –todo el convento cuida de la hija de Xohana. Otro rasgo en común con el teatro de Torres en el que las protagonistas no son madres al uso, o porque han perdido al niño o porque ejercen de madre sin serlo. También podríamos destacar parlamentos de corte ecofeminista:

SANCHA.– ¿¿¿Estamos por encima de los animales???

DOÑA MAYOR.– En la mente del Señor sí. ¿No es así, prioresa?

GINEBRA.– ¡Bueno, esas son cosas de teólogos! (*Vid.*, 192)

Y así un sinfín de cuestiones. La principal característica de *Unha primavera para Aldara* es lo increíblemente rica en matices que es, lo que hizo de ella una obra compleja de llevar a las tablas del teatro, pero también una magnífica pieza de teatro para leer.

Imagen de *Unha primavera para Aldara*,
puesta en escena de Xúlio Lago de la obra de Teresa Moure.
Teatro do Atlántico, 2008

Referencias

Ahmed, S. (2010). *The promise of happiness*. Duke University Press.

Ahmed, S., & Mansuy, C. O. (2015). *La política cultural de las emociones*. Universidad Nacional Autónoma de México.

Anderson, N. D. (2014). *Microgeographies: Galician narratives of place (2004–2012)* (Tesis Doctoral, The University of North Carolina at Chapel Hill).

Arellano-Ayuso, I. (2000). *Calderón de la Barca. Vida y obra*. Sociedad Estatal España Nuevo Milenio.

Baamonde, G. (2021). Sexualidades Des-Xeneradas na práctica escénica galega contemporánea.

https://www.udc.gal/export/sites/udc/observatoriodoteatrogalego /_galeria_imgs/publicacions/Sexualidades-desxeneradas-na-GZ-Gena-Baamonde.pdf_2063069239.pdf

Butler, J. (2001). *Mecanismos psíquicos del poder: teorías sobre la sujeción*. Universitat de València.

Fernández Pérez, D. (2022). *A defunción dos sexos: Disidentes sexuais na Galiza contemporánea*. Edicións Xerais.

Garrido González, A. (2020). *Xohana Torres: Da Viúva de vivo á Muller Navegante*. Universidade de Santiago de Compostela.

González Fernández, H. (2005). *Elas e o paraugas totalizador*. Edicións Xerais.

González Fernández, H. (2008). Les escriptores a Galicia: subversio, gramatica violeta i identitat multiple. *Literatures*, 6, 81-90.

González Fernández, H. (2013). Complicidades y silencios: Literatura y crítica feminista en Galicia. *Sociocriticism*, 28(1), 53-90.

Lewandowska, J. K. (2013). (Des) alienar las voces femeninas del convento: "la celda propia" de Sor Marcela de San Félix. *Itinerarios: revista de estudios lingüísticos, literarios, históricos y antropológicos*, 18, 11-34.

López López, L. (2022). *Ainda invisíveis? Narradoras e margens na literatura galega contemporânea,* Através Editora.

López Carreira, A. (1991). *Os Irmandiños. Textos, documentos e bibliografía. A Nosa Terra.*

López Silva, I. (2008) Unha primavera para Aldara. *Protexta* 08 (Suplemento de libros da revista *Tempos Novos*).

López Silva, I. (2011) *Teatro galego e muller, teatro de mulleres e Galicia.* Consello da Cultura Galega.

Moszczyńska-Dürst, K. (2019). Transgénero, feminismo y amor según dos escritoras gallegas: *A semellanza,* de María Xosé Queizán, y *Benquerida catástrofe,* de Teresa Moure. *Journal of Spanish Cultural Studies, 20*(4), 505-517.

Moriana, A. G. (2009). Diastratía: valor operacional de un concepto. *Itinerarios: revista de estudios lingüísticos, literarios, históricos y antropológicos,* 10, 95-118.

Pérez, D. F. (2022). *A defunción dos sexos: Disidentes sexuais na Galiza contemporánea.* Edicións Xerais.

Moure, T. (2009). *Unha primavera para Aldara.* Edicións Xerais.

Moure. T (2007) Hai historias, non hai xéneros. Entrevista con Dolores Vilavedra, *El País,* 16 de marzo.

Moure, T. (2012). *Queer-emos un mundo novo. Sobre cápsulas, xéneros e falsas clasificacións.* Editorial Galaxia.

Moure, T. (2015). *Ostracia.* Atraves Editora.

Miguélez-Carballeira, H. (2006). Inaugurar, reanudar, renovar: A escrita de Teresa Moure no contexto da narrativa feminista contemporánea. *Anuario de Estudios Literarios Galegos,* 15, 72-87.

Novo, O. (2005). Herba Moura. *Anuario de Estudios Literarios Galegos,* 14, 207-9.

Rodríguez Rodríguez, M. (2011). New conceptions of family in contemporary Galician Narrative: visions of maternity in the works of María Xosé Queizán and Teresa Moure. En T. Trotman (Ed.), *The Changing Spanish Family: Essays on New Views in Literature, Cinema and Theater* (pp. 59-74). McFarland.

Romero López, A. (2015). Teresa Moure's Writing and Feminine Identity. *Madrygal, Revista de Estudios Gallegos*, 18, 377-386.

Vidal Ponte. R. (2012) Unha primavera máis. Moure entra no invisíbel mundo das dramaturgas galegas. Asociación de escritores en lingua galega. *Protexta* 12 (Suplemento de libros da revista *Tempos Novos*).

Vilavedra Fernández, D. (2005). *Herba moura*. Lectora. *Revista de dones i textualitat,* 11, 331-333.

Vilavedra Fernández, D. (2007). Unha achega ao discurso narrativo de autoría feminina. *Madrygal, Revista de Estudios Gallegos*, 10, 145-151.

Unha primavera para Aldara

de

TERESA MOURE

Esta obra obtivo o Premio de Teatro "Rafael Dieste"
da Deputación da Coruña de 2007

Imagen de *Unha primavera para Aldara*,
puesta en escena de Xúlio Lago de la obra de Teresa Moure.
Teatro do Atlántico, 2008

PERSONAXES

ALDARA, abadesa, ou sexa, superiora absoluta dun convento feminino.

DON NUNO, cabaleiro irmandiño que chega ferido ao convento e ten amores coa abadesa.

XENEBRA, prioresa ou segunda de a bordo. Ocúpase da orde interna, da disciplina e da boa marcha espiritual do convento. É unha monxa vella, que mantén unha relación maternal con Aldara.

CAROLA, a boticaria, aínda nova, é a estudosa que desexa saber tanto coma os homes. Atopa unha rivalidade natural en Aldara, tamén do grupo das que queren saber.

XOANA, monxa lega que, pola súa inferior condición social, non fixo todos os votos. De feito, é criada das outras.

XENOVEVA (VEVA) e **SABELA**, novizas duns once-doce anos.

DONA MAIOR, viúva retirada no convento.

SANCHA, criada, aínda moza, de dona Maior que a acompaña na súa reclusión.

ELVIRA, recadeira do convento, muller que vai e vén á vila para facer encargos das monxas. Forma parte do seu servizo, non é monxa. Correspóndese con personaxe histórica que, en 1465, denuncia o seu home por malos tratos. Na obra ten en torno a trinta anos.

PERO, criado de don Nuno.

XOÁN, labrego, parella de Xoana.

PREGOEIRO

FREI MIGUEL LUCIENTES, inquisidor (corenta e cinco anos).

FREI PAULINO DE CERCEDA, compañeiro do inquisidor (trinta anos).

ESCENOGRAFÍA

A acción discorre nun convento feminino da Galiza do século XV. Os escenarios, por orde de aparición, inclúen:

Lavadoiro (exterior). Pía con auga encanada e un galpón cuberto para colgar a roupa cando chove.

Gabinete de Aldara (interior). Este cuarto representa o convento no exterior e, xa que logo, gardará as súas riquezas. Debe ter libros e unha mesa con artellos para escribir. As cores evocan unha atmosfera pechada, do tipo de ocres e escuros.

Refectorio (interior). Cuarto austero onde as monxas se reúnen para as comidas.

Porta do convento (exterior). Entrada, diante do lavadoiro e do palleiro.

Capela do convento (interior).

Palleiro. Espazo pechado, ao lado do lavadoiro. Trataríase dunha antiga corte habilitada como cuarto para os viaxeiros que non dormen non convento. Contén un par de dependencias diferentes.

Cociña.

Botica.

Claustro (interior). Espazo do convento por onde se transita desde o refectorio cara ao exterior.

1

Voz en off:

Na primavera de 1467 aflora en Galiza un sentimento colectivo de agravio, agromado durante longos anos. Entre os habitantes das cidades, disque tamén entre os labregos, toma forza a idea de resistiren contra os nobres feudais, que transformaran as súas fortalezas en niños de malfeitores abusando dos tributos e dos dereitos señoriais. A Galiza insubmisa enfróntase á vasalaxe e estoupa a revolta irmandiña.

Ademais da caída das torres, das escaramuzas, do sangue vertido, esa revolta vai sacudir os costumes e as institucións.

É tempo de rebeldes porque hai revolta en Galiza esta primavera, mais a primavera tamén é a estación do amor.

2

Sancha e Xoana no lavadoiro. Están a lavar cadansúa morea de roupa.

SANCHA.– Todos os homes, eh?, todos, sen faltar un, estarán alí esta noite.

XOANA.– ¡Ui, pois quen me dese pasar por alí...!

SANCHA.– Non sexas babeca, que non che están eles para festas... Disque á filla do Manuel do Souto collérona detrás do muíño e non houbo un que non a catase.

XOANA.– ¡Meu Deus, se é unha nena...!

SANCHA.– Non é nena, Xoana, non, que xa fixo os catorce. Aos homes gústalles roubar a froita na árbore e encetar o queixo, xa o sabes. Nunca é cedo de máis para eles.

XOANA.– Ben dis mais, con todo... Buff. Pónseme a pel de galiña. Cantos eran? Cinco homes?

SANCHA.– Seis contando con don Rodrigo, o capitán. Rodeárona cos seus cabalos e botáronselle en riba... Deixárona coma este farrapo... (*Levantando un pano branco, tipo gasa, que está a lavar. Baixa as mans e continúa refregando*). Ai, a pobre da Casilda, a súa nai, como non a chorará!

XOANA.– Hei ir pola súa casa. A Casilda é curmá da miña nai. Mais... morta non está. O que ten que facer a rapaza, en caso de sandar, Deus así o queira, é esquecer o malo é seguir para diante coa súa carga nesta vida.

SANCHA.– Iso é doado de dicir, Xoana, mais agora quen vai casar con ela?

XOANA.– Pois que non case, e que goce canto puider.

SANCHA.– Con comer todos os días e que non se metesen con ela xa se daría por contenta, digo eu...

XOANA.– E por que se reúnen os homes?

SANCHA.– Din que os irmáns da rapaza e mais un mozo que lle facía as beiras pensan dar castigo aos cabaleiros.

XOANA.– Ti que dis? Toleaches? Dar castigo aos cabaleiros do conde de Lemos! Érache boa esa...

SANCHA.– É que xa está ben, Xoana! À Marica, a do camiño vello, presentáronselle na casa a noite mesma en que casou...

XOANA.– E fixéronlle algo?

SANCHA.– O seu home berrou aos catro ventos que non. Contou que os homes do conde chegaran bébedos e armaran algo de ruído, mais que conseguiran zafarse, mirando para o chan e agochando a noiva nun escondedoiro detrás da casa até caeren durmidos.

XOANA.– Cona que os pariu!

SANCHA.– Ai, filla, non fales así...

XOANA.– Que pasa? Estáseche a pegar xa a fala das monxas? Terei que poñerme suave e perfumada para vir lavar contigo!

SANCHA.– Saca de aí, parva... e déixame contar. Segundo o seu home, à Marica non lle pasou nada, mais... de alí a nove meses pariu un rapaz que é cuspidiño ao señor de Tor.

XOANA.– Non é novidade! Din que xa non usan do dereito de pernada, mais cada casada do contorno saca a primeira criatura con cara de cabaleiro.

SANCHA.– Iso era antes, muller; agora... menos.

XOANA.– A cada unha chégalle cunha vez para que lle estraguen a vida, non é?

SANCHA.– Ai, si, Xoaniña, aí estás certa! Toma, agarra de aí e axúdame a escorregar isto.

As dúas colaboran no traballo de retorceren unha manta.

SANCHA.– A xente non pode máis, que isto non é vida. (*Achégase confidencial*). Seica as aldeas todas van levantarse en armas...

XOANA.– Coller as armas contra o conde de Lemos polo corpo dunha muller? Eu non o creo!

SANCHA.– Shhh, non berres! Pois si que estás descrida, contra! Contábao en Monforte o outro día a miña tía Susa de Toiriz

XOANA.– Contar contaríao, que eu non te chamei mentireira. O que che digo é que se enganaba. Os homes quererán algo.... eu que sei o que. Xa sabes que non é doado facelos acougar; sempre están a pensar noutras cousas. Mais eu non creo que vaian arriscar a vida por defenderen unha muller.

SANCHA.– Claro, dito así non o pode crer ninguén. Os homes defenderán o dereito a saber de quen son os seus fillos, ouh?

XOANA.– Ah, sendo así...

SANCHA.– Saberás que iso non pasa só por aquí. Coido que por toda a parte están a vivir revoltas semellantes...

XOANA.– (*Sorprendidísima*) Por toda a parte andan en leas pola filla da Casilda?

SANCHA.– Ai, como es, eh? Pola filla da Casilda non. Para loitaren contra os abusos dos señores.

XOANA.– Pois non lles arrendo a ganancia. Os señores teñen armas e están afeitos á guerra. Por moi bravo que for, ningún labrego vai poder con eles...

SANCHA.– Tal me parece a min tamén. Mais... se puidesen... (*con aire soñador*)

XOANA.– Os mozos serían señores... (*Proseguen ambas a brincar con ton de ladaíña*).

SANCHA.– E os pobres teriamos as riquezas dos pazos.

XOANA.– E os vestidos das condesas.

SANCHA.– E bailariamos todas as noites.

XOANA.– E durmiriamos con quen nos petase e non cun guerreiro do señor.

SANCHA.– E ergueriámonos tarde da cama.

XOANA.– E só comeriamos amorodos.

SANCHA.– Amorodos? Que dis? Eu prefiro comer carne!

XOANA.– Ves como non estás feita para ser señora?

SANCHA.– Boh! (*Pausa e cambio de ton*). Xoana, logo ti acreditas en que poderán gañar?

XOANA.– Eu penso que se van matar todos... E nestes tempos vívese mellor que antes. Non tes máis que ouvir os vellos.

SANCHA.– Xa... E que pasa coa Elvira, a recadeira das monxas?

XOANA.– Non sei de que me falas.

SANCHA.– Ben sabes que o home malla nela todos os días, non? A outra noite chegou berrando que non volvería pasar. Dicía cada cousa...! Que se lle volvía poñer a man en riba, sería capaz de servirlle o seu fillo asado...

XOANA.– (*Persignándose*) Cristo bendito!!

Van recollendo a roupa e os baldes e levan a bogada a tender. Incorpórase á escena dona Maior, que camiña axudándose cun bastón.

DONA MAIOR.– Moito falades, rapazas, moito falades. Vai marcharvos a forza toda pola boca.

XOANA.– Bo día, dona Maior. Seica non descansastes ben, que andades alporizada xa de mañá?

DONA MAIOR.– Cando chegares aos meus anos, verás que non é o descanso o que nos anima o espírito, senón as ganas de que algo novo aconteza.

SANCHA.– Dona Maior, que tedes hoxe? Se cada día acontecen unha morea de cousas novas...

DONA MAIOR.– Iso é o que vós pensades. Para min, cada xeira é igual á anterior.

XOANA.– Pois aínda ben! Hai novidades, señora, que matan a quen as recibe. A unha veciña nosa forzárona os soldados do conde. Mire, velaí tedes unha novidade.

DONA MAIOR.– Cala, rapaza, que non me refería eu ás desgrazas que poden acontecer, senón, ao contrario, aos sucesos que nos quitan da rutina. E logo que foi dela, miña pobre?

SANCHA.– Dela nada sabemos, mais si doutras cousas...

DONA MAIOR.– *(Interesada)* Que fas que non mas contas?

SANCHA.– Seica os homes están armándose para combateren todos os abusos que levamos padecendo. Virán novos tempos.

XOANA.– E habemos comer amorodos e pan trigo!

SANCHA.– Ou cando menos, non nos chucharán o sangue.

DONA MAIOR.– Veña leria...! Sodes unhas raparigas babecas e lacazanas! Dádeslle á lingua para non lles dardes ás mans.

XOANA.– Non tal! Mais chegará un día en que sexamos señoras.

DONA MAIOR.– Señora ti? E que máis? Correrán as augas río arriba? Achegarase a montaña ao mar? Moito soña esa cabeciña tola...

XOANA.– Dona Maior, vivimos tempos novos!

DONA MAIOR.– Non hai camada de cachorros que non lles retruque aos pais con iso. Move os ríos do seu leito, mais non farás que o criado mande sobre o señor, ou que a muller se impoña ao varón. As leis que gobernan o mundo non se poden controlar.

SANCHA.– Ah, non? Pois milagres maiores contan nesta santa casa.

DONA MAIOR.– Nena, non mestures o que é deste mundo co que non o é. Ben está que creades nos soños, que novas sodes, mais unha vella coma min non pode soñar. Vós si. Pensade en aforrar para terdes un porco, ou en parir unha crianza, ou en deleitarvos con que vos quenten os raios do sol. Porén, non soñedes co mundo ao revés. Iso é pecar contra Deus e as súas santas disposicións.

SANCHA.– E as monxas, dona Maior, que pensades vós das monxas?

DONA MAIOR.– Que hei pensar, miña nena?

SANCHA.– Elas están por riba dos homes. Ás veces mandan sobre eles e non me negaredes que son máis libres do que ningunha muller casada pode soñar xamais.

DONA MAIOR.– Están casadas con Deus.

XOANA.– Bonito marido, que nunca che ven abalar pola noite!

DONA MAIOR.– Shhh! Desvergoñada!

SANCHA.– Se Deus pensase que as mulleres debían estar suxeitas ao seu home, non aceptaría as monxas, digo eu...

XOANA.– Pois a min mágoa me dan, que non podo sentir outra cousa por quen non goza dos bens do amor.

DONA MAIOR.– Gozan dun amor espiritual.

42

XOANA.– Ah, si? Pois o espírito estará moi ben para as señoras. Para as que carrexamos baldes pesados coma estes, e facemos os traballos sucios e estamos sempre atrapalladas e endurecidas, non hai maior felicidade que a de ter o corpo ben acariñado.

SANCHA.– Eu non sei moito de amores, mais de traballos vou sobrada, Xoana, e non me importaría nada probar a ver se é como dis...

DONA MAIOR.– Rapazas do demo!!

Xoana dá voltas arredor de Sancha cantándolle.

XOANA.– Bailaba corpo belido, en Vigo, no sagrado, bailaba corpo delgado...

A cantiga é alegre, prometedora, mesmo dona Maior acaba por levar o ritmo coa man.

DONA MAIOR.– Xente nova e leña verde, todo é fume.

Dona Maior sorrí benevolente, axita o bastón nunha ameaza burlona e maternal e sae. Sancha e Xoana rematan de colgar a roupa.

SANCHA.– Estás tola, Xoana! Anda que dicirlle a dona Maior que mal marido é o das monxas...

XOANA.– Logo gustábache a ti de marido? Ou gustábache máis o Martiño de Moreda?

SANCHA.– (*Tirándolle unha peza de roupa branca á cara*) Cala, parva!

XOANA.– (*Aos berros*) E prefería o Martiño! E prefería o Martiño...! (*Devólvelle o tiro e mais tíralle outra peza*).

SANCHA.– Vas levar unha malleira! (*Rindo. Tíralle outra*)

XOANA.– Non, ao Martiño non, que máis lle gusta o meu irmán Matías.

SANCHA.– Que dis? Se a min... Matías... Ai, ai, bruta! (*Xoana está tirándolle todas as que aínda estaban colgadas*).

Sancha e Xoana, ao enredaren coa roupa, entran nunha batalla campal de cachorros, andando aos rolos, facéndose cóxegas. Acaban no chan, con Xoana en riba de Sancha suxeitándolle os brazos por riba da cabeza.

XOANA.– Así che gustaba ter a Matías, eh?

SANCHA.– Diso nada (*con complicidade*). Olla para aí! (*Sinalando detrás dela. Xoana vira e Sancha aproveita para liberarse e colocarse agora ela por riba*). Estábasme contando, Xoaniña, canto che gustaba ser monxa... Pois vouche impor os votos (*facéndolle unha cruz na fronte*).

XOANA.– (*aos berros*) Non, monxa non quero. Cona que te pariu!

SANCHA.– Serás bruta...! (*Reláxase e Xoana consegue volver colocarse sobre ela*).

XOANA.– Pois tiñamos aquí a Martín...

Xoana, por riba de Sancha, achega a súa boca á dela e está a piques de beixala cando dona Maior regresa.

DONA MAIOR.– Que estades a facer? E non teñen todo ciscado!... Condenadas!

Mentres lles berra, ameaza dando un par de golpes co bastón ao ar, talvez algún no lombo delas. Entre risas reprimidas e queixas, recollen a roupa para levala de novo ao río.

3

No lavadoiro Sancha e Xoana lavan de novo a roupa entre risos. Están despeiteadas e teñen os mandís fóra de sitio. Ao tempo que se colocan, entra Xenebra, a decana das monxas e a primeira que aparece en escena vestida con roupas conventuais. Anda a pasiños curtos. Mentres falan, as criadas continúan a lavar.

XOANA.– (*Aínda a rir*) Xa que logo terei que falar co Matías e dicirlle que estás toliña por el...

SANCHA.– (*Vermella mais riseira*) Saca de aí, que como volva a vella... aínda nos dá!

XENEBRA.– Bo día vos ofreza o Señor, raparigas!

SANCHA/XOANA.– Bo día, prioresa!

XENEBRA.– Moito traballades... E no veriades pasar a Elvira?

SANCHA.– Non, madre.

XENEBRA.– Santa María, que terá esta muller? Se sabe que hoxe é terza feira e que precisamos dela...!

SANCHA.– (*A ollar para o ceo*) Aínda vai baixo o sol. Xa chegará...

XENEBRA.– Si, que o tempo nolo dá Deus de balde (*retranqueira*). Non é iso, é que teño medo de que lle pasase algo. O seu home, se ela se demora mais da conta, mídelle o lombo con vara de vimbio.

XOANA.– Cabrón!

SANCHA.– Xa sabemos, madre, todo o mundo o sabe. Mais non repetirá a faena cada día...

XENEBRA.– Cada día e máis, que segundo me ten contado ela propia, unhas veces porque tarda, outras porque a comida non está feita, ou porque el chega bébedo...

SANCHA.– Ou porque chove ou porque non chove. Porén, quen ha de meterse no que pase no interior das casas?

XENEBRA.– Deus noso señor, que está en todas as partes e todo o ve!

Sancha e Xoana ollan unha para a outra, incrédulas.

XOANA.– Ai, madre, perdoádeme se vos ofendo mais, se todo o ve, xa podía mandar lóstregos que fulminasen algún que eu sei...

XENEBRA.– E logo que pensades vós, cabeciñas tolas? Que non se ha de condenar ese cristián que a súa muller maltrata?

45

XOANA.– Se así fose, madre, non habería no paraíso máis que mulleres...

SANCHA.– Que os homes, prioresa, un porque de máis bebeu, outro porque de menos bailou, non hai un ao que lle pareza a muller boa.

XENEBRA.– A muller debe obedecer o seu home e facerlle a vida agradábel, mais tamén espera recibir del amoroso trato e non paus a eito.

SANCHA.– Logo a muller está para que o home mande nela?

XENEBRA.– Non tal. O home manda de feito, amparado na súa forza e na súa superioridade no mundo, mais non ten que ser así. Non imaxino que Nosa Señora desexase tan triste destino para as súas fillas: seren gobernadas sempre por calquera baldreu remollado en viño...

SANCHA.– Calquera sabe! Se cadra o Señor quere facer da Elvira unha santa, por iso lle deu ese home en vida, para ser honrada de morta...

XENEBRA.– É tan difícil entender o mundo! Vou comprobar se ven polo camiño, que vai cumprida a mañá e teño unha mandada para ela. (*Sae*).

Sancha e Xoana continúan a lavar cantaruxando. Cruza a escena Veva a chorar. Chaman as dúas por ela, «Veva», «Que tes?», mais ela non responde e sae correndo. Leva o hábito por detrás manchado de sangue.

4

Gabinete da abadesa, Aldara e Carola a discutir.

ALDARA.– Nin é o mellor momento, nin atopo tan xustificada a circunstancia que vos move.

CAROLA.– Abadesa, debo saír, é importante. Pídovos decote este permiso para manter a nosa botica abastecida, mais non é só iso agora...

ALDARA.– Seino. Porén cómpre sermos humildes. Xustamente é agora cando non convén que nos fagamos ver.

CAROLA.– As herbas que preciso non son aromas para nos regalar; son principios medicinais. Debo procurar unha nova fórmula; outramente, varias criaturas no contorno do convento morrerán.

ALDARA.– Non imaxinaba, querida, que quixésedes franquear os nosos muros de non servos necesarios eses principios medicinais. Porén, o meu deber é, hoxe, impedir calquera saída.

CAROLA.– O meu interese, abadesa, é servir á comunidade...

ALDARA.– Non poderiades ter outro interese distinto ao de servir á comunidade! Agora que o decides, quizais latexe no voso corazón certo afán de saber fachendoso, que non se mide con nada, nin atende a razóns.

CAROLA.– Que non atende a razóns, dicides? Dúas criaturas han morrer de febres esta noite!

ALDARA.– (*Vehemente, erguéndose cos brazos apoiados na mesa*) Seguro que iso causa a vosa coita? Seguro que credes esas herbas tan capaces de curar? Seguro que abondará con iso para que sanden? Si? Non parecedes unha sabia, Carola, parecedes un deses pailáns que acreditan que un crucifixo colocado sobre o peito protexe de todo!!

CAROLA.– (*Impasíbel*) As vosas palabras, abadesa, soan a herexía.

ALDARA.– As vosas soan a interese persoal. Somos unha comunidade, irmá, e iso significa que o ben común ha de estar por riba de calquera outra necesidade.

CAROLA.– Non son particulares os meus intereses.

ALDARA.– (*Case a berrar*) Son. Vós sabedes que nunca vos limitei. Saídes e entrades do convento a pracer. (*Máis doce agora*). Vexamos... Considero xusto que desenvolvades ese voso amor pola botánica e mais pola medicina. Non me importa se iso vos aparta doutras tarefas, sendo o motivo da vosa vida... Non, non me interrompades. Como abadesa deste convento, o meu deber consiste en ben rexer e gobernar. Ás veces teño visto en vós máis amor polo coñecemento que polas vosas demais obrigas. Nunca castiguei iso. Porén, pensades que debo permitir que vos poñades en perigo? Que nos poñades en perigo a todas? Vivimos tempos de inestabilidade, por toda a parte axexan bandidos. Hóuboos sempre, talvez, mais agora todos os homes parecen terse botado aos camiños. Hai uns días os cabaleiros do conde violaron unha rapaza; sabédelo, non si? Meu Deus! A Elvira, a nosa recadeira, ir e vir soa tráelle non poucos problemas. Saberiades ocultarvos nunha arremetida dos animais do conde?

CAROLA.– Abadesa, unha monxa é o brazo de Deus. Ninguén ousará atacarme.

ALDARA.– Carola, unha monxa é sobre todo unha muller. Ninguén verá outra cousa porque non levades outra cousa debaixo da roupa.

CAROLA.– (*Tocándose con certo temor*) O señor non permitirá que nada me ocorra.

ALDARA.– Refreade ese orgullo: o señor non baixa á terra a velar polas súas criaturas.

CAROLA.– Pensade no que dicides, que non parecedes cristiá cando así falades.

ALDARA.– Por que non o parezo? Seica baixou o Noso Señor para protexer esa rapaza? Sodes vós máis dilecta filla ca ela? Non podo entender de onde sacades toda esa arrogancia.

CAROLA.– Perdoádeme se vos ofendín. A obediencia é a miña obriga. Mais insisto: en centos de ocasións vós mesma mandastes as monxas abandonaren o convento.

ALDARA.– Non existe regra ningunha que nos obrigue a permanecer pechadas.

CAROLA.– Certo. Mais ás veces saímos para actividades tan... tan... impropias, se me permitides, como pedir aos arrendatarios os pagos atrasados.

ALDARA.– Que ten de impropio iso? Seica vós non comedes? Con que credes que nos sustentamos?

Xenebra abre a porta sen chamar, alborozada. Unha vez dentro, escúsase.

XENEBRA.– A que non sabes...? Perdoádeme (*lixeira inclinación e xuntando as mans no regazo*). Sinto interrompervos mais... (*A Aldara*). A nosa Veva xa é unha muller! Criatura... o que leva medrado este inverno...! Deberías falar con ela.

ALDARA.– (*Sorrindo e falando suavemente*) Mándaa pasar. Está ben?

XENEBRA.– Máis asustada ca un pitiño acabado de nacer.

ALDARA.– Pequecha...! Dálle o que precise e tráema aquí. (*A Carola*). Xa acabaramos a nosa conversa.

CAROLA.– (*Mostrando desgusto pola interrupción de Xenebra*) Que xa acabaramos dicides? Ídesme deixar así por atenderdes a nena?

ALDARA.– Eu xa dixen canto tiña que dicir.

Carola, sen dicir palabra, vira e sae deixando que a porta bata forte.

XENEBRA.– (*Defraudada*) E isto?

ALDARA.– Non a todas as monxas lles parece ben o que eu decido.

XENEBRA.– Se me desculpas, Aldara, non tes que decidir sempre ben.

ALDARA.– Ti tamén a me facer crítica?

XENEBRA.– Sabes que non. Para min sempre serás Aldarecha (*Xenebra camiña até colocarse detrás do tallo de Aldara e comeza a fregarlle o lombo mentres a contempla, apoiada lateralmente co cóbado na mesa*). Con iso e co teu interese en procurares o que che parece mellor para todas, para o convento, para as xentes que nos serven e nos rodean, con iso xa non alcanzo a ver ben mais alto, nin mellor abadesa.

ALDARA.– Pois sal para dicirllo a Carola...

XENEBRA.– Abondo ten ela con se entender a si propia.

ALDARA.– Porén espérase da abadesa certa discreción, certa capacidade para prever aquilo de que é capaz cada unha, e así poder distribuír todo conforme ás diferentes necesidades. Doutro modo, farase altiva no mosteiro a que foi de condición humilde no mundo. Non hai que mancar ninguén, Xenebra, e eu manco...

XENEBRA.– A figueira non se parte porque a fagan abaixarse para obter os seus froitos.

ALDARA.– Efectivamente, mais habemos de tratarnos con maior delicadeza entre nós da que gastan os gañáns coas figueiras, non si? (*Suspira*).

XENEBRA.– (*Continuando coa masaxe, agora xa de pé*) Elvira non dá chegado esta mañá. Non me pinta nada ben esa demora.

ALDARA.– Máis outro problema? Señor, señor...!

XENEBRA.– Son malos tempos, xa o sabes.

ALDARA.– Iso quixen explicarlle á nosa irmá dos malos fumes e non o dei feito (*Colléndolle a man que ten apoiada no seu propio ombreiro*). Vive Deus que precisaría máis apoios incondicionais coma o teu!

XENEBRA.– Consólate, miña abadesa: Deus aperta mais non afoga.

ALDARA.– (*Escéptica*) Ah, iso..., miña amada Xenebra... Como non amañemos na terra os asuntos da terra...

Todas as monxas están saíndo da capela, en ringleira. Xenebra e dona Maior emparéllanse e conversan. Van camiñando, a paso lento, polo claustro. Non se precisa decoración especial, só a sensación de non estaren en cuarto ningún, senón a deambular. Mentres falan, en escena vaise vendo o que fai cada unha das outras monxas.

DONA MAIOR.– Buff, aínda ben que acabou o oficio; tiña tanto frío!

XENEBRA.– Andaredes mala?

DONA MAIOR.– Non, vai frío sempre na capela.

XENEBRA.– Iso son os vosos ósos vellos, que arrefrían paseniño. Cando eu era nova, prefería o frío para rezar. No verán, co incenso e bisbando os rezos, entrábame unha soneca... sobre todo despois das comidas... A abadesa berraba comigo mais... non podía evitalo... (*Risos*).

DONA MAIOR.– Con todo, non me negaredes que este ano se atrasa a primavera.

XENEBRA.– Que decides? Se aínda estamos en febreiro...

DONA MAIOR.– Pois xa é tempo logo de cantaren os paxaros polas mañás e de asomaren as primeiras flores.

XENEBRA.– Por aquí unicamente as mimosas...

DONA MAIOR.– Vedes? As mimosas adoitan estar floridas polo Santo Antón ou polo San Tomé e aínda non vin unha e xa pasou o San Brais.

XENEBRA.– No entanto, señora, non é bo que se adianten. As flores que saen fóra de estación lévaas a xeada axiña...

DONA MAIOR.– Desde logo, cada cousa ao seu tempo, mais son tan fermosas as primeiras flores...

XENEBRA.– Ai, son!

DONA MAIOR.– O que nunca vén mal é un pouco de choiva.

XENEBRA.– Non, por favor, os meus xeonllos reséntense coa humidade...

DONA MAIOR.– Gústame a choiva cando bate, pin, pin, pin, e estou acubillada.

XENEBRA.– Falta si lle faría á nosa horta un pouquiño de auga!

DONA MAIOR.– Non dixestes que non a queriades?

XENEBRA.– Non a quería para min, queríaa para as demais.

DONA MAIOR.– Como a primavera...!

XENEBRA.– Ai, dona Maior, o único que nos resta na vida é esperarmos a primavera, aínda que xa non nos vaia quentar.

DONA MAIOR.– Prioresa, coidado co que decides, que non sei eu se será moi santo...

XENEBRA.– Logo vós non deveciades pola primavera...?

DONA MAIOR.– Ai, si, que non se faga esperar máis!

XENEBRA.– Amén!

Mentres nunha parte do escenario conversan Xenebra e dona Maior, un biombo separa a outra parte onde as demais escenifican o que están a facer. Están xuntas mais non se ven entre si. Veva e Sabela están reunidas diante dunha arca. Veva mostra a Sabela os seus panos e as dúas os usan para poñerse peitos figurados mentres rin. Noutro aparte, Carola, de mantón botado por riba con capucha, sae furtivamente cara ao monte. Vai persignándose e leva un cesto na man. Xoana, vestida con chambra e corpiño, escótase e belisca as meixelas antes de ir cara ao palleiro. Sancha, que ía tras dela, cun balde na man, contempla como sobe o camiño con certa envexa. Tamén Aldara, sentada a escribir no seu gabinete, ve pola xanela como marchan Carola e Xoana. Dona Maior e Xenebra, logo da súa conversa, saen por saídas diferentes.

6

Todas as monxas están reunidas no refectorio para o xantar. Sitúanse de pé, diante de cadanseu prato, cando entra Aldara. Esta fai un aceno coa cabeza a Xenebra: ela é quen se encargará dos rezos.

XENEBRA.– *(En pé, como todas)* Agradecémosvos, Deus Todopoderoso que, pola vosa infinita misericordia, poidamos gozar dunha nova comida. Pregámosvos que remediedes tanta pobreza, especialmente a das pobres irmás que a nosa Regra reúne polo mundo enteiro e que tantas veces non teñen nada que levar á boca.

TODAS.– Amén *(Sentan)*.

Aldara está no centro, a súa dereita Xenebra. A escena ten un aire á Derradeira Cea e Aldara ocuparía o papel de Cristo. A disposición final sería, de esquerda a dereita: Carola – Sancha – Dona Maior – Aldara – Xenebra – Veva – Sabela – Xoana.

ALDARA.– *(A Xenebra)* Xoana non está?

XENEBRA.– Non, abadesa, aínda non chegou.

ALDARA.– Outra vez? Non é primeira ocasión en que se demora esta semana.

XENEBRA.– A cuarta ocasión para sermos exactas. Está a piques de chegar a primavera e...

ALDARA.– Outra vez?

XENEBRA.– A primeira deste ano, eh?

Ao principio do parlamento, Xenebra e Aldara están preocupadas; cara á fin, a complicidade envólveas.

ALDARA.– *(En voz máis alta, a todas)* Carola e Sabela, vós as dúas serviredes hoxe a mesa. Considerade a honra que supón servir ás demais.

SABELA.– Si, madre.

Carola non contesta mais as dúas érguense e comezan a servir. Sabela mete cuncas nunha ola así vai dando a todas unha sopa que beberán ou collerán mollando con pan, pois non pode haber culleres. Tampouco manteis ou panos de mesa. Si pode haber xerra, que non sexa de cristal, con auga. Entrementres, Carola reparte un cacho de pan para cada unha. Cando chega á abadesa sáltaa, simulando un erro. Todas perciben a tensión entre elas, mais Aldara finxe non se decatar. Xenebra entrega o seu pan a Aldara —que o colle bisbando «Beizóns»—, e inmediatamente tende a man a Carola reclamando un novo anaco. Despois, Xenebra e Aldara falan nun aparte.

ALDARA.– Por certo..., valente discurso, madre prioresa, que querías dicir con ese recordatorio dos outros conventos?

XENEBRA.– (*Sorrindo*) Nada que poida entender quen só se afana na xeira diaria. Miña Aldara querida, ás veces os nosos ollos precisan enxergar máis alto e máis lonxe.

ALDARA.– Miña amiga, advirto unha crítica nos teus beizos. Meditarei.

XENEBRA.– Ben farás meditando, que nunca pensamos abondo. Porén non lle deas moita importancia tampouco. As túas monxas precisan reflexións que lle dean sentido ao que fan, máis nada.

ALDARA.– Se o di a miña prioresa non hai dúbida, mais... o que as miñas monxas precisan é máis carne (*sinalando a cunca*).

XENEBRA.– (*Con ton irónico*) Como haberían de precisar carne unhas pobres monxas? E logo non temos que fuxir da carne e dos seus pecados? De te escoitar o bispo, clausúranos o convento!

ALDARA.– Pois non será por carne...

As dúas estoupan en risas. Á dereita de Xenebra está sentada Veva, que leva repetidamente as mans ao ventre en sinal de dor. Sabela, cando acaba de servir, séntase ao lado dela. Todas comen.

SABELA.– Ai, Veva, para, que me estás a dar patadas.

VEVA.– (*Malhumorada*) Que non son eu, parva!!

XENEBRA.– (*Ás nenas*) Unha noviza debe comportarse como alguén que aspira a que o Espírito Santo se instale no seu interior.

Sabela e Veva volven os ollos ao prato e continúan a comer.

SABELA.– Outra vez!! Que non me deas co pé!

VEVA.– Que eu non son... (*a ollar por baixo da mesa*). Se é Lúa...

SABELA.– Ai, Luíña bonita!

Entra Xoana a correr. Fai unha reverencia a Aldara.

XOANA.– Perdoe, madre abadesa; é que as ovellas...

ALDARA.– Senta, Xoana, e non mintas. Come, que che vai arrefriar a sopa

CAROLA.– (*Voz alta, metálica*) Hai quen desculpa máis a luxuria que o amor ao estudo.

ALDARA.– Hai quen se xulga desprovista de todo pecado.

CAROLA.– Os Padres da Igrexa prevíronnos contra quen ama a carne e os seus vicios; nada dixeron de quen se deleita en coñecer.

ALDARA.– Enganádesvos. Foi a árbore da ciencia o que deu problemas no Paraíso.

CAROLA.– Non os deu até que os pecadores estiveron espidos

ALDARA.– Vemos que, ademais de en fármacos, queredes ser experta en teoloxía. Hai algunha disposición miña que queirades rebater, boticaria?

Varios toques na porta principal interrompen a conversa.

CAROLA.– (*A se erguer*) Quen será? A estas horas...!

ALDARA.– Déixate sentada, Xoana, que aínda non remataches. Sabela, vai ti abrir.

VEVA.– E por que ela?

XENEBRA.– Quererías abrir ti?

VEVA.– Só pregunto por que ela...

ALDARA.– Ah, tempos novos, tempos de explicacións... Porque pensei que sería ela a quen menos lle amolaría erguerse, rapariga.

VEVA.– Mais...

XENEBRA.– Shhh! Xa está ben. Aquí até os gatos gastan zapatos!

Sabela sae a correr e atravesa o escenario. As monxas comen pausadamente no refectorio mentres ela fai como se pasase por varias estancias e corredores. Finalmente abre o portón. Un home axeónllase perante ela con moita cerimonia e bícalle o hábito.

PERO.– Señora, bo día vos dea Deus. O meu nome é Pero, para servirvos. *(Erguendo os ollos)* Mais, se sodes aínda unha criatura...! Dicídelle á vosa superiora que un cristián malferido pide acubillo neste mosteiro. Falo en nome do meu señor, Nuno de Vilamelle, cabaleiro irmandiño ás ordes de don Diego de Lemos. Nas escaramuzas que esta mañá libramos, en defensa dos desprotexidos e dos vasalos, meu señor Nuno foi abatido. Atópase a unha hora a cabalo e mándame a min por diante para vos rogar que o acollades como cristián, que o é, e máis dos bos e xenerosos, e que procuredes os remedios que precisar, que a Santa Irmandade vos ficará obrigada, e máis o Noso Señor lembrarase dun tal xesto na vosa última hora. E non digo máis, que hei de volver co meu rexemento... Que Deus vos garde!

A novíza non contesta. O home é atractivo, mais está sucio, manchado de sangue, pode faltarlle algún dente e levar piollos. Despois do ambiente idílico do convento é a primeira irrupción da realidade externa. Sabela contémplao de boca aberta, embobada. Cando o soldado marcha, ela pecha a porta e volve a atravesar os sinuosos claustros arquexando polo esforzo. Entra no refectorio e todas levantan a vista.

ALDARA.– *(Con ton rutineiro)* Quen era?

SABELA.– *(Entusiasta, creando ambiente cómico)* Un anxo!

Murmurios.
Música: Códex Faenza Italia, séc. XV, canc. 1.

7

Continúan todas reunidas e dispostas como na escena 6.

SABELA.– Xa volo dixen, madre. Era un home moi fermoso, tocado de capa e cinto con fibela, e mais botas con esporas e...

ALDARA.– Deixa os detalles da vestimenta, noviza, e vólvenos contar que encomenda o traía á nosa casa, por Cristo.

SABELA.– Si madre. O cabaleiro dixo ser criado dun tal Nuno...

SANCHA.– (*Interrompendo bruscamente*) Coidado co que dis ti, eh? Que, se era criado, non era cabaleiro...

XENEBRA.– Cala ti e déixaa falar!

SABELA.– (*A Aldara*) Madre, non sei cal era a súa liñaxe, mais era varón e, no entanto, rogaba, que se puxo de xeonllos perante min e me bicou a punta da saia.

DONA MAIOR.– Era home ferido, que se fose san non había de rogar a unha pailana coma ti. Pois non di que é fermoso! A fermosura, segundo ensinan os santos Padres, só no Todopoderoso pode atoparse...

ALDARA.– (*Cortándoa cun aceno da man. A Sabela*) Ben, querida, era criado dun tal Nuno, e que máis?

SABELA.– O señor Nuno está ferido a unha hora de camiño do mosteiro e rógavos que o aloxedes polo amor de Deus, e asegura que a Santa Irmandade pagárvolo ha e...

XOANA.– Santa que...??

SANCHA.– Santa Irmandade é o nome que se dan os que se resisten ás forzas do conde ou doutros señores nalgures.

DONA MAIOR.– Non deberían dar nome de santo ao que santo non é.

XOANA.– Sabedes vós o que é santo e o que non?

XENEBRA.– Xoana, que te perde a lingua!

XOANA.– E que hai algunha que todo o sabe...

DONA MAIOR.– E mais insolentes que todo o falan!

ALDARA.– Shhh! Teño entendido que a Santa Irmandade non fai mal ningún, senón que restaura aos seus lexítimos propietarios o que lles foi arrebatado e só intervén en caso de abuso manifesto.

SANCHA.– Pois cando o da filla de Casilda... por aquí non apareceron.

XENEBRA.– Non será asunto noso decidir se a Santa irmandade é boa ou mala. O que importa é estabelecermos o que faremos cando chegue o cabaleiro, que será en non tardando... Como lle negaremos a entrada?

SANCHA.– E por que lla habemos negar?

XENEBRA.– Porque a regra non permite acoller un home nun convento de monxas.

XOANA.– Mais, se estiver ferido...

XENEBRA.– Como se estiver torto, ou manco, ou rengo, ou eivado. Nada! As regras están feitas para as seguirmos, non para as interpretarmos.

ALDARA.– Prioresa, talvez poidamos facer unha excepción ... Como está ferido...

XENEBRA.– O lobo sempre simula estar ferido perante as ovellas.

SABELA.– Mais a xulgar polo seu criado, lobo non é.

XOANA.– Que che gustou o soldado xa era claro para todas.

XENEBRA.– Deslinguada!

XOANA.– Non lle vexo mal ningún á clareza, madre.

CAROLA.– Benaventuradas seredes de dardes comida a quen ten fame, auga a quen ten sede, de atenderdes a quen padece, de ofrecerdes pousada ao peregrino... (*Aparte, reproducindo os seus pensamentos*) Ben estará acoller ese cabaleiro e mais o seu criado

58

ou mesmo un cento de bufóns que o acompañasen, que, en recibilo e darlle de comer e dispor todo, a abadesa estará entretida e, dese xeito, non se ocupara do que non é mester. (*En voz alta*) Acollámolo.

SANCHA.– Acollámolo, non se diga que non somos boas cristiás.

DONA MAIOR.– O asunto merece que o tratemos con vagar. Non podo imaxinar nada máis estraño que un home nun convento de mulleres. É certo que un ser chegado de fóra, e coas sapiencias aprendidas na guerra, habíanos tirar a todas desta rutina en que vivimos. Eu dígoo por vós, que eu xa dabondo vivín, e agora vou vella. Mais para calquera criatura ver máis mundos é unha beizón do ceo. Aínda que, claro, non deixa de ser perigoso. Todas, agás eu, entrariades no convento cativas...

XENEBRA.– Con dezanove anos cheguei, eh?, que tampouco non somos parvas aquí...

VEVA.– Mais eu con catro xa fixera o voto de castidade.

DONA MAIOR.– Védelo? O perigo paira sobre nós. Agás eu, que cohabitei en santo matrimonio con don Xusto Sánchez, meu pobre, que vai para oito anos que o comen os vermes da terra..., agás eu, digo, todas as demais descoñecedes o que un home é realmente.

SANCHA.– (*A ollar para ela apampada*) Descoñecemos o que un home realmente é! Que ignorancia!

XOANA.– (*Dándolle un empurrón, porque é a única que se está a mover dun lado ao outro, recollendo a mesa e fregando a louza*) Ignorancias desas, Sanchiña, logo se remedian! Has vir comigo despois!

ALDARA.– A decisión é extremadamente delicada, por iso é algo que debemos tratar en asemblea. Quizais é unha proba que Cristo nos coloca. Sería ocasión idónea para sabermos o que pasa aí fóra, no mundo. Non podemos continuar tal e como estamos. O casar de Quintela, sen irmos máis lonxe...! Desde que llo aforei a Manuel de Forcadas, nunca dei feito que pagase a renda. A nosa vida aquí pende dun fío. Estamos a vivir do dote de Sabela: ou entran máis novizas achegando algo de riqueza ou verémonos mortas de fame, a menos que nos paguen o que nos deben. Con todas estas revoltas, non hai dúbida, as xentes deixaron de lle conceder valor á palabra dada. Meu Deus! Que facer? Se a revolta irmandiña pode explicarnos de que xeito debemos actuar para obter as rendas que nos son debidas...

XENEBRA.– Que? Venderémonos por unhas lentellas?

ALDARA.– Non esaxeres, prioresa, que non nos habemos vender. Falamos de dar acollida a un cristián mal ferido...

XENEBRA.– Non, querida, falamos de meter un lobo na casa.

XOANA.– E dálle co lobo!

XENEBRA.– Desde a atalaia dos meus anos, ben entendo que algunhas se alegrarían de ter un home próximo, mais... non o esquezades: os homes fan sempre o que lles peta, saben imporse pola forza e, cando non, dominan as artes da palabra para seren inxustos.

XOANA.– Pois nunca vin un que non comese da miña man.

XENEBRA.– Para o trato que tes con eles, e pola conta que lles trae... Mais a abadesa sabe ben de que falo (*a criar expectación*). Noutro tempo, cando eu era nova e a madre abadesa unha criatura, viviamos noutro convento, sabiádelo? Abondou con que o bispo se encaprichase da nosa facenda para acabar con todo, coa nosa vida de mulleres libres que con ninguén se metían, co noso bo nome e con canto levabamos feito polas xentes de San Miguel de Bóveda.

CAROLA.– O bispo tería as súas razóns. Cada quen fala da feira como lle vai nela...

ALDARA.– Xenebra, os homes non serán todos malos porque un o sexa

XENEBRA.– Lémbrallo aos inquisidores que queiman mulleres só por seren fillas de Eva.

ALDARA.– Xa está ben, Xenebra! Falamos de acoller un ferido, sandalo e mandalo de novo ao seu mundo, non de adoptar un criado para nos divertir.

Sabela e Veva observan todo asustadas. Sancha en segundo plano, varrendo talvez. Xoana reprime unha gargallada e dona Maior sorrí discretamente.

XENEBRA.– Abadesa, coida o que dis; non debes, por seres fiel á verdade, caer no pecado de escandalizar as inocentes.

CAROLA.– A lingua dunha monxa debe estar cosida ao seu leito por sete puntos.

ALDARA.– Facedes ben en mellorarme criticando os meus defectos. Non quixen escandalizar, mais deixádeme a lingua un pouco libre, as mans áxiles e a mente voadora, non sexa que estea morta e non o saiba.

CAROLA.– Volvamos ao rego. Se nos distraemos, ese desgraciado aínda se presentará aquí antes de que teñamos decidido o que facer con el.

XENEBRA.– Que o home é un ser alleo ben se vía nos antigos conventos. Noutro tempo homes e mulleres convivían en comunidades como a nosa. Que credes que pasaba? Os homes facíanse sabios, iluminaban documentos e aprendían sobre as súas almas mentres elas limpaban os fogóns. E aínda despois acusábanas de meretrices. Mais, que digo? Para que queredes outra evidencia que o casorio da nosa Elvira? Un día chega golpeada, outro mal ferida e, se ousa retrucar, e ela dócil non é, unha vara máis longa mídelle o lombo. Ese é o home que se comprometeu con ela e a pediu ao seu pai, o home que sabe que é a nai dos seus catro fillos.

XOANA.– Contado así, que perigosos parecen! Nunca tal pensara... *(Aparte para reproducir os seus pensamentos)* Mentres teñan o guerreiro acollido, andarán tan ocupadas que poderei ver o meu Xoán canto quixer... *(En alto)*. Mais, como di a nai boticaria, é acto de misericordia, darse a quen o precisar...

DONA MAIOR.– Estás ti feita boa peza!

Xoana bótalle a lingua e continua a secar cun pano algún trebello da cociña.

VEVA.– *(Sentada baixo a mesa dando anaquiños de pan á cadela, fala só para Sabela)* Ti viches un home algunha vez?

61

SABELA.– Ver, vin, e logo? Seica ti non tiñas pai no mundo?

VEVA.– Non tiña. De ter pai, non me afillarían no convento. Meu pai casaríame cun príncipe! Ou cun conde! Cun señor fermosísimo, que me adoraría e me faría beber en cuncas de prata e...

SABELA.– Siiii?

VEVA.– Claro! E tería unha casa cun xardín sen fin, e no medio unha fonte...

SABELA.– E comerías papas de avea!

VEVA.– Comería de canto hai, e bebería viño!! E, sobre todo, tería uns cabelos longuísimos.

SABELA.– Que belida estarías...!

VEVA.– E longos até os pés! Porque como na miña casa non habería piollos...!

SABELA.– Logo, díxoche o teu pai que ías vivir así de ricamente?

VEVA.– Non, nunca o coñecín. Matárono ao pouco de eu nacer. Na miña casa non entraban homes porque o pai de Aldonza, miña nai, non a deixa casar de novo. As miñas catro irmás, as criadas e a miña nai son todas cantas persoas coñecía antes. Agora coñézovos a vós tamén.

SABELA.– Cona!

VEVA.– (*Dándolle na boca*) Fala así unha monxa?

SABELA.– Ai! Pois eu si tiña irmáns, pai, e criados, e pódoche asegurar que non hai nada tan fermoso coma un home...

VEVA.– E que ten logo o home, que o fai tan fermoso?

SABELA.– Pois ten... ten... Non é o que ten; é como fai.

Sabela ponse en pé e camiña coma un cabaleiro, cun dedo en riba da boca simulando un bigote e facendo como se levase espada. Veva asómase a un extremo da mesa, entre as patas, e desde alí obsérvaa e ri. Sabela deixa a parodia e volve baixo a mesa. Axeónllase perante Veva, toma a súa cara entre as mans e fala.

SABELA.– Sabes, Veva? Se ven o home, heiche levar para que o vexas espido.

VEVA.– Por que espido?

SABELA.– Porque non é coma nós...

VEVA.– (*De ollos moi abertos*) Logo non é criatura humana o varón?

SABELA.– (*Sinalando a un lado*) Alá vai Lúa. Está a piques de parir e procura onde facelo.

Seguindo a cadela, desaparece de escena. Escóitase a súa voz ao lonxe.

SABELA.– Madre!, Madre! Está ás portas!!! Velaí o vén, o home!

Todas agás Sabela asoman pola xanela preocupadas, mais tamén excitadas, participando dese clima de alegría que produciría nun ambiente infantil a chegada de visitas inesperadas.

8

Porta do convento. Todas diante, abraiadas.

NUNO.– (*Sorrindo, aínda que con xesto de dor*) Deus vos garde a todas! Acolleredes este pobre cristián malferido?

XOANA.– (*Mans xuntas en posición de oración e ollos pechos*) Que si, que si!!!

CAROLA.– Acolleremos.

DONA MAIOR.– Que si!

SANCHA.– Si!

VEVA.– Abofé que si.

ALDARA.– Señor, debedes saber que a vosa visita nos compromete. Logo do anuncio do voso criado, deliberamos e acabamos decidindo por común acordo que podedes pasar, sempre que non fagades noite dentro das estancias do convento.

NUNO.– Fícovos agradecido de por vida. Non faltarei á condición que me impoñedes.

XENEBRA.– (*Bisbando, a Aldara*) Non digas «común acordo» se non é tal.

ALDARA.– (*Bisbando, a Xenebra*) Pois non o acordamos entre todas?

XENEBRA.– (*Bisbando*) Traerache problemas!

ALDARA.– (*En alto, a todas*) A regra di que un home non fará noite dentro, logo a regra cumprirase.

XENEBRA.– Xa veremos!

Todas van andando cara ao galpón onde antes colgaron a bogada. Nuno, rengo, avanza apoiado en Carola e Veva.

NUNO.– Aínda deberían terme ferido hai moito para antes chegar onda todas vós...

Carola, avergoñada, baixa os ollos, mentres Veva fica de boca aberta. Os tres rostros están moi xuntos.

XENEBRA.– (*Repite a intervención anterior dirixíndose a Aldara*) Xa veremos!

ALDARA.– (*Seca, a Carola e Veva*) Levádeo até o palleiro. (*A Xenebra*) Acouga, miña Xenebra, que non nos move a luxuria, senón o espírito cristián.

XENEBRA.– Fala por ti. E aínda así non esteas moi certa, que a luxuria e o espírito cristián adoito aniñan ao tempo no mesmo corazón.

ALDARA.– San Tomé di que só para a concepción lle cómpre home á muller.

XENEBRA.– Sabes coma min, que é ao revés: os Padres din que só para a concepción somos necesarias as mulleres.

ALDARA.– Tanto ten, non? O que quero dicir é que mesmo as escrituras sagradas me darían a razón. Nós non deveciamos por un varón, nin o procuramos, senón que el chegou...

XENEBRA.– Non fai falta procurar os males, que logo chegan...

ALDARA.– (*Tenra*) Non me asistirás?

Entran. Carola aparece en escena cuns panos nas mans e varios monllos de herbas metidos en sacas de esteira e pendurados dun cinto.

CAROLA.– Solicito, madre, o voso permiso para curar o noso hóspede.

ALDARA.– Non, dádeme iso. Esta vez serei eu quen se faga cargo da curación (*agarrando os panos*).

CAROLA.– Madre!! As artes de sandar son o meu cometido no convento.

ALDARA.– Todo se fará no convento á discreción da vosa abadesa, boticaria.

CAROLA.– (*Con carraxe*) Madre, sabedes que iso é degradarme.

ALDARA.– (*Firme, mais doce*) Non, Carola, debo actuar segundo o meu parecer (*Vaille desatando o cinto até se facer con el*).

XENEBRA.– Abadesa, ten conta do que fas; non sementes o odio ao teu redor.

ALDARA.– Abonda! Se é, Xenebra, como insistes, perigoso para calquera de nós coidar dun home, deberá ser a abadesa quen o faga, igual que Cristo se axeonllou para lavar os pés de quen pasaban. Non exporei as miñas monxas a perigo ningún.

NUNO.– (*Desde dentro, un pouco divertido*) Señoras, diriman a súas diferenzas axiña, por Deus, que me vexo á morte.

Aldara colle os panos e mais o cinto de Carola. A continuación pon o cinto, empurra a todas fóra da improvisada estancia e, finalmente, pecha a porta. Quedan todas apampadas. Uns segundos despois Aldara abre a porta e sae ao patio onde está o pozo: colle auga diante das demais e volve entrar, producindo un efecto cómico. Xoana asubía.

Música: D'Amor ragionando Ballades du neo-Stilnovo en Italie 1380-1415 Mala Punica, canción 5, comezo.

9

Todas, agás Aldara, están reunidas na capela. As luces deben ser mínimas; a atmosfera tenebrosa dá idea do medo que teñen. Algúns cirios poden iluminar as caras. Xenebra dirixe os rezos.

XENEBRA.– Rogamos, María, nai de Deus, que mandes castigo aos pecadores que ousan entrar nas casas alleas.

TODAS.– Deus te salve, María.

XENEBRA.– María, nai nosa, castiga a quen teima en comprometer a paz das mulleres.

TODAS.– Que Deus te salve, María.

XENEBRA.– E gloria a Deus, noso Señor.

TODAS.– Gloria a el!

XENEBRA.– Santa María, ti que estás chea de graza, axuda a ben amada abadesa nosa, que por algo decidiría o que decidiu, de seguro alumeada por quen todo o manda.

TODAS.– Que Deus te salve, María, chea es de graza, o señor está contigo. Bendita ti es entre todas as mulleres, e bendito é o froito do teu ventre, Xesús.

XENEBRA.– Santa María, madre de Deus, roga por nós, pecadoras, agora e na hora...

Un ruído rouco interrompe as oracións. Acaba de caer algún obxecto tras do altar. Murmurios.

XENEBRA.– Sabela, filla, queres ir ver o que foi?

SABELA.– É Lúa. E trouxo cinco cachorros.

Sabela colle un, Veva outro, todas inclinadas sobre a camada.

SANCHA.– Esta de aquí é unha femia!

DONA MAIOR.– Que criaturas tan preciosas!

VEVA.– Ai este, que feitiño!

XENEBRA.– Non os separedes da nai, que vos vai trabar!!

SABELA.– Como nos vai trabar Lúa? Se ela xa sabe que somos da casa... Son os nosos sobriños!

DONA MAIOR.– Non digas iso, rapaza, que non é cristián...

VEVA.– Por que?

DONA MAIOR.– Non podemos facer familia cos animais. Estamos por riba deles.

SANCHA.– Estamos por riba dos animais???

DONA MAIOR.– Na mente do Señor si. Non é, prioresa?

XENEBRA.– Bah, esas son cousas de teólogos!

DONA MAIOR.– Moito me sorprende, madre, que vos permitades desprezar os teólogos.

XENEBRA.– Eu? Non tal! Ocúpanse de asuntos que non son do meu interese, non mais. Veña, imos traerlle un pouco de auga a Lúa, que lle cómpre estar tranquiliña agora

SANCHA.– Madre, e deixamos as oracións a medio rezar?

XENEBRA.– Non... Si... Non... Ben, mellor que cada unha vaia rezando para si.

DONA MAIOR.– Para si?

XENEBRA.– Ai, que leria! Cada unha que se encargue de rezar un Noso pai mentres fai os seus labores, que non hai oración tan boa coma o traballo. Sancha, trae auga. Veva, vai por unha mantiña que lle entrarán calafríos a Lúa. Sabela, o balde para fregar, que non imos deixar isto así.

DONA MAIOR.– ¡Que vai dicir o capelán cando vexa que a cadela pariu na súa roupa de misa!

XENEBRA.– O capelán non vai dicir nada, porque non o vai saber, que a vosa mercede e máis eu imos lavar todo até deixalo como novo.

DONA MAIOR.– Perdoádeme, prioresa, mais o día en que entrei neste convento, que se fundou cos cartos da miña familia, aseguróuseme que o meu rango sería respectado...!

XENEBRA.– Ben, como tiñades tanto que dicir... Anda, Sancha, ven ti comigo e fique dona Maior rezando.

Todas atarefadas limpando mentres dona Maior, axeonllada, continúa rezando. Soa o Ave María dos Cranberries.

10

Aldara entra no galpón co balde de auga na man e o cinto das herbas posto. Diríxense unha ollada profunda e Nuno sorrí, Aldara non. Ela achégase, retíralle o pelo coa man e comeza lavar as feridas: fronte, ollos, boca... Un tempo de silencio tenso antes de que se inicie o diálogo.

NUNO.– Ai! Ai!

ALDARA.– (*A soprar*) Si, queima un pouco, mais iso mesmo curaravos.

NUNO.– Parecedes a miña nai. Diciáme así cando era unha crianza...

ALDARA.– Dicíavos ben... (*Continúa a soprar*).

NUNO.– Se continuades así, non morrerei das feridas; morrerei de frío.

ALDARA.– (*Sorrindo lixeiramente*) Se xa van medrando os días...! Non morreredes de frío, non.

NUNO.– Como non? Se tedes unha boca moi grande!

ALDARA.– (*Avergoñada*) Calade, non perdades forzas. (*Aldara vai desabotoarlle a casaca*).

NUNO.– Non! Deixádeme!

ALDARA.– (*Afastándose*) Perdoade! Pensei...

NUNO.– Non, perdoádeme vós. A revolta non me está a servir como escola de cortesía precisamente. En todo caso, hai cousas que é preferíbel facer a soas...

ALDARA.– Non deberiades remexervos tanto. Seguramente, a ferida máis grave será a do costado.

NUNO.– Preferiría que vos retirásedes...

ALDARA.– Mais...

NUNO.– Abadesa, por favor!

Na escena hai forte tensión sexual. Aldara interpreta que o cabaleiro non quere violentala espíndose e xa se está a retirar cando Nuno lanza un xemido de dor e perde o coñecemento.

ALDARA.– Señor! (Achegándose a el moi decidida).

A seguir, abre a casaca e fica a observar algo que o público non ve.

ALDARA.– (*Bisbando*) Virxe santa! E como ti na guerra?

Vense os xestos de Aldara movéndose, non o corpo de Nuno. Coidadosamente, ela aplica as herbas sobre as súa feridas, que logo cubre e arroupa. Finalmente sae, depositando antes un bico na súa fronte.

11

Elvira e Dona Maior na cociña. Elvira entrou cunhas perdices mortas nunha man e un cesto na outra.

DONA MAIOR.– Elvira, que traes aí?

ELVIRA.– Unhas perdices, señora, que dá xenio velas.

DONA MAIOR.– Máis dará cando pasen polas mans de Xoana.

ELVIRA.– Abofé, miña señora, que con plumas non esborrexen polas tragadeiras! (*risas*). E tamén traio no cesto fariña de trigo, e uvas secas, e dúas medidas de viño, que, co que levo mercado esta tempada, vanse pór as vosas mercedes de bo ano.

DONA MAIOR.– Se serás pillabana!

ELVIRA.– Que pillabana, se digo boa verdade. Que un día (*imitando a voz da abadesa*) «se nos trouxeses mel», e outro «tes de nos conseguir carne de vaca», «Elvira, para mañá troitas», «e non esquezas mazás e figos, Elvira, e noces». «E atende, Elvira, que sexa todo bo, limpo e de peso». «Ah, Elvira, esquecía isto e estoutro». Se traio todo o que a abadesa me pide, aínda hei quedar eivada de tanto como carrexo.

DONA MAIOR.– Cala, cala, esaxerada. É normal que a abadesa se preocupe pola alimentación especialmente nestes días. Non será por nós. Ela sempre tenta non caer en gastos innecesarios, que a modestia é dúas veces virtude no convento. Se tanto che pide, é sen dúbida polo cabaleiro que hospedamos. Para que don Nuno se restabeleza axiña cómprelle comer moita carne, como é natural...

ELVIRA.– Natural non será, señora, que os pobres por veces tamén sandan... e non será pola moita carne que coman.

DONA MAIOR.– Ai, non me compares! E, rico ou pobre, o corpo ben valora a carne para se repor.

ELVIRA.– Non é cousa da miña incumbencia mais, de me preguntardes, diríavos que a abadesa trata demasiado ben a ese hóspede.

DONA MAIOR.– Mais non preguntei...

ELVIRA.– Daquela calo. Non quero que pensedes que ando a rexoubar. E menos da abadesa, que muller tan santa, tan boa con todos e tan entregada nunca vira.

DONA MAIOR.– Pois logo que andas a dicir?

ELVIRA.– Quen tiña o mal na imaxinación erades vós, que eu non me refería a que se regalase co tal cabaleiro, vive Deus. O que eu penso é que a dona abadesa non se para a pensar no rancor que acorda ao seu redor.

DONA MAIOR.– Ti que dis?

ELVIRA.– Nas paredes desta casa non é todo paz e harmonía. Hai quen quere mal á dona abadesa.

DONA MAIOR.– Non se di «dona abadesa», xa cho teño dito mil veces.

ELVIRA.– Ben, pois como se diga. Hai quen non a quere ben, ou sexa que a quere mal, e ela non ten ollos para outra cousa senón para algún segredo que se trae.

DONA MAIOR.– Parvadas! Que segredo nin que nada!

ELVIRA.– Con todos os respectos, señora, até un cego o vería, a dona abadesa garda un segredo, o caso é saber cal. Para min que ela se fixo irmandiña, e quere engordar a toda présa ao cabaleiro para que vaia cortarlle a cabeza ao mesmísimo conde de Lemos. E por certo, non serei eu quen se opoña.

DONA MAIOR.– Serás bruta! Anda, vai ao teu e para de latricar!

ELVIRA.– Ha! Agora que o dixen todo!

Elvira, enfurruñada, despluma as aves mentres dona Maior pasea pola cociña e logo sae. Entran Sancha, Xoana e Xenebra e póñense coas faenas: Sancha limpa, Xoana guisa, Xenebra supervisa un pouco todo.

SANCHA.– Como recende ese potaxe, Xoana!

XOANA.– Mellor che saberá!

ELVIRA.– Non, se será por comer aquí...

SANCHA.– Non che irá a ti peor, que o convento é pobre.

ELVIRA.– Que non me vai a min peor, di! Cala nena: se non sabes, non fales. Eu non son libre como todas aquí. E non é só que estea atada: parto o lombo da mañá á noite e ninguén me asegura que chegue á fin do día enteira.

SANCHA.– Traballar temos que traballar todas, eh?

ELVIRA.– Mas ti, non caias no erro de casar.

XOANA.– (*A Sancha, entoando canción*) "Unha casada dixo: solteiriña estás, estate; solteiriña estaba ela, ninguén a mandou *casare*".

ELVIRA.– Iso de que ninguén me mandou...; algunha muller escolle algo acaso? Eh?

XENEBRA.– Que conversa, Señor! Deixa de preocupar esas cabezas mozas, ou ninguén traballará. Ven, cóntame a min como andas.

ELVIRA.– Ando como podo, dona prioresa.

SANCHA.– Que non se di «dona prioresa», dise «madre». Serás burra?

ELVIRA.– Pois dona é, nai non, que fillos non ten, digo eu...

XENEBRA.– Veña, veña, chámame como queiras, que non é no nome onde levamos posta a alma. E, dime, como van as cousas na casa?

ELVIRA.– (*A saloucar*) Para que me pregunta iso, dona prioresa? Eh? (*chorando xa abertamente*)

XENEBRA.– Vamos, vamos, miña nena.

Entra dona Maior.

DONA MAIOR.– Eh! Que pasa aquí?

XENEBRA.– (*A estreitar a cabeza de Elvira contra o seu peito, fai aceno cun dedo na boca a pedir silencio*) Nada, que ha ser? A primavera tennos un pouco nerviosas...

DONA MAIOR.– (*Aceptando o disimulo*) Pois aínda estamos en febreiro, o que nos queda...!

XENEBRA.– Quedaranos o que Deus dispoña...

DONA MAIOR.– Amén. (*A contemplar a cesta que traía Elvira e que repousa na mesa*). Abofé que ten bo aspecto todo o que nos trouxo Elvira.

ELVIRA.– (*Sorbendo aínda*) Aínda ben que ten aspecto lucido, co que pesaba...!

XENEBRA.– (*Tendéndolle un pano dos mocos que leva no saial*) Anda queixumicas, que non podías con el...

72

ELVIRA.– Poder podía, mais tamén podían comer menos as donas ultimamente, que me teñen mallada de tanto carrexar para arriba e para abaixo...

Todas rin.

DONA MAIOR.– Será deslinguada esta Elvira! Non me dixo á porta que a abadesa facía mal en dispor tanta comida para o noso hóspede?

SANCHA.– Pois canto máis coma, máis axiña marcha.

XOANA.– (*Coqueta*) Iso se non lles colle gusto aos meus guisos e decide ficar aquí para sempre...

XENEBRA.– Non o digas nin por brincadeira, non nos vaia custar cara a estadía...

DONA MAIOR.– E logo?

XENEBRA.– Se chegar aos ouvidos do bispo que temos un home aloxado...! Non o quero nin pensar!

SANCHA.– E quen llo vai dicir?

XENEBRA.– O demo, que anda sempre solto.

SANCHA.– Non nesta casa, que aquí o mete Xoana na faldriqueira.

XOANA.– E ti! (*Dándolle un empuxón de brincadeira*)

ELVIRA.– Eu sei que sodes todas unhas donas moi boas e que non estades para os asuntos do mundo, senón para rezar e servir a Deus, mais non vos decatades de nada do que pasa.

DONA MAIOR.– (*Interrompéndoa*) E non nos está a chamar parvas!

XENEBRA.– Que estás a dicir, Elvira?

ELVIRA.– Nada, dona prioresa, nada, que eu me entendo.

XENEBRA.– Mais nós non te entendemos, Elvira.

ELVIRA.– Ai, dona prioresa, a pouco que unha pense, ve que quen manda ten moito que saber. Entre outras cousas, ten que gardarse das opinións alleas. Se cadra, entrementres coida do benestar do cabaleiro, a abadesa desatende algunhas persoas da súa proximidade que non a queren ben.

XOANA.– E quen non quere ben á Madre abadesa, se nunca vin muller tan xusta e amábel?

ELVIRA.– Contigo, Xoana, mais non con todas, que agora mesmo aquí hai quen falta, e a que falta, que está a facer?

XENEBRA.– Para esa lingua, Elvira, que barruntar o mal se chama maledicencia e leva ao pecado.

ELVIRA.– E non o amentar chámase parvada, porque leva a se enganar.

XENEBRA.– Non digo eu que non cumpra de estadía. Que don Nuno xa camiña e non debía comprometernos.

DONA MAIOR.– Efectivamente, non debía mais... conta tan boas historias!

SANCHA.– E é tan cortés e considerado!

XOANA.– E tan fermoso...

XENEBRA.– Decididamente, é tempo de que parta.

12

Irrompen na cociña Sabela e Veva cuns crías de ave nas mans.

SABELA E VEVA.– (*Alborozadas, berrando un pouco*) Vinde ver o que traemos! A que non sabedes o que é?

Todas se achegan á porta. Escena cun suave contraluz.

SANCHA.– Pitiños!

XOANA.– Acabados de saír do ovo como quen di.

SABELA.– Son crías de falcón. Levabamos días vendo voar por aquí un.

VEVA.– Será falcona.

SANCHA.– (*Dándolle na boca*) Non fala así unha monxa!

VEVA.– Ai!! E que dixen eu?

DONA MAIOR.– Que indefensos parecen!

ELVIRA.– Non vos fiedes das aparencias. En poucas semanas serán paxaros enormes, capaces de dar morte con ese bico que acariñades tan alegremente. Marcho, donas, que xa rematei.

XENEBRA.– Non te vaias sen falares un pouco coa abadesa.

ELVIRA.– Non, a abadesa comprenderá. Debo ter o xantar na mesa á súa hora ou non me libro hoxe tampouco.

XENEBRA.– Meu Deus! Vaites, vaites, deixa iso, que xa o recollemos nós. Veña, non demores!

Sae Elvira.

SABELA.– Xoana, dános algo para que coman.

XOANA.– Xaaaa! E que máis? Nin falar! Os bechos xa saben eles procurar o que lles convén.

VEVA.– Non sexas mala, Xoana. Caeron da árbore. Quen os vai alimentar?

XOANA.– Si, caeron, e que máis? Non estariades a gabear pola árbore para collelos do niño?

SABELA.– Quita de aí. Co chorona que é esta...!

VEVA.– (*A Sabela*) Chorona ti! (*A Xoana*) Como íamos subir, muller? Non! Atopámolos no chan. Fixo tanto vento onte que caerían... Vai haber treboada outra vez... Agora van morrer se non lles dás algo.

As nenas pousan os pitiños no chan.

XOANA.– Ai, estou a chorar por eles...

DONA MAIOR.– Xoana, non sexas así. Non terás un pan seco?

XOANA.– Para os bechos?

DONA MAIOR.– Si, muller.

XOANA.– Ben, ben. Agora alimentamos os animais da fraga, pois non faltaba máis. E non quereredes que lles dea unha cunca de caldo tamén?

DONA MAIOR.– Ai que rosmona é ela!

XOANA.– Non, se a min tanto me ten. Non dispoño eu dos bens, que se fosen meus...

SANCHA.– Xoana, son criaturas de Deus.

XOANA.– Os pobres que andan polos camiños tamén e mais non teñen unhas nenas parvas que se apiaden deles.

XENEBRA.– Que se acheguen por aquí e algo teremos para dar-lles.

XOANA.– E como imos ter, se todo llelo damos aos paxaros!

XENEBRA.– Non sabes, Xoana, que son criaturas do Señor coma ti?

XOANA.– E dálle! Coma min, non, que eu non me parezo a un paxaro!

SANCHA.– Xa quixeras, fedello!

XOANA.– Anda esta!

Soa a música de Paulina Ceremuzynska, «E moiro-me d'amor», canción 10

XENEBRA.– Unha monxa é coma unha ave, sempre pendente do paso do tempo e dos seus ritmos. Como aves, nós tamén emigramos: agora maitines, agora terzas, agora completas.

Todas en ringleiras de a dúas camiñando polo claustro, axeonllándose, rezando.

XENEBRA.– Como o falcón novo ensaia o voo, igualmente a monxa aprende, reza, medita e traballa. Se a deixasen, remontaría a rentes do chan para logo emprender o voo cun rápido bater de ás ao que seguirían varios xiros no ar e, finalmente, uns instantes planeando a pouca altura antes de se pousar de novo.

Todas xuntas bordando ou cosendo. Ao fondo, Xoana limpa. Unha delas le un libriño de oracións. Cada pouco contestan un «amén» pouco audíbel. Sabela ve unha bolboreta e vai collela. Veva érguese tras dela. Dona Maior ponlles unha man no ombreiro e fainas sentar, como apelándoas para regresar ao mundo das monxas. Sancha, que está a bordar, a carón da xanela, escoita unha música de gaita que chega de fóra e os seus pés comezan a bailar. Pasa Xoana ao seu lado e axiña ensaia con ela uns pasos. As dúas levan zocas. Todas moven a cabeza e fan percusións coas palmas nas coxas. De súpeto, dona Maior di: «Á oración», e todas volven rápido ás súas actividades.

XENEBRA.– A dama que se afillar como monxa poderá entrar ao convento coa súa criada, a quen non debe ferir por razón de servidume, senón respectar, porque a igualdade da profesión que fan convérteas en irmás. Xusto é que as que serven a Cristo na mesma milicia gocen da mesma liberdade, igual que todos os paxaros acollidos nun niño participan de idénticos goces. Con isto non se trata de abaixar a dama para levantarlles a fachenda ás outras. Simplemente, ao seren recibidas como irmás, aprenden a servila con bo ánimo e prestan os seus servizos, non con espírito de servas, senón con caridade, como seres libres.

Dona Maior baila coa súa criada, Sancha.

XENEBRA.– Durma cada unha no seu propio leito. Reciba o seu aderezo de cama en consonancia co seu xénero de vida anterior, segundo disposición da abadesa. De ser posíbel, durman todas nunha mesma estancia e arda arreo unha lámpada nela até o amencer. Entre as camas debe haber unha separación dun cóbado para evitar os incentivos da paixón, que se desatan de estaren achegados os corpos. Ningunha falará con outra na escuridade nin se achegará a outra despois de completas. E, de día, cando foren libres de traballo, ningunha pretenderá mover-se do seu posto sen permiso da abadesa ou da prioresa, nin iniciar conversas, nin practicar idas e vidas ociosas, senón que ha de estar no seu sitio dedicada ao traballo manual. O lecer é o grande inimigo da monxa porque deixa lugar á iniciativa persoal.

Todas se moven pola escena e instálanse en universos separados, sen cruzaren os ollos. Don Nuno entra cun paxariño na man.

NUNO.– Paxaros que saen voando das cociñas? Este convento ten un aquel máxico, non?

SABELA.– Vistes, don Nuno, que paxariños temos?

NUNO.– Vin. E mais tráiovos este que perderades.

SABELA.– Beizóns!

NUNO.– Non merezo tanto. Mais que cazalo, evitei que me tirase ao chan mentres andaba coma un parrulo.

Sabela e Veva rin mentres don Nuno imita o andar dun pato e pon caras cómicas.

NUNO.– Sabedes que aos guerreiros nos gustan moito os paxaros?

SABELA E VEVA.– Non / Por que? / Cóntenolo, señor...

NUNO.– Un guerreiro é coma un paxaro: un ser libre. Ninguén pode engaiolarnos, porque somos parte do ceo. Como os paxariños, pasamos media vida no aire porque o noso amor á liberdade é demasiado grande para nos atar ao chan.

As nenas intercambian unha ollada cómplice con todas as demais, talvez por parellas.

XOANA.– Non, se aquí serán todos paxaros...

NUNO.– E logo ti que es, senón unha pomba?

SANCHA.– (*En ton de burla*) Miña ruliña!

XOANA.– ¡Boh, quitade de aí!

NUNO.– Porén, miñas señoras, non vaiades figurarvos que todos os paxaros son iguais. Non, non, non, que iso sería grave erro. Dun lado están os falcóns, que son feroces, e cometen desatinos, abusan e violentan a súa presa. Doutro, os pardais, os paxariños que cantan para que acordedes e comen os insectos que amolan o gando. Que queredes ser?

SABELA.– Eu falcón!

XENEBRA.– Nena! Que dis?

SABELA.– Eu non querería ser un paxariño asustado, senón unha ave poderosa que atravesase o ceo, inflamada de forza e de beleza...

NUNO.– Velaí o tedes: ese é o espírito irmandiño.

XENEBRA.– Irmandiño será, señor, mais non é o que se espera dunha monxa. Nin a forza nin a beleza deleitan a Deus, senón a humildade e as boas obras.

NUNO.– Señora, se a Deus non lle deleitase a forza, non tería permitido a existencia do home, que todo o somete, nin do lobo que se impón ao año, nin das demais feras. De me apurardes, diría que non se tería atrevido a crear o universo, posto que a creación é en si mesma unha demostración de grandeza. Non hai nada de malo na forza.

XENEBRA.– Nunca ousaría eu pensar que as forzas creadoras do ceo puidesen conter asomo de maldade.

NUNO.– (*A rir*) Sabedes, madre priresa, por que amo a forza e a liberdade dos paxaros? Porque lles permiten ser libres e non escravos. Non defenderei os falcóns. Só quería anunciarvos que chegará un día en que os pardais deixen de ser criaturas asustadas e se lancen a perseguir a quen os fustriga. Se cadra xa estamos nos albores dese día...

SANCHA.– (*Soñadora*) Se cadra...!

XOANA.– Os mozos serán señores...

SANCHA.– E os pobres teremos as riquezas dos pazos.

XOANA.– E os vestidos das condesas...

SANCHA.– E bailaremos todas as noites...

XOANA.– E durmiremos con quen nos pete e non co guerreiro do señor.

SANCHA.– E erguerémonos tarde da cama...

XOANA.– E só comeremos amorodos...

NUNO.– Amorodos? Eu prefiro comer carne

XOANA / SANCHA.– Ha, ha! / Como un falcón!

NUNO.– Os auténticos pardais, que gañarán a revolta, son xentes coma vós.

SANCHA.– Pois, cando gañemos, as cousas serán coma nós digamos.

XOANA.– Aínda gozaba un pouco de mandar un escuadrón e poñer a todo o mundo a cociñar e refregar!

SANCHA.– (*A Xoana, burlona*) Cando os carballos dean uvas, estarei ao teu mandado.

NUNO.– Non me asustaredes. Un auténtico irmandiño sabe bailar (*inicia unha danza con Sabela e segue con Veva*), sabe cociñar (*quítalle a Xoana a culler de madeira que levaba e ponse a dar voltas na pota con aire solemne*), sabe coser (*senta con dona Maior e imítaa co seu labor, mas pincha un dedo e todas rompen a rir*).

NUNO.– (*Chupando o dedo*) Hostia!

DONA MAIOR.– Don Nuno, non! É pecado tomar o nome de Deus en van.

NUNO.– Miña señora, blasfemar non é ser mal cristián. Non... A lingua non está cosida á boca mais que por un punto e ás veces menéase un pouco atolada.

DONA MAIOR.– Pois, se non puiderdes controlala, cortádea.

As mais novas rin.

XENEBRA.– Cando non poidades aturar a furia, dicide mellor con forza «maldito sexa San Xoán Crisóstomo».

DONA MAIOR.– Prioresa, que dicides? Maldicir dun Padre da igrexa ten que ser pecado!

XENEBRA.– (*Avergoñada*) No convento de San Miguel onde fun noviza maldiciamos así todas... incluída a abadesa. Non facíamos mal ningún. Xoán Crisóstomo non deixaría de ser un home coma todos, non? E nacería de muller, digo eu. Como se permitiu logo insultar as mulleres sen excepción? Non merece acaso que nos lembremos del algunha vez quen, sen coñecernos nin tratarnos, igualounos aos peores males? Sabede que dixo de nós: «A muller é a inimiga da amizade, a dor inevitábel, a tentación natural, o perigo doméstico, o mal necesario...» Queredes que non o maldigamos? E que o habería de salvar? Que en Roma decidisen chamalo santo?

NUNO.– (*Visibelmente compracido*) Védelo, miñas señoras? Están a asomar pardais por todas as partes, e ... sabedes que vos digo? Que han correr tras dos falcóns!!

XENEBRA.– Amén!!

13

A acción transcorre no refectorio onde están todas colocadas igual que na primeira ocasión, agás a circunstancia de que antes estaba libre a cabeceira esquerda da mesa que agora ocupa Nuno. Como hai un hóspede, agora si hai mantel de fío fino e panos de mesa. Á altura da outra cabeceira hai unha cesta con flores.

NUNO.– Pois así como vos conto, nestas condicións opera a irmandade, que é santa por estar de parte dunha causa xusta e cristiá.

XENEBRA.– Cal é a causa que dicides, que non acabo de seguirvos?

NUNO.– A rebeldía contra dos señores, que facían ou consentían moitas aldraxes.

XENEBRA.– Iso é pretexto para derrubar os seus pazos? Seica non sabedes que nos señoríos, ademais deses cabaleiros cuxas fazañas non cantarei, tamén se acollen pobres indefensos?

NUNO.– Señora, é a única solución que nos cabe para impoñer o desterro dos inxustos.

DONA MAIOR.– O desterro... ou a morte, que moi brando parecedes, don Nuno.

NUNO.– (*A ollar de esguello para Aldara*) Non é a morte o obxectivo que pretendemos, que a nós só nos move o afán de restaurarmos unha orde xusta.

DONA MAIOR.– Xusta non será cando calquera bandido pode colocarse no voso bando contra señores de calidade probada.

NUNO.– A irmandade constitúese por mandato do moi virtuoso rei don Henrique na vila de Betanzos e a ela tamén se uniron algúns señores, Bernal de Moscoso, Pero Bermúdez de Montaos, Gómez de Sotomaior, ademais dos concellos de Santiago, Noia e Muros. Todos así irmandados decidiron actuar en harmonía, á espera doutras cidades, vilas e lugares que se lles quixesen unir. Non é iso procurar xustiza?

ALDARA.– Non tal. Sobran razóns para os revoltosos mais... Vainos amañar a vida ser crueis? Cristo ensinounos a ofrecer a outra meixela.

NUNO.– En efecto, mais non deixou de botar os mercadores do templo, non é? Restauraremos a orde rota para que, deste xeito, volvamos vivir en paz e sosego.

ALDARA.– Se cadra non debiamos opinar nós, tan afastadas como estamos dos camiños do mundo...

NUNO.– Afastadas vós? Estades no miolo do asunto! Miña señora, hai dous anos o conde de Lemos, don Pedro, apresurouse en cederlle ao seu fillo e herdeiro, o malfadado don Alonso Osorio, a fortaleza de Monforte porque as irmandades lle eran contrarias e ante a ameaza de que lle tomasen as súas terras, non fose que toda a súa liñaxe as perdese. Hai tempo, pois, que vivides en medio da violencia sen vos decatardes.

XOANA.– E non di que non nos decatamos?

NUNO.– Sabedes de incidentes, claro, mais a dureza da vida dos guerreiros non vos toca e podedes permitirvos criticala, como se non fose heroica.

ALDARA.– (*Irónica*) Tedes razón. Só nos toca a peste, que axexa as nosas terras, a fame que arrinca as crianzas ás nais, a pobreza que non nos deixa levantar cabeza, a falta de ilusión con que soportamos a vida...

XENEBRA.– Sen esquecermos a violencia que os guerreiros practican contra as mulleres!

NUNO.– Non serán irmandiños. Rógovos que non metades na mesma saca agresores e defensores...

XOANA.– E logo? Seica os irmandiños non teñen rabo?

XENEBRA.– Polo amor de Deus, Xoana, queres controlar esa lingua?

ALDARA.– (*A Nuno*) Non acabo de entender por que precisades as armas en lugar das palabras...

NUNO.– As palabras lévaas o vento. Cantos acordos non se terán tomado que nunca se levarán a efecto?

ALDARA.– Concedo. As palabras voan, señor, mais as armas matan.

NUNO.– Non, as armas intimidan e serven para facer valer os dereitos dos rebeldes.

ALDARA.– Que, como dicía Xoana, poden converterse tamén en agresores.

SANCHA.– Madre...

ALDARA.– Dime Sancha, que tes?

SANCHA.– Onte fun ver a filla de Casilda. Non vos imaxinades como quedou... (*pechando o puño*). Se fan algo por controlar os abusóns, eu fágome irmandiña.

NUNO.– (*Co brazo levantado en dirección a Sancha*) Bravo!! (*A Aldara*). Védelo?

ALDARA.– Sancha, comprendo a túa resposta, mais convén que moderemos os nosos pulos.

SANCHA.– E por que non os moderaron os que así forzaron a rapariga?

XENEBRA.– A violencia non vai tirar de nós a miseria.

SANCHA.– Meu pai pegáballe ao can até facer del un bo compañeiro de caza.

XOANA.– E iso que ten que ver?

ALDARA.– Ten que ver, Xoana, ten que ver. Sancha pensa que a xustiza se acadará asustando.

SANCHA.– Si, iso é. O cabaleiro cando monta aperta as bridas para lle marcar o camiño ao animal: se colle o que non é, mancarao sen dubidar. Non hai abuso...

NUNO.– (*Levantando a súa copa*) Pola causa irmandiña!

Todas a piques de brindar, mais Aldara detén o grupo cun xesto.

ALDARA.– Esquecedes algo. O convento é tamén un señorío. Boa parte da nosa facenda (a granxa de Lázaro, o muíño, as leiras da Pena da Cova) están arrendadas a labregos da zona. Non pagan, posto que nos imaxinan ricas, vivindo nunha casa chea de xoias da igrexa. Cando eu pido o que nos corresponde son tamén unha señora feudal que abusa.

NUNO.– Sinceramente, non vos vexo nese papel

ALDARA.– Pois é o que me está deparado. Se non esixo as rendas, morreremos de fame. Se as esixo, acepto ser da caste dos condes. Con quen debo aliarme?

NUNO.– Coa xustiza!

84

DONA MAIOR.– Cos señores principais! Vivindo aquí, co conde de Lemos!

CAROLA.– Con Cristo!

SANCHA.– Co voso corazón!

Aldara, coa cabeza apoiada nunha man, sorrí.

14

Aldara e Nuno van camiñando cara ao muíño.

ALDARA.– Todos estes terreos do monte e treitos de río forman neste momento o couto do convento.

NUNO.– Non é pouco.

ALDARA.– Foi maior noutrora. Mais... que queredes? Non dou feito para levar todo isto.

NUNO.– Arrebatáronvos algo este ano?

ALDARA.– Si, entre outras cousas a paciencia... Non importa tanto que os señores do conde se apropien de terreos que non damos traballado. O malo é como nos asolan: rindo, burlándose, sementando o terror ao seu paso. Un día un neno ao que lle cortaron unha orella, outro día unha muller forzada, ao seguinte entran nunha casa e comen e beben a fartar porque ben lles acaía facer parada alí... Entrementres, os labregos que tiñan que pagarnos a goiosa ou a loitosa non o fan. A quen acudir?

NUNO.– Á Santa Irmandade!

ALDARA.– A Santa Irmandade non se vai ocupar dos asuntos dunhas pobres mulleres sen poder coma nós

NUNO.– Enganádesvos. A Santa Irmandade está de parte da igrexa.

ALDARA.– De que igrexa? A Santa Irmandade acaba defendendo os intereses do rei e dos grandes prelados.

NUNO.– A Santa Irmandade defende os intereses xustos. O rei poderá protexer o seu pobo.

ALDARA.– Realmente? Non terá el tamén un séquito de corruptos que procuren á súa sombra prebendas e beneficios?

NUNO.– Señora, en algo tedes que acreditar. Como ides dubidar do rei?

ALDARA.– En algo teño que acreditar e en algo acredito: nas miñas monxas, de que ninguén se ocupa. Algunhas veñen de familias poderosas. Credes que os seus parentes lembran que deixaron unha filla nun convento cando se apoderan de novos botíns? Non! Deben de pensar que aquí non comemos. Outras proceden de familias pobres, foron criadas na miseria e cústalles a disciplina e a oración. Que ten para elas a igrexa que vós defendedes?

NUNO.– Consolo para as dores da existencia... e unha oportunidade material para vivir.

ALDARA.– Teredes visto moito mundo na guerra, mais debeu de ser o mundo dos homes! Unha monxa lega, coma Xoana, chega ao convento despois de vivir atrapallada con sete irmáns nun cortello e comer tres días á semana. Que faremos dela? É obediente e sabe prestarse ao servizo das demais, ten bo carácter, traballa coma unha mula e é capaz de darnos toda a súa enerxía e o seu amor a cada unha de nós.

NUNO.– Unha boa monxa!

ALDARA.– Unha boa muller aos meus ollos, desde logo; alguén a quen coidarei e defenderei. Mais, se o bispo a vise...

NUNO.– Se o bispo a vise, que?

ALDARA.– En canto ten un momento, escapa a xogar amores co seu amigo.

NUNO.– (*A rir*) Puiden escoitar abondo estes días... Imaxinaba que ignorabades que tal acontecía nos vosos muros.

ALDARA.– Tería que estar xorda e cega para ignorar... E ben? Non é boa monxa por iso? Peca de lascivia? Talvez. Aínda ben que non fai coma o señor bispo, que vós defendedes, que peca de falta de amor ao próximo.

NUNO.– Abadesa, se seredes a máis rebelde do país... Estades claramente en contra dos abusos dos poderosos.

ALDARA.– Estou!

NUNO.– Pensei que a Santa Irmandade non era do voso agrado porque vos ensinaran unha orde natural das cousas e, daquela, asumiades que a rebeldía non era para vós.

ALDARA.– Conque non era para min, eh?

Comeza unha treboada.

NUNO.– (*Divertido*) Acabades de incitar a cólera dos ceos.

ALDARA.– (*A correr os dous*) Había nubes negras, e máis nada.

NUNO.– Sodes unha herexe.

ALDARA.– Non creo que Deus ocupe o seu tempo en escoitar o que acontece no mundo.

NUNO.– (*Aos berros*) A abadesa é unha herexe, a abadesa é unha herexe..!

Encontran acubillo nunha cova. A choiva, que cae arreo, empapa as súas roupas. Nuno percorre cun dedo o perfil de Aldara, desde a fronte até o queixo pasando polo nariz e pola boca onde demora un pouco.

NUNO.– Sempre fostes herexe?

ALDARA.– Coido que si. Sendo moi nova vin como se destruía o convento de San Miguel de Bóveda pola ambición do bispo. Daquela torneime descrida: unha cousa son os asuntos dos homes e outra, e moi distinta, a intención de Deus.

NUNO.– Que queredes dicir con que se destruíu o convento?

ALDARA.— Ah, moi sinxelo, sempre é igual! O bispo fai unha acusación sobre a moral das monxas e, xa sabedes, até o ser máis santo peca sete veces ao día... Se o que se quere é pillar alguén en falta, non será moi difícil axexando ben...

NUNO.— Que pasou?

ALDARA.— É longo de contar e pouco interesante. Mais o resultado foi que o convento desapareceu. Unha das legas, que non tiña quen a defendese, acabou maltratada no calabozo polos esbirros de monseñor; outras fómonos esparexendo por aí. Xenebra, a nosa actual prioresa, e mais eu conseguimos vir para estas terras. Axiña morreu a abadesa, e o bispo desta diocese quería á fronte de cada un dos seus mosteiros alguén que, ademais de ler e escribir, tivese algúns estudos. Ese antollo, en realidade, servíalle para prescribirnos máis normas.

NUNO.— Que me aspen se entendo algo! O bispo quería unha monxa letrada para mandar máis?

ALDARA.— *(Entre risos)* Non me entendedes? Como ás monxas non se nos permite educarnos, ás veces a igrexa de Roma dita complicadas disposicións que nos conventos non se poden acatar porque as abadesas nin teñen costume de ler, nin son mestras en interpretación de textos complicados.

NUNO.— *(Risos)* E vós saístes elixida por serdes a máis avisada...

ALDARA.— Ahá. Por iso non me gusta que a vosa revolta axude á igrexa. Os bispos non se comportan precisamente de maneira sacerdotal; adoitan ser crueis. En lugar de serviren de exemplo a súa grea, amolan os diáconos con prestacións persoais, impoñen tributos e sementan os seus prexuízos. Merecen ser chamados recadadores antes que pontífices de Deus.

NUNO.— Saberiades como arengar á tropa, miña señora.

ALDARA.— *(Arrubiada)* Non, só expoño o que coñezo. Convosco saen doadas as palabras.

NUNO.— Non é que saian doadamente, é que estaban en harmonía aí dentro *(tocándolle a tempa esquerda co dedo índice)*.

ALDARA.– Non me gabedes, que me faredes soberbia e é feo pecado.

NUNO.– Nunca seredes soberbia porque para iso teriades que presumir do que non tedes e non hai calidade ningunha de que vos carezades.

ALDARA.– Abofé que faredes de min unha cretina que pense que a pariron nas nubes.

NUNO.– Paríronvos nas nubes?

ALDARA.– Non, nunha cama como a case todo o mundo. *(Silencio)*. Por que me cortexades como cabaleiro?

NUNO.– Non debería cortexar unha monxa?

ALDARA.– Ben, iso é outra crenza de varóns. Non nos metemos monxas por amor a Deus como vos contaron; trátase, máis ben, dun medio de vida. A Veva, sen ir máis lonxe, case a vendeu a súa nai, de pequeniña que era cando nola trouxeron...

NUNO.– E vós?

ALDARA.– Non sei a que tanto falar de min...

Nuno xunta as mans pregándolle así silenciosamente que continúe.

ALDARA.– Sodes a teimosía en persoa, eh? Procedo dunha familia fidalga. Son a segunda filla de sete, a primeira muller. Non habería problema ningún en casarme se non fose...

NUNO.– Se non fose, que?

ALDARA.– Non sei por que vos conto isto. A virtude dunha monxa mídese en saber deixar atrás o seu pasado.

NUNO.– Mais vós, señora, non acreditades moito na virtude...

ALDARA.– Acredito na virtude da honestidade e na do traballo ben feito.

NUNO.– Non creo que esas sexan as virtudes que se esperan de vós.

ALDARA.– Velaí o tedes! Nunca quixen esas virtudes: virtudes para ser alfaia preservada e vendida a un varón, virtudes para ser o ventre que lle fai os gromos... Pedinlle ao meu pai, imploreille, por dicir mellor, que non me casase. Tiven sorte. Para a miña irmá Amalia, a terceira da familia, habería dote. E para María, a cuarta. Mais a sexta era outra muller, Xela, a preferida do meu pai. El non quería vela na casa sempre, coidando da súa vellez. Queríaa como muller completa, segundo o seu pensar. A miña petición deixoulle o camiño aberto... Un dote menos era unha voda máis.

NUNO.– No entanto, para entrar no convento tamén precisariades dote.

ALDARA.– Moi inferior. Non é igual aplacar unha familia política ansiosa de se facer rica, que os intereses dun pobre convento. Sobre todo tendo en conta que a miña familia entregara donativos que permitiron a súa construción.

NUNO.– Iso mesmo me contou dona Maior das súas orixes.

ALDARA.– Claro! Por que credes, se non, que estamos aquí?

NUNO.– Daquela non sodes unha herexe; sodes unha rebelde.

ALDARA.– Non tanto coma vós... (*Silencio. Aldara, de súpeto, fita para Nuno*). Pregunteivos antes por que me cortexabades como cabaleiro. Non rematei de dicir «se non o sodes». Quen xulgades que vos curou cando desfalecestes? Imaxinades que non coñezo o voso segredo?

NUNO.– Sei que o sabedes, por Deus! Lembro que desfalecín e..., cando acordei, tiña a roupa calada até as orellas e a ferida do costado ateigada de ungüentos, ademais dunhas indicacións, escritas da vosa man, sobre como facer as seguintes curas.

ALDARA.– Así que sabedes ler?

NUNO.– Sei.

ALDARA.– Non é frecuente fóra dos conventos que saiban ler as mulleres...

NUNO.– Son muller especial.

ALDARA.– Ben se ve.

NUNO.– (*Tirando a casaca*) Agora deberiades dicir que, no entanto, vos parezo fermosa.

ALDARA.– Xa o sabedes.

NUNO.– Non é igual ouvílo dos vosos beizos.

ALDARA.– Sodes moi fermosa.

Nuno avanza e apértanse forte. Vanse dando pequenos bicos nas meixelas até se beixaren na boca. Acaban deitadas de lado sobre os hábitos.

NUNO.– Ti es preciosa, Aldara. (*Retirándolle a toca*). Por que tes o cabelo longo? Non volo cortan?

ALDARA.– Non, se es de boa familia e vés espiollada. Máis un privilexio, xa ves. Protestará a Santa Irmandade?

NUNO.– (*Sobre ela*) Coido que poderemos resistirnos perante tan pequena desigualdade.

ALDARA.– Como te chamarei?

NUNO.– Nona foi o meu nome. Esta primavera, e só para ti, volverei ser Nona.

15

Na cociña están Sancha, dona Maior, Xenebra e Xoana atarefadas. Chega Elvira con evidentes sinais de ter sido golpeada.

ELVIRA.– Acudídeme, meu Deus, que veño rota e a piques de entregar a alma...!!!

Todas fan exclamacións de sorpresa e de dor.

XENEBRA.– Miña nena, como ves! Xoana, achégame auga. (*A Sancha*) Vai chamar a Carola, que traia árnica.

SANCHA.– Será desgraciado!

XOANA.– Cabrón!

ELVIRA.– (*Laiándose*) Desta vez case acaba comigo...

DONA MAIOR.– Que pasou? Que lle fixeches?

XENEBRA.– Non é o que faría nin o que non. Á vista está o que houbo.

DONA MAIOR.– Mais cómpre sabermos o motivo antes de xulgarmos.

XENEBRA.– Non, señora, cómpre evitar xuízo ningún.

ELVIRA.– El quería pasar, todo bébedo, e eu tanto temín polos meus fillos... Díxenlle «non... non... que nos van ouvir, non, Xoán, desta porta hoxe non pasas». E el berraba «é a miña casa, e ti a miña muller» e empurroume a un lado. Volvinme e collino por unha perna. Que ía ser deles, meus pequenos! Se, cando se pon así, nin ve, que el, polo demais, é bo home e incapaz de facer dano a ninguén, até que lle dan eses arrebatos...

XENEBRA.– Que é día si, día non...

ELVIRA.– Non é malo, dona priouresa, mais hai algo nel que non lle permite acougar; anda sempre como noutra parte, alí, nalgures... Cando volve, se está de bo humor, é todo amores e paixón, mais, de se enfadar, múdalle o rostro e bate con todo: coas cousas, coas persoas, comigo...

XENEBRA.– Daquela incapaz de facer dano a ninguén non é...

Aparece Carola moi seria. Leva á cintura o mesmo cinto da escena con Nuno. Entrementres fala, examina a ferida e lávaa. Usa unha cunca de auga que lle puxeron na mesa e os panos e herbas que leva.

CAROLA.– Vive Deus que esta vez foi boa!

ELVIRA.– Non, aos nenos non lles pasou nada.

CAROLA.– Como todo che caeu a ti...! Veña aguanta un pouco, veña, que co levas soportado non será esta moita carga.

92

Elvira láiase mentres Carola fala.

XENEBRA.– Non faledes nese ton, boticaria, que a pobre xa ten sufrido dabondo.

CAROLA.– Perdoádeme, irmá, xulgaba non dicir nada distinto da verdade.

XENEBRA.– O amor á verdade non debe perdernos.

Incorpóranse á escena Aldara e Nuno, que chegan desde o exterior pola porta cun ramo de flores na man e visibelmente alegres.

ALDARA.– Elviriña! Outra vez! (*Apertándoa*).

ELVIRA.– Non, dona, que esta non vai ser nada, que os nenos...

ALDARA.– E este ollo?

ELVIRA.– Eu tamén lle dei, eh?, que collín o balde que tiña a man e boteillo por riba e a asa abriulle unha ferida na fronte. Eu tampouco son boa...

ALDARA.– Anda, cala, que por riba o defendes... Os tribunais saberán decidir esta vez.

NUNO.– Que tribunais? A xustiza corrupta do Conde?

ALDARA.– Non todos os xuíces se manteñen submisos aos señores. Algo terá que facerse perante un caso así. Xa unha vez protestamos e foi útil...

XOANA.– Si, para que a cuñada de Elvira falase mal dela por todas as partes: que se o meu irmán é incapaz de facelo, que se sempre foi tranquilo e non manca nin ás moscas, que se..., que sei eu! Como non vive con el desde que era un neno, ben pode falar!

NUNO.– Non será a xustiza quen dea a razón ás mulleres. Sorprendédesme, abadesa, acreditando no máis corrupto dos poderes. O que un rebelde queira terá que obtelo coas súas propias mans.

ALDARA.– Con que mans queredes que se enfronte Elvira? Coa axuda da súa familia? Coa dos veciños? A única esperanza é que o xuíz impida ao seu home mallar nela.

NUNO.– E vaise meter o xuíz no que faga un home dentro da súa casa?

ALDARA.– Ás veces a xustiza métese no que se fai mesmo dentro das camas!

NUNO.– Cando unha muller está con outro se cadra... Dígovolo máis unha vez: se vos rebelardes, poderedes vós dar cabo disto.

ALDARA.– (*Triste*) Elvira e máis eu estamos agardando por unha sentenza. Hai meses que denunciamos o seu home por maltrato.

A Xoana cáenlle os pratos que tiña nas mans. Enorme ruído. Elvira continúa a laiarse.

DONA MAIOR.– Que pasa?

XENEBRA.– Xoana!

SANCHA.– Tes as mans de manteiga ou que?

XOANA.– Non sei o que me pasou.

16

Xoana soa, en pé, con camisa e descalza, na cociña, a agardar.

XOÁN.– (*A petar na porta e falando desde fóra suavemente*) Xoana! Xoana!

XOANA.– (*A abrirlle, ansiosa*) Estou aquí, meu amor. Vamos, entra, que vai unha friaxe...!

Enlázanse nunha aperta. Béixanse. Ela cólleo da man e condúceo a través da cociña, até un recuncho, unha especie de despensa onde están gardadas todo tipo de cousas: alimentos, roupas de misa e algunhas imaxes de santos deterioradas.

XOÁN.– Aquí???

XOANA.– É o sitio máis seguro, ben afastado dos cuartos. Coñezo o convento de tal xeito que podería guiarme sen outra luz que a memoria. Ademais... púxenlles un pouquichiño de valeriana na sopa. Durmirán coma criaturas.

Béixanse apaixonadamente.

XOÁN.– E iso que foi?

XOANA.– Nada... Os ratos.

XOÁN.– Pois na miña casa non se senten así... Oíches ese ruxerruxe?

XOANA.– Iso son as túas tripas, Xoán, ou o renxer das madeiras do piso, ou unha porta que rechía aló enriba... Que máis ten? Se non queres..., nada, eh? Vaste e xa.

Xoana cruza os brazos e pon morros colocándose de costas a Xoán, que se achega a ela e bótaselle enriba. Béixanse.

XOÁN.– Se case non te vexo, Xoana.

XOANA.– Pois estou aquí, abre os ollos.

XOÁN.– Estou ocupado pensando en como facer para te apertar sen tirar con todas esas trapalladas que temos nos pés...

Risos dos dous.

XOÁN.– E iso que foi?

XOANA.– A choiva! Veña, continúa...

XOÁN.– Pois bendita sexa a choiva que disimula un pouco, porque é tan atronador o galope do meu corazón (*entrementres ela ar-*

quexa) e tan fortes os teus laios de amor, Xoaniña, que non entendo como non facemos acordar todo o convento.

Xoana para bruscamente e senta.

XOANA.– Que pasa? Es trobador ou é que non che gusto?

XOÁN.– Se hai que escoller, serei trobador, porque gustar ben que me gustas...

XOANA.– (*Mecosa*) Pois veña, amor. As monxas non se van decatar. Andan ocupadas de máis cos seus propios asuntos.

XOÁN.– Iso será de día, que agora andarán a durmir, e en durmindo, todos os ruídos medran.

XOANA.– A durmir ou non, nada sabemos. Elas non queren ser santas nin che están feitas de pan de misa, que son mulleres coma min, e precisan os mesmos quereres.

XOÁN.– (*Outra vez acendido*) Mulleres coma ti non hai!

XOANA.– Parvo!

XOÁN.– Non quería que nos excomungasen estes santos de aquí.

XOANA.– Boh! As mulleres non temos alma. Tu vai collendo do que hai...

XOÁN.– E os santos?

XOANA.– Estes santos de aquí, Xoán, son de pau.

XOÁN.– Amolaríame tamén que viñesen as monxas para berrarnos...

XOANA.– Que va! Elas sonche mulleres libres. Sería difícil escandalizalas. Ven.

XOÁN.– (*Como acordando, con cara de non entender nada*) Que as monxas son libres?

XOANA.– Coma paxaros!

Sancha está no lavadoiro cando escoita alguén achegándose a paso lento. Seca as mans no mandil e recolle o pelo para atrás. Entra un home ben vestido e acicalado.

PREGOEIRO.– Bo día. Traio unha encomenda do xuíz de Ourense para ler a Elvira Rodríguez e a Aldara Eáns, abadesa deste convento.

SANCHA.– Si, señor. Agarde un intre, que vou por elas.

Sancha entra berrando, o que non agrada ao pregoeiro, que fai un xesto lixeiramente amaneirado. Está seguro de si mesmo e da súa importancia.

SANCHA.– (*Berrando fóra de escena*) Madre abadesa, madre abadesa! Vinde todas! Que traen a sentenza de Elvira! Vinde! Que se resolveu o de Elvira! Veña, baixade!

Todas van chegando; tamén Nuno, que camiña coxeando. O pregoeiro desenvolve o pergameo que traía, aclara a voz e le.

PREGOEIRO.– Compromiso entre Xoán de Tenorio, mercador, veciño de Ourense, e Elvira Rodríguez, a súa muller, de faceren vida entre si, como Deus e a Nosa Santa Madre Igrexa mandan.

Lido o título, detense e olla para todas con solemnidade. Sabela lévalle auga. O pregoeiro non llo agradece, só emite un «hmmm» e bebe. Despois gargarexa outra vez e continúa a ler.

PREGOEIRO.– No ano do nacemento do noso Señor de 1465, a tres días do mes de abril, na cidade de Ourense e en presenza de testemuñas apareceu o devandito Tenorio e dixo houbera anoxos e rifara coa súa muller Elvira, de xeito que el acabou por ferila cun puñal, do que se arrepentía e prometía de aquí en adiante tratar coa súa muller en ben. A seguir, Xoán Tenorio prometeu perante testemuñas de non a matar, nin ferir con espada, nin puñal, nin con pau perigoso, nin lle dar vida penada, senón facer matrimonio con ela, segundo Deus manda e a nosa Santa Madre Igrexa. Outramente, ela halle ser obediente, como debe ser a muller ao seu marido, e servente en todas as cousas xustas.

Todas se botan, alborozadas, sobre Elvira, bícana nas meixelas, aturúxanlle o pelo, apértanse e rin, falando ao tempo: «Que ben!», «Deus aperta, mais non afoga», «Ven, Elviriña, unha aperta», «Felicidades», «Parabéns». Entrementres, o pregoeiro, moi teso, continúa a ler o resto da sentenza case aos berros. Non se lle entende ben porque elas non calan.

PREGOEIRO.– Para o cal así gardar, obrigou os seus bens móbeis e raíces, habidos e por haber, en cantidade de vinte mil marabedís vellos; a metade para Xoán González, electo da igrexa de Ourense, e a outra metade para Pero López, xuíz. E mais o dito González saíu por fiador de Elvira Rodríguez e estes fiadores mandáronme facer a min, cóengo e notario, a obriga máis forte e firme que puidese facer ao consello de letrados.

Mentres todas están a falar sen se entenderen, só Aldara, que si bicou e felicitou Elvira, parece distante e fría. Nuno achégase a ela.

NUNO.– Que tes?

ALDARA.– Non sei... Non podo participar deste gozo e querería. Sabes? A sentenza corresponde á primeira denuncia que fixemos. Hai diso dous anos! Dous longuísimos anos! O xuíz dita agora que Xoán non pode pegarlle, aínda que xa podía estar Elvira baixo terra setenta veces, e esíxelle vivir con el, o que vén sendo o seu maior castigo.

NUNO.– Que querías ti?

ALDARA.– Que a sentenza liberase Elvira...

NUNO.– (*Dándolle a man*) A xustiza dos burgos e as vilas non se fixo para as mulleres, non o sabías?

ALDARA.– Imporase desde a Santa Irmandade unha xustiza mellor?

Óllanse fixamente. Carola, que estaba no corro de monxas alborozadas, sepárase un momento do grupo. Os seus ollos reparan na man collida. Nona e Aldara soltan as mans.

98

No palleiro Nuno está a envolver as súas pertenzas para regresar ao combate.

XENEBRA.– (*Desde fóra, a bisbar*) Con licenza, Don Nuno, podería eu pasar?

NUNO.– Prioresa, Deus vos garde, pasade, pasade...

XENEBRA.– Falade en voz baixa... Prefiro que ninguén saiba que estou aquí.

NUNO.– Se queredes que saia eu...

XENEBRA.– Non, quero falarvos. Vexo que estades a preparar a vosa marcha. Simplemente quería darvos esta medalla de Santa María do Camiño, nai nosa e protectora. Entregouma, hai moitos anos, unha miña irmá que morreu de febres de alí a un mes. A pobre non quería que eu profesase. Parecíalle... En fin, señor, non sei por que vos estou a cansar coas miñas andanzas...

NUNO.– Ao contrario, compráceme que me consideredes confidente á vosa altura e dignidade.

XENEBRA.– Hai que ver como falades! Confésovos que ao comezo tiña a sensación de que nos engaiolabades con palabriñas, como se houbese algo non de todo verdadeiro en vós.

NUNO.– (*Con certos nervios*) En min? (*Sorrindo e tomando o control da situación*). Será, madre, que algo hai de non verdadeiro en cada vida...

XENEBRA.– (*Ensimesmada*) Efectivamente, que todas algún segredo gardamos no peito. (*Suspirando, volve á realidade*). Traíavos, digo, este presente por se vos pode servir. Tomade.

NUNO.– Moito volo agradecería, se non fose que me doe arrebatarvos algo tan prezado, que por tanto tempo vos acompañou.

XENEBRA.– Non vos preocupedes, eu non preciso a estas alturas que me garden polos camiños. Sabedes? Cando chegastes tan mal falei e pensei de vós...!

NUNO.– (*Simulando enfado*): Ah, si, eh? Traballando na miña contra...

XENEBRA.– (*Baixa os ollos, avergoñada*) Non tal, mais traballando en favor das miñas ovellas, e de Aldara, claro, miña queridiña... No entanto, debo dicir todo o que teño visto de vós foi santo e bo, e agora que marchades lamento tervos xulgado mal. Por iso pensei en vir darvos esta prenda a fin de que vos acompañe e protexa.

NUNO.– (*De xeonllos*) Señora, honrádesme: vivirei polo voso talismán.

XENEBRA.– (*A acariñarlle o pelo, tranquila, en canto escoita a palabra «talismán» oféndese*) Como dicides talismán, se non é cousa de meigas?

NUNO.– Por tal non o tiña, madre

XENEBRA.– Ben!

A escena vese interrompida pola entrada das novizas, coradas e coa toca torcida.

XENEBRA.– Que facedes vós as dúas aquí?

SABELA.– (*A Xenebra*) Nada. (*A Nuno:*) Soubemos que vos iades e traémosvos este presente (*Mostra o mandil cheo de flores de toxo*).

VEVA.– Subimos por elas ao monte de Piñeira, que é onde máis hai.

NUNO.– (*Abraiado*) Moi agradecido, pequenas!

XENEBRA.– Que parvada! Non pode levar flores un guerreiro. Parecería un..., un..., o meco do Entroido.

NUNO.– Como non? Quen loita na irmandade pode adornarse como ben quixer...

Nuno desenvolve unha escena de humor atolado, adornándose con flores detrás das orellas e facendo monllos, mentres as tres rin.

DONA MAIOR.– (*Desde fóra, bisbando*) Don Nuno!... Don Nuno!

NUNO.– Pase, dona Maior, e benvida sexa ao reino da primavera, onde as flores se multiplican e todo recende a... a toxo (*mentres tira coas flores suavemente por riba de todas, que están a rir*).

DONA MAIOR.– (*Co mesmo ton de sixilo*) Non, don Nuno, saíde vós ou comprometerédesme a honra...

NUNO.– Se asomades o rostro, dona Maior, veredes que é tanta a xente que cabe neste palleiro, que malamente podo comprometer a honra de ninguén.

DONA MAIOR.– (*A asomar*) Bo día vos conceda Deus! Viña só entregarlle a don Nuno este anaco da cruz de Cristo. O meu defunto marido tíñao en grande estima, porque llo trouxeran de Nápoles, e supoño que terá efectos protectores agora que nos deixa e volve á guerra.

XENEBRA.– (*Cariñosa*) Non se altere, dona Maior, nin pense que vai ser escarnecida de nós, que todas tivemos parella idea.

SANCHA.– (*Fóra, bisbando*) Don Nuno!

Todas rompen a rir. Entra Sancha, algo molesta de causar risas.

SANCHA.– (*A Nuno*) Deus vos garde! (*Ás demais*) Víñalle traer un pouco de árnica a don Nuno... Na guerra faralle mais falta a el do que a nós.

NUNO.– Amabilísima vós, mil veces sentida no meu corazón!

XENEBRA.– E agora a árnica cae do ceo cando chove?

SANCHA.– (*Intimidada*) Non. O certo é que non sabía que podía traer, que eu nada teño de meu, mais vin a madre Carola traballando na botica e... tiña tal cantidade de árnica que poderíamos estar a darnos croques toda a vida sen que se gastase!

XENEBRA.– E roubácheslla?

SANCHA.– (*A facer xestos cos dedos*) Mais moi pouco...

DONA MAIOR.– Pécase no pouco igual que no moito!

XENEBRA.– Haberás de explicarllo todo á boticaria!

Sancha está a piques de chorar.

NUNO.– Señoras, tamén hai palabras que curan. Eu irei xunto á boticaria e explicareille que tomei un pouco de árnica contando de antemán co seu permiso e que llo devolverei se non considera oportuno que o leve mais que, tendo en demasía...

SANCHA.– (*Dobrando o xeonllo en sinal de reverencia*) Grazas, señor.

DONA MAIOR.– Encubrir as faltas alleas non é obra de misericordia; é complicidade.

NUNO.– E non hei ser eu cómplice de quen se arrisca por me ofrecer un presente?

XENEBRA.– Fágase como dispón o cabaleiro e fique o asunto arranxado e o río discorrendo cara ao mar.

SABELA.– Se cadra non vos fai falta a árnica porque facedes as paces e xa non hai guerra nunca máis...

NUNO.– Con quen faríamos as paces? Con esas feras que esnaquizan nenas coma vós? Con quen destrúe todo ao seu paso? Non é tempo para a paz, noviza; é tempo para facérmonos valer.

XENEBRA.– Non desprecedes a paz, que é en si mesma un ben.

NUNO.– A paz dos submisos non é paz; é covardía!

DONA MAIOR.– Mire, don Nuno, dous fillos parín e dous fillos morréronme en guerras. Mais os homes alimentan batallas e vinganzas apenas para teren en que se divertiren: preparando cabalos e arreos, adestrando en xustas, xogando a gañar... Para as mulleres a guerra significa pobreza, separacións, cura de horríbeis feridas, amantes mutilados e a morte de quen máis aman.

NUNO.– Non só as mulleres choran os mortos! E lembrade que, se foren mortos por causa xusta...!

A frase de Nuno fica sen concluír. Aldara entrara un momento antes sen que Nuno a vise. Agora fala, xélida.

102

ALDARA.– Se son mortos por causa xusta, como vos dicides, acaso deixan por iso de ficaren mortos?

NUNO.– (*Virándose para ela, sorprendido*) Non, señora, e logo?

ALDARA.– Logo continúa a existir a perda...

NUNO.– Ninguén dubida de que exista a perda mais... vida regalada por un poderoso, vida traballando arreo a cambio de nada, tampouco non é vida.

ALDARA.– Haberá mellores xeitos de amañar os desacordos que cravar un puñal.

NUNO.– Abofé que si, cando os contrarios vos escoitaren. Porén, de non ser así, non pode haber resignación. Hai momentos para sementarmos e momentos para loitarmos. E esta primavera soan as trompas de guerra.

ALDARA.– (*Retrucando cun punto de dureza*) Pois, señor, se tan convencido sodes de que a guerra é o motor da vosa vida, presto debedes marchar, que ningunha instancia nos permite como cristiás acoller e alimentar a quen a matar se dedica.

NUNO.– Doume por sabedor dos vosos desexos, señora, aínda que non sexa tal e como dices: as Cruzadas guerras foron, mais guerras de relixión.

ALDARA.– Chamádeme intransixente, mais non vexo no voso caso onde están os asuntos de relixión, senón escuros intereses dos homes que abandonan así as mulleres.

NUNO.– Non coñecedes o caso da condesa de Santa Marta? Viaxou a cabalo desde Zamora a Ortigueira para defender o seu fillo e sucesor e, por se fose pouco, declarouse tres veces irmandiña sen deixar por iso de ser unha muller.

Aldara sae anoxada. Pasa por diante de Pero, o criado de Nuno, quen tira a gorra con respecto, mais Aldara fálalle aos berros, mentres camiña cara ao convento.

ALDARA.– Cando marchades?

PERO.– (*Nervioso*) Mañá ao amencer, señora.

ALDARA.– Non sei a que tanto demorades.

Pero raña na cabeza descuberta, coa gorra na man.

19

Pero está dando de comer aos dous cabalos sobre os que partirán ao día se-guinte. Aparece Sancha con algo de comida.

SANCHA.– Da parte da madre abadesa, que non pases fame e pidas calquera cousa de que haxas mester.

PERO.– Obrigado fico ao teu convento! Pola miña vida que nunca vin persoa tan atenta aos demais como a vosa abadesa.

SANCHA.– Si que o é. Ela ten en conta a alegría das almas, así como a mantenza dos corpos.

PERO.– Tamén fico obrigado a ti, que tomaches a molestia de vires até aquí. Grazas.

SANCHA.– (*Intimidada*) Non tes por que dalas.

Pero sorrí. Sancha responde cun sorriso aínda máis aberto. A conversa é interrompida pola entrada das novizas.

SABELA.– Pero...! (*A Sancha*) Ah, Sancha! Ti aquí?

SANCHA.– Vin traerlle a comida...

SABELA.– (*Sen parar a escoitar*) Pero, dime, por que é mala a guerra?

PERO.– Señora, a guerra é a peor das desgrazas. Acaba coas vidas e coas colleitas, non deixa un só home coa cabeza no seu sitio: este morre, ese sangra e aquel enlouquece polo que viu ou polo que tivo que facer. A guerra saca o máis turbio de cadaquén, esgana os soños e os afáns... É mala cousa, abofé.

Veva está sentada nunha paca de palla, acariñando a cadela.

SABELA.– E por que vas ti logo á guerra?

PERO.– Eu?... Hei de seguir o meu señor.

SABELA.– Mais veredes lugares novos? Farédesvos con riquezas?

PERO.– (*A rir*) Soñades coas guerras que vos contaran os cegos nos seus cantares! Esta é unha revolta de pobres. Facémola nas nosas aldeas, tomando fortalezas con fouces e machados... Non, nada ten de fermosa.

Aldara entra mentres Pero pronuncia o parlamento anterior.

ALDARA.– Seica ultimamente nesta casa non se fala doutro tema que non sexa a guerra?

SANCHA.– As novizas preguntaron...

ALDARA.– Non vos preocupedes! Talvez cadaquén teña o seu propio papel neste acto teatral do mundo e non conveña rebelarse. (*A Pero*) Vós sodes guerreiro e nós somos monxas...

PERO.– Non comprendo ben o que decides.

ALDARA.– Nada, eu enténdome... Viña ofrecervos a nosa hospitalidade, que coa furia de antes nada vos dixera. Podedes pasar aquí a noite e comer da nosa facenda, agora e mañá na primeira hora. En troques, non debedes entrar no convento de noite, nin lembrar nunca máis o camiño que conduce a esta casa. Está claro?

PERO.– Tedes a miña palabra!

Aldara vira para saír.

PERO.– Señora, non marchedes tan axiña. (*Tira do chaleco un saquiño e téndello*). É po dunha goma que se chama alcanfor, que nace na India dunha árbore inmensa. É tida por soberano remedio contra calquera mal quente dos ollos.

Aldara atende, mais non o colle.

PERO.– (*Vacilante*) É para vós... Non é cousa miña, que vola manda a Santa Irmandade, en pago ao bo trato dado ao meu señor.

ALDARA.– Decídelles aos vosos superiores que as servas de Cristo non aceptamos pagamento aos servizos que ofrecemos, posto que non os facemos para recibirmos prebenda ningunha, senón en nome do máis grande, que todo o ve.

PERO.– Abofé, señora. E non se pagaría a hospedaría con tan pouca renda; é unha mostra de gratitude, non máis cousa ningunha.

ALDARA.– Perdoádeme. Non quixen ofendervos (*Tende a man e logo retíraa*). Mais, non sei... sodes vós quen está en peor situación para se desprender dunha apócema.

PERO.– Non, señora, vós ledes, e facedes obra de agulla: unha receita para os ollos ha de ser para vós, que a nós o único que podería acontecernos cos eles é que nolos sacasen das órbitas.

Sancha, Sabela e Veva fan xesto de arrepío. Aldara contrólase e fala máis doce.

ALDARA.– Pero, non é do meu agrado coller nada que veña da guerra.

PERO.– Moito non vos vai ensuciar. Estivo sempre no meu peto e esta saca non viu sequera o brillo do puñal...

ALDARA.– (*A sorrir*) Sendo así... (*Tende a man*) Beizóns por te lembrares desta casa.

PERO.– Asemade, señora, se non gardásedes ese alcanfor, estariades contribuíndo á contenda, porque, ao dispormos de máis remedios, estariamos en maior medida feros e aguerridos.

ALDARA.– (*A Pero*) Acabas de gañarme. Se non a túa causa, si respecto o teu bo corazón. Durme ben. (*Ás outras*) Irmás, seguídeme; vaiamos aos nosos rezos.

Saen Aldara, as novizas e, finalmente, Sancha. Esta, ao saír, olla cara a Pero que tamén está a contemplala desde a porta. Continúan contemplándose moito tempo mentres ela camiña tras das monxas.

106

20

Sabela e Veva entran na botica cantaruxando. Alí está Carola, remexendo nas súas alquitaras.

SABELA.– Madre Carola, habédesnos dar regalicia?

CAROLA.– Non se entra así, volta atrás!

Moi serias as novizas saen e volven entrar de xeito máis ordenado.

SABELA.– Madre boticaria, Deus vos garde, dades o voso permiso?

CAROLA.– Entrade con Deus, irmás.

Entran coa cabeza para abaixo e mans xuntas en xesto de primeira comuñón mais, unha vez que están dentro, reláxanse. Sabela sobe a sentar na mesa de madeira onde, nunha esquina, está Carola cun morteiro. Veva de pé a carón de Sabela.

SABELA.– E, agora que nos portamos ben, darédesnos regalicia?

CAROLA.– Non, tomades por costume o que é excepción. Fixestes as vosas tarefas?

VEVA.– Fixemos!

SABELA.– (*Mecosa*) Se non tedes regalicia, tamén poderían servirnos outras moitas cousas, que nós non somos caprichosas nin esixentes.

CAROLA.– Conque non, eh? Anda, bulebules, ide por aí e deixádeme traballar!!!

VEVA.– Non, eu quero ver. Gústame contemplarvos cando traballades. Estades noutro mundo. A min tamén me gustaría ser boticaria.

SABELA.– Pois que che ensine a madre Carola e xa está.

CAROLA.– Non, noviza, non é tan doado. Será a abadesa quen dispoña sobre a formación de calquera monxa.

SABELA.– Mais a abadesa dirá que si cando Veva llo pida.

CAROLA.– Ou non... (*Por uns instantes absorta nos seus pensamentos*). Aínda que, certamente, Xenoveva ten a disposición requirida, porque é pouco amiga de facer sociedade con outras e o illamento e a contemplación son precisos neste oficio.

VEVA.– Madre abadesa, por favor, mostrádenos o que faciades cando entramos!

SABELA.– Si, xa que non nos dades nada...!

CAROLA.– Estaba moendo a agripalma que recollín hai uns días no monte do Marroxo. Logo de deixala secar á sombra está en condicións de se converter nun fino po con que facer infusión. Botaremos unha cullerada por cada cunca de auga para aliviar os trastornos nerviosos, as dores de cabeza, os apetitos desmedidos, a sensación de anguria, os presentimentos cando son tremendos e até os malos soños...

SABELA.– Dádesme medo cando falades así...

VEVA.– (*A Sabela*) Que parva! (*A Carola*) Cales son, madre, os trastornos nerviosos que dicides?

CAROLA.– Os que trae a castidade.

SABELA.– E non hai máis remedio que tomarmos infusión?

CAROLA.– Para seres noviza, moito queres saber. Debes de ter o demo no corpo, Sabela...

SABELA.– Ala, eu que non tomo infusión ningunha! Paréceme cousa de bruxas todo o que aquí tedes!

VEVA.– Sabela!!

SABELA.– É certo. Non me gusta o ton de misterio con que falades, nin os males que predicades. Non creo que sexa tan bo o que facedes.

CAROLA.– (*Tentando controlar a situación e dominar o seu enfado*) O único que teño de bo é a regalicia, non si?

SABELA.– Si!!!

CAROLA.– Tomade, tomade as dúas pois.

Sabela e Veva chupan con fruición cadanseu pau de regalicia. Carola contémplaas con maldade. Acaríñalle a cara a Sabela. As nenas están absortas na lambetada. De súpeto, Sabela lembra algo e ponse a falar.

SABELA.– Xa vos deu a abadesa o alcanfor?

CAROLA.– Non sei de que me falades.

SABELA.– O criado de don Nuno...

VEVA.– ...que veu para acompañalo na partida...

SABELA.– ...deulle á nai abadesa unha substancia como agasallo por térmolo acollido.

VEVA.– Disque vén da India, mais non dixo para que servía, a que non, Sabela?

SABELA.– Non, non dixo...

VEVA.– A abadesa ao comezo non lla quería.

SABELA.– Mais logo dixo que a gardaba con moito gusto. Se non vola trouxo aínda, será porque quere estudar os méritos que pode ter. Ela tamén sabe moito, de plantas e de todo. Se cadra, aínda a proba con don Nuno... Iso que agora don Nuno xa está ben. E ademais algo dixeron de que ese *canfor...*

VEVA.– Al-can-for

SABELA.– Pois iso... Que servía para os males dos ollos.

VEVA.– A min nunca me doen os ollos.

SABELA.– Nin a min. A min só me doen as tripas, ás veces.

VEVA.– Será cousa de vellas, o da vista, digo.

Entrementres as rapazas falan, Carola mantén unha expresión vingativa. Cando calen, ela repetirá a bisbar: «Se cadra aínda a proba con don Nuno».

21

Mentres soa unha cantiga de amigo («Pola noite espero, pola noite agardo...»), vemos o que fai cada unha pola noite usando o sistema de biombos da escena 5. Xoana sae correndo para fóra, dona Maior le as súas oracións na cama, as novizas peitéanse o cabelo unha á outra, Xenebra reza fervorosamente de xeonllos, Carola escribe unha carta, Sancha aparece en camisa no palleiro e inicia xogos eróticos con Pero.

22

Aldara e Nona no palleiro. Visten camisa lixeira.

ALDARA.– Nunca pensei que foses marchar.

NONA.– *(Tocándolle os cabelos)* Que pensabas logo? Que ía profesar na orde beneditina?

ALDARA.– Eu faría iso e máis para estar contigo!

NONA.– Non farías, Aldara. O primeiro amor é cara a unha propia.

ALDARA.– Non, primeiro amarás o teu próximo, di a lei cristiá.

NONA.– Creo, miña herexe, que esqueciches que o primeiro amor se debe ao Creador.

ALDARA.– Que sei eu o que digo! ... Xa non sei onde estou eu e onde estás ti. Rompín con esa barreira, Nona.

NONA.– Aldara, Aldara!... Gardaremos pola vida enteira a lembranza deste amor: é máis do que soñaches nunca...

Aldara dálle as costas. Nona apértaa e apoia a cabeza sobre a súa.

NONA.– Ven aquí!

ALDARA.– Onde irei?

NONA.– Aquí, xunto ao meu corazón.

ALDARA.– Xunto ao corazón que non tes.

NONA.– Xunto ao corazón que te ama, mais que non concede a cambiar de vida.

ALDARA.– O amor é o máis grande...

NONA.– (*Falando moi suavemente e sen deixar de bicala con bicos pequenos*) O máis grande para min é o amor á liberdade.

ALDARA.– O amor dura tres noites de primavera?

NONA.– Non, querida; o amor non se limita a lamber a pel e beber os alentos. O amor é o que levo de ti comigo logo destes días.

ALDARA.– Destes tres días...

NONA.– Ben e, se foron tres días só, que importa iso? Pasas toda a existencia repetindo rutinas. Mais non serán eses xestos cotiáns o que lembres no teu leito de morte. Lembrarás este momento...

ALDARA.– Lembraraste de min no teu leito de morte?

NONA.– Lembrarei.

ALDARA.– (*Furiosa*) Non tal! Morrerás seguramente nunha liorta escura. Cravarante unha lanza e non terás tempo nin a suspirar nin a lembrar a pobre Aldara.

NONA.– (*Agora sentada*) Aldara, por que insistes en te sentires abandonada? Pensabas que por sermos mulleres as dúas seríamos iguais? Errabas, miña amada, errabas.

ALDARA.– Mais tan pouco dura o amor!

NONA.– O amor dura por sempre...

ALDARA.– Outras mulleres acordan cos cantos dos paxaros e as mans do seu amante no costado...

NONA.– Talvez, durante tres días. Ao cuarto están preguntándose onde foi aquel sentimento... Eu amareite sempre, só no estarei contigo.

ALDARA.– Estarás a loitar en vez de gozares da miña cama.

NONA.– Aldara, vouche contar unha historia. Hai moito tempo había unha Nona doce e inxenua coma ti, atada e ben atada po-la súa familia a un destino de monxa. Cando tiña catro anos chamáronme, a min como as miñas irmás, a engrosar as filas das milicias de Deus... Así decides as monxas, non?

ALDARA.– (*Enfurruñada*) Eu non o digo!

NONA.– (*Bícaa na meixela e continúa*) Vivín sete anos nun conven-to, moi lonxe de aquí, no país dos vascos. Pola dureza dos mu-ros, pola tristura dunha vida pechada ao mundo, por aburrimento ou por unha pelexa cunha das monxas, xa nin lembro ben, decidín escaparme. Feitos os once anos pensei ter conquistado a liberdade: saín á rúa, que nunca vira, sen saber por onde tirar nin onde ir. Agochada nun castiñeiro detrás do convento, e coa axuda de fío e tesoiras, transformeime en rapaz para soportar un mundo inhóspito. Procurei amos, cambiei de nomes, estiven presa, participei en pelexas... mais volvín por Galiza porque me preocupaba a miña nai: errei polas rúas de Santiago só para vela unha vez indo á misa... Non me coñeceu como home, claro. Logo corrín camiños e agora estou na causa irmandiña. Nada é doado. Teño amado homes e mulleres, ser-vido imbéciles e brutos, orado como monxa e blasfemado co-mo guerreiro. Non sempre sei quen son nin sequera se son a mesma sempre, e ti pregúntasme se o amor só dura tres noites de verán ... ¡Benditas sexan esas tres noites que nos acougan e que nos matan de delicias...!

ALDARA.– Son orgullosa de máis para o que vou dicir, así que pronunciarei estas palabras unha soa vez: deixa todo e fica aquí comigo.

NONA.– Cando cortei con tantas amarras non foi para me colocar outra ningunha. E que desgraciada te faría! Os meus demos in-ternos lévanme a ser un guerreiro temido e, no entanto, devezo pola dozura das túas monxas. Amaríaas unha por unha: a Veva por inxenua, a Xenebra por maternal, a Carola por indómita, a Sancha por fermosa...

ALDARA.– Abonda! Estraña mostra de amor, esta que me das!

NONA.– Non sabes de onde veño. Levo anos sen tirar as calzas, nin sequera para durmir. Cando cada mes me visita o sangue, teño que retirarme da tropa e perderme até que se me pasa... Cando me vexo entre homes, azóutome cada tres días para manter a virtude e non converterme en escrava das súas paixóns...

ALDARA.– O mundo é estreito de máis para ti...

NONA.– O mundo é estreito para as mulleres todas!

ALDARA.– E, en vez de ensanchalo, dedícaste a loitar por uns poderes tan decadentes coma os que representa esa revolta túa...

NONA.– Sabes que aí non concordaremos, para que falalo agora?

ALDARA.– O mundo tamén é estreito para min. Non serei unha aventureira coma ti, mais tamén teño unha historia. Nunca quixen ser propiedade dun home. Por iso non casei, a pesar de proceder dunha familia que podería terme unido a calquera fidalgo.

NONA.– A costa de non casar a túa irmá... Contáchesme a historia... Miña Aldara, a min esa rebeldía non me basta.

ALDARA.– Pois o tempo darame a razón. A túa revolta será engulida pola historia e, no entanto, a loita pola autonomía persistirá sempre.

NONA.– Non estaremos aquí para velo. Aproveitemos que hoxe estamos aquí.

ALDARA.– Que é logo o amor?

NONA.– Palabras que fican por sempre. E o teu corpo...

Aldara sorrí e as dúas apértanse.

Na outra dependencia do palleiro, Pero e Sancha están a vestirse mentres aínda xogan. Ela, sen falar, ponlle a el unha flor no cabelo. Pero non a retira e axúdaa a dar unha lazada ao xustiño. Hai un punto de sentimentalismo sen promesas. Son xentes que saben da brevidade da vida e da súa dor: o encontro achegounos e víveno con tenrura.

NUNO.– (*Desde fóra*) Pero! Pero maldito! Virás dunha vez pola miña vida?

PERO.– Si, mi señor, si... (*Mais contesta de costas á porta e beixando a Sancha*).

Pero sae axustándose as calzas. Sancha fica deitada na palla, coas mans sobre os beizos e a ollada perdida. Pero, que esquecera a pucha, entra por ela e aínda a bica outra vez. Ambos os dous sorrín, e levantan a man en sinal de adeus. Entrementres continua en escena Sancha, escóitase o diálogo que acontece fóra.

NUNO.– (*A Pero*) Vive Deus que marcharei sen ti! (*A todas*) Ficade con Deus, señoras!

PERO.– Deus vos garde. Abur.

TODAS.– Deus vaia convosco.

DONA MAIOR.– E a abadesa....?

XENEBRA.– Está no seu gabinete.

DONA MAIOR.– Ah, si, xa a vexo na xanela. Como non viría despedir don Nuno?

XENEBRA.– Vamos, cada unha ao seu, que hai moito que facer!

Sancha e Xoana no lavadoiro. Sancha, en pé, agarda xunto á súa morea de roupa, mentres Xoana se afana por acabar, aínda de xeonllos.

SANCHA.– Veña, Xoana, que teño que lle servir o almorzo a dona Maior.

XOANA.– Pois vai.

SANCHA.– Non, agardo por ti, mais date présa. Estes días anda a vella dun humor...

XOANA.– Vamos!

Xoana tenta erguerse, mais non pode co peso. Leva o dorso da man á fronte e franquéanlle as pernas. Está mareada.

SANCHA.– (*Asistíndoa*) Que tes, muller?

XOANA.– Ai, non sei! Así como se me faltase o aire.

SANCHA.– Deixa iso no chan, que xa o levarei eu. Vaite sentar aí en riba dese penedo e descansa un momento.

XOANA.– Deus cho pague, Sanchiña!

Sancha acompáñaa a sentarse e volve para recoller a roupa.

SANCHA.– Moi axiña remataches, que isto non está ben aclarado. Voucho repasar eu, que se non, aínda che berrarán as monxas.

Sancha axeónllase para enxaugar a roupa. Chegan as novizas a correr.

SABELA.– Sabedes que? A Veva parécelle... (*Interrómpese bruscamente ao ver a Xoana aguantándose a cabeza coas mans*) Que che pasa, Xoana?

SANCHA.– Deixádea en paz, que está mala.

Veva encrequénase perante Xoana, consolándoa: «Que tes, bonita?» As palabras das dúas non resultan intelixíbeis, porque a conversa principal está sostida por Sancha e Sabela.

SABELA.– Mais, mala de que?

SANCHA.– Ai, se parases de preguntar un momento, miña filla!

SABELA.– Por que hei de parar?

SANCHA.– Porque nos volves tolas! E porque lle fas doer a cabeza a Xoana.

SABELA.– Se xa estaba mala antes de eu chegar...

SANCHA.– Caladiña estás máis guapa.

SABELA.– (*Botándolle a lingua*) Parva!

SANCHA.– Voullo dicir á madre abadesa, vas ver como te mete na despensa que está chea de ratos.

SABELA.– Ui, de ratos non será, que a Xoana ben que lle presta agocharse alí co seu Xoanciño!

XOANA.– Condenada rapaza!

SANCHA.– Mal becho!

VEVA.– Xoana, non te alteres, que che vai facer mal.

SANCHA.– Se é que nesta casa parece que non hai paredes...

SABELA.– Xa che gustaría a ti que non houbese, para ver o que fai Xoana...

SANCHA.– Ti non te ordenas monxa nin que veña o bispo te bendicir. Serás mala...!

SABELA.– Non son mala; digo a verdade.

VEVA.– Parade de discutir as dúas, que estades poñendo a Xoana peor.

Xoana vomita. Veva está colléndoa maternalmente. Sabela volve botarlle a lingua a Sancha, que fai xestos de ameaza.

SANCHA.– Vamos dentro, que tes que te meter na cama, Xoana. E ti, deslinguada, colle isto.

116

Sancha enche a súa baldeta coa roupa e deixa outra a media carga para Sabela, que acepta o mandado rosmando. Cando Xoana se pon en pé, Sabela, que está ao seu lado, fala.

SABELA.– Xoana, Por que te recacha a saia?

Todas fican paradas. Xoana bótase a chorar. Sancha deixa a roupa no chan e vai onda ela; acaba de entender.

SANCHA.– Vamos, vamos, que non é momento de chorar... Ai, meu Deus! Tanta visita á despensa tiña que traernos estes males.

VEVA.– Tanto comiches?

SABELA.– Non é de comer, parva. Xoana vai ter unha filla.

VEVA.– Que ben, que o señor nos bendí!

SANCHA.– Como que o señor nos bendí? É o demo, que vén decidido a acabar connosco!

VEVA.– Non. Unha criatura é proba do amor de Deus.

SANCHA.– Unha criatura é proba de trato con home, que non é o mesmo.

Xoana non para de chorar, agora a berros, un pouco cómica. Entra dona Maior.

DONA MAIOR.– Xa estades todas latricando? Non hai xeito de que traballedes!

SANCHA.– Xa vamos, dona, xa vamos!

VEVA.– É que Xoana vai ter unha filla...

DONA MAIOR.– (*A se persignar*) Virxe Santa do Ceo! Como pode ser iso?

SANCHA.– Non nos faga preguntas agora. Vamos.

Gabinete de Aldara. Xoana sentada a un lado, como se fose una rea e todas as demais de pé ao outro, agás Aldara que se mantén na súa cadeira, presidindo.

DONA MAIOR.–... E colócanos a todas nunha situación comprometida. A moral e os bos costumes son os garantes das mulleres. Non me retirei a este lugar para que calquera familiar do meu defunto esposo poida pór en dúbida a súa honra, que, como viúva, aínda ostento.

ALDARA.– Tranquilidade, dona Maior, que a honra dos homes é tan fráxil que pode verse luxada mesmo por unha refoleada de vento. Iso non debe tirarvos o sono.

DONA MAIOR.– Mais os meus sobriños...

ALDARA.– Deixarán de pagarvos a renda que vos corresponde de saberen isto? Con toda certeza, eu tamén o penso. Só que, de non ser por isto, por outra causa calquera sería. Eles queren o que toman por seu e todo lles servirá de desculpa para arrebatarvos a herdanza.

DONA MAIOR.– Porén, se lles damos razóns...

ALDARA.– Que razóns? Xoana está encinta, pois dabondo ten ela, non é?

XOANA.– Ídesme expulsar, abadesa?

ALDARA.– Como se che ocorre iso! Agora é cando máis precisas do noso apoio. Sendo leiga, aínda estás a tempo de te desdicires.... Quererá casar Xoán?

XOANA.– Quererá, madre...

ALDARA.– Ben. Se quixer, preparáremos a voda. Podedes vivir no caseto xunto ao río... Xa pensaremos como vos sustentaremos.

SABELA.– E se non quixer casar?

CAROLA.– As novizas non deberían estar presentes. Coido que esta conversa non é acaída para elas.

DONA MAIOR.– Son da mesma opinión.

XENEBRA.– Mulleres son, non? De viviren nas súas casas, terían ouvido conversas deste estilo non unha vez senón un cento.

CAROLA.– Monxas, non mulleres, son as novizas. Deben conservar intacta a súa pureza.

ALDARA.– As palabras non afectan a pureza.

CAROLA.– Afectan, si. O Noso Señor Xesús dixo que quen escandalizase unha crianza non entraría no reino dos ceos.

ALDARA.– Así pensades, boticaria? Sempre interpretei esa frase no sentido de que deberiamos evitarlles ver a cara da guerra ou da miseria. Nunca se me ocorrera que tivésemos que furtar do seu coñecemento o que conteñen os ventres das mulleres...

XENEBRA.– Permitídeme rogarvos, abadesa e boticaria, que deixedes dunha vez de disputar sobre teoloxía. O que Xoana precisa é tranquilidade e bos alimentos.

SANCHA.– E unha boa cama onde durmir, que no xergón onde nos toca a nós pasar a noite non poderá descansar agora.

ALDARA.– Ben dicides. Temos que procurar retallos con que facerlle unha cama máis cómoda á nosa Xoaniña. De ben xantar xa se ocupará ela, que por algo é a cociñeira. (*Sorrindo a Xoana*).

XOANA.– Non sei como agradecervos, madre...

ALDARA.– Nada tes que agradecer.

CAROLA.– (*A Aldara*) Estades pouco menos que dándolle os parabéns. Cando lle afearedes a súa conduta?

ALDARA.– Non sei... En fin, Xoana non fixera os votos maiores.

CAROLA.– Que pensades dispor para esa criatura?

ALDARA.– Non pensei nada en particular. Criarémola e, de ser nena, mesmo tentaremos casala, aínda que por motivos semellantes non poucas nenas terán profesado como monxas.

119

XENEBRA.– Di mellor moitísimas!

ALDARA.– Todo en orde, pois... Ben, que cada unha de vós regrese ás súas tarefas. E procurade facelas con entrega agora que imos ser bendicidas cunha criatura.

XENEBRA.– Eu heille tecer unhas roupiñas cunha la que andaba por aí.

SABELA.– Imos ter unha nena! Imos ter unha nena!

ALDARA.– Por que dis sempre «unha nena», noviza?

SABELA.– (*Desconcertada*) Non sei... Vivindo entre nós, que outra cousa podería ser?

26

Gabinete da abadesa. Aldara, a soas, retira a toca e peitea o cabelo (non pode haber espellos). Entra Xenebra.

XENEBRA.– Ave María Purísima!

ALDARA.– Pasa, prioresa, pasa. Mais. a poder ser, non me traias máis inquedanzas, que non poderei aturar tantos pesares hoxe.

XENEBRA.– Falarás ti de pesares e de pesos, aos teus anos!

Séntase detrás de Aldara, toma o peite das súas mans e peitéaa.

ALDARA.– Non son poucos xa os anos, Xenebra e pésame a vida, pésanme as obrigas, mesmo a pel está a pesarme.

XENEBRA.– (*A darlle golpiños cariñosos co peite no ombreiro*) Sobre todo pésache a pel, paréceme a min. Se cadra, menos che pesaba se non a encheses de caricias.

ALDARA.– (*Asustada*) Sábelo?

120

XENEBRA.– Coñézote desde que eras unha criatura, Aldara. Dificilmente poderías enganarme se á mantenta o pretendeses; canto menos cando só mal disimulabas...

ALDARA.– Mal disimulaba, prioresa, unha paixón que queimaba como brasa viva...

XENEBRA.– Só é amor cando queimar...

ALDARA.– E non será unha indicación de como arderei no inferno...?

XENEBRA.– Non creo que ardamos no inferno por ter amado de máis, senón por ter amado de menos.

ALDARA.– Ti non o entendes, Xenebra. Queimaba o ardor e agora manca a ausencia porque este amor é como outro ningún...

XENEBRA.– Ha, ha! Xa saíu a arrogancia da namorada: ningunha admitiría existir na creación enteira sentimento como o que a consome... a menos que volva namorar outra vez, ou dúas, ou tres. Entón comprobará que o amor estaba no propio corazón e que o ser amado só inflama o que xa dentro ardía.

ALDARA.– Non é arrogancia, Xenebra. Este amor non ten nada a ver co que puidese sentir ninguén antes.... Ademais... este amor é prohibido.

XENEBRA.– Acaso hai neste mundo amor permitido?

ALDARA.– (*A dubidar*) Non sei... Hai amores que acaban sancionados por Deus, formando unha liñaxe...

XENEBRA.– Sabes coma min que as liñaxes non son asuntos que a Deus poidan importar. Se é amor, é prohibido, e racha, e rompe, e coloca do revés a quen o sente...

ALDARA.– Mais é tal a tristeza do amor perdido que nada compensa telo vivido....

XENEBRA.– Que nada compensa? Non blasfemes, abadesa! Preferirías non telo sentido? Preferirías que nunca se corasen de vermello as túas meixelas, que non che florecese a pel e non che latexase o ventre...? Non mintas, miña nena, que a única

121

alegría que deixa o amor é a de rememoralo. Non o maldigas, pois.

ALDARA.– Maldígoo, porque sufro.

XENEBRA.– Nada sofres en comparación coa dita gozada.

ALDARA.– (*Afrouxando o cello e, de súpeto, maliciosa*) Moito me sabes de amor, prioresa!

XENEBRA.– Algo sei. Se unha historia che serve para acordares, escoita. (*Xenebra, que deixara de a peitear un momento, ponse de novo á tarefa mentres conta*). Había unha vez, no convento de San Miguel de Bóveda, preto de Ourense, certa monxa nova. Era fermosa e de nobre familia; ninguén podía entender a causa que a empuxara a profesar. Mais había motivo: un motivo con calzas e xubón. A doce namorada sabía que o seu pai nunca a deixaría casar con don Roi, un fidalgo pobre da cidade do Faro. Amouno tres noites de agosto, xustamente tres noites, mentres os grilos cantaban, nos tempos da lúa chea. Entregouse sen reservas a unha paixón que tamén queimaba como brasa, igual que a túa, porque non hai nesta vida dor tan aguda como a do amor... (*Xenebra fica pensativa. Aldara rescátaa dos seus pensamentos*).

ALDARA.– Que pasou por fin?

XENEBRA.– Que querías que pasase? A rapaza sabía ben o que suporía para ela perder a honra. Daquela, rezou para non empreñar e despois chorou e patexou até conseguir que o seu pai lle permitise ingresar nun convento.

ALDARA.– E o namorado?

XENEBRA.– Ah, el! Ela pensaba mentres se gozaban que o rapaz non tardaría en atopar consolo noutros brazos e sufría, por adiantado, a morte lenta que ía padecer no convento. Mais o amor, que é cataclismo e revoltura, tamén sabe arder a lume manso. Unha tardiña de verán, do mesmo mes de agosto en que fixeran ventura os seus sentires, mais vinte anos despois, chegou un notario a visitala no convento onde se retirara. Viña a notificarlle que o seu namorado acababa de morrer. Deixaba unha manda para unha tal dona Xenebra e alí, nos papeis duros do seu testamento, que só dicían «deixo tanto a don mengano en pago de tal servizo, deixo isto e estoutro para meu fillo ou meu veciño», as derradeiras liñas latexaban ao declararen: «Esta manda ten que chegar a un convento apartado. É para dona Xenebra, a quen durante toda a vida tanto amei. Por ela vivín, por ela sufrín, e agora, con ela no recordo, morro».

As bágoas percorren o rostro de Xenebra. Aldara pon a cabeza no seu peito.

ALDARA.– Oh, Xenebra, que triste vernos así!

XENEBRA.– Que de ningunha outra forma non visemos senón namoradas, que amor todo o pode e máis é o motor da existencia, a enerxía que dá forza ao vento e a flor das delicias!

ALDARA.– Quen podería imaxinar que a paixón continuaba consumíndote aos teus anos!

XENEBRA.– Que anos, miña nena? Quen ama non envellece nin se doe. Non teño anos: por debaixo da aparencia enganosa das engurras, sou aínda aquela doncela que escapaba furtivamente aos verxeis.

ALDARA.– Se te escoitasen...

XENEBRA.– Quen? Os adustos? Os curas? Os que avisan contra as mulleres? Que non nos teman tanto: nada lles habemos facer, pois non son precisamente eles o obxecto do noso delirio...

Aldara ri, tapando a boca coa man.

XENEBRA.– Tan sequera que che volvo ver rir outra vez, miña nena!

Apértanse. Como están sentadas unha a carón da outra e só aproximan a parte superior dos seus corpos, forman unha sorte de corazón.

27

Porta do convento. Entran dous freires. Pouco a pouco, todas se van reunindo, como na defensa dunha fortaleza perante un inimigo.

FREI PAULINO.– Ave María Purísima!

TODAS.– Sen pecado concibida.

FREI MIGUEL.– Non parecedes ter moito traballo esta mañá, todas aí congregadas. Non sabedes que o traballo é a mellor oración? *Laborare orare est.*

Todas inician a volta ás súas ocupacións.

ALDARA.– Permanecede onde estades, miñas irmás. Acaso se viu nunca un visitante que entrase dando ordes?

FREI MIGUEL.– Non son ordes, senón santos consellos dados con amabilísima disposición cara a todas vós.

ALDARA.– Obrigadas quedámosvos. E ben? Quen sodes? Que vos trae por aquí?

FREI MIGUEL.– Conducídeme até a vosa abadesa. Teño de falar con ela.

ALDARA.– Xa o estades a facer.

FREI MIGUEL.– Sodes vós a abadesa?

ALDARA.– (*A sorrir*) Seica non son do voso agrado...

FREI MIGUEL.– Non vos contemplo nin con agrado nin sen el, mais pensaba que seriades alguén de maior idade...

ALDARA.– Iso ten doado remedio: volvede dentro de dez anos.

Todas rin, agás Xenebra, quen move alternativamente a cabeza, preocupada polo ton desafiante de Aldara, e despois avanza uns pasos e colócase pegadiña a ela, como disposta a protexela. Frei Paulino (que ocupa a mesma posición con respecto a Frei Miguel, nunha perfecta lóxica de combate) bisballe algo ao compañeiro, que pon a orella para escoitar mellor.

FREI MIGUEL.– Abadesa, como vedes son freire dominico. O meu nome é Frei Miguel Lucientes (*Sinalando ao compañeiro*) Acompáñame o meu douto irmán Frei Paulino de Cerceda. Esperamos que nos acollades; vimos de parte da Súa Ilustrísima, o bispo.

Agora é Xenebra quen bisba algo ao ouvido de Aldara.

ALDARA.– Perdoádeme a desconfianza, señor, mais non recibimos escrito ningún que nos anunciase a vosa chegada...

FREI MIGUEL.– Non me chamedes señor, senón monseñor

ALDARA.– Desculparedes unha monxa ignorante das cortesías do palacio episcopal?

FREI MIGUEL.–(*Serio, fai pausa e non contesta. Con ton moi diferente da retranca de Aldara, pregunta*) Poderemos pasar, pois, a sacudirnos o po da viaxe?

ALDARA.– Como cristiás temos obriga de acollervos; non ten sentido a vosa pregunta. Porén, deberiades aclarar a vosa misión... Por que hei de crer que vos manda o bispo?

Frei Miguel móstralle un anel co escudo episcopal.

ALDARA.– Perdoádeme a severidade no trato: non é costume recibirmos visitas. Gustaríame saber de que se nos acusa...

FREI MIGUEL.– Sodes rápida! Por que había de haber acusacións? (*Silencio incómodo*). Ben: serei claro e terminante como as leis do ceo. O voso convento está nunhas condicións un tanto especiais. Non é que sexa enormemente rico, aínda que a biblioteca e a igrexa deben de gardar un par de tesouros, e, sobre todo, estades situadas nun lugar estratéxico: aínda son terras do conde de Lemos mais suxeitas a foros. Tedes eidos ricos en viño e centeo, dous muíños en uso, e varias aldeas, ademais dun couto de río troiteiro formidábel... Non sodes ricas, mais si apetecíbeis... E o voso carácter, segundo teño entendido, non é precisamente idóneo para rexentar todo isto. (*Agora afectado, a frei Paulino*) Terase visto algo máis noxento que unha monxa sabia...? (*A Aldara*) En fin, señora, imos pasar uns días na vosa casa, observando a vosa vida con detalle para determinar se vos axustades á regra. Supoñede que na nosa inspección atopamos costumes relaxados... Nese caso, sería lexítimo que a Santa Madre Igrexa se ocupase da correcta administración dos vosos bens. Comprendido? (*A sorrir malevolamente*).

Mentres Frei Miguel fala, todas observan os forasteiros, algunhas con cara de non entenderen o que está a suceder. Xenebra persígnase.

ALDARA.– Comprendido, Ilustrísima!

Aldara fai xesto de que entren. Mentres os freires avanzan, Aldara e Xenebra permanecen en escena.

ALDARA.– (*A Xenebra*) E dis que Deus non afoga, prioresa? Non te persignes! Non mostres temor ningún! Nin unha soa debilidade!

28

Aldara, frei Miguel e frei Paulino están sentados no gabinete da abadesa.

ALDARA.– Explicarédesme talvez agora o motivo exacto da vosa visita?

FREI MIGUEL.– Abadesa, encomendóusenos unha misión delicada. (*Rasca a gorxa*) Segundo parece, chegou a ouvidos da súa Ilustrísima, o bispo, certa información sobre (*Pausa*)... os costumes disipados deste convento.

ALDARA.– Disipados? Se usades palabras tan estrañas, unha pobre monxa coma min non poderá entendervos...

FREI MIGUEL.– Non pretendades enganarme, abadesa. Sodes muller de letras. Nacestes Aldara Eáns, da moi nobre familia de don Álvaro Eáns e Castro. Coñezo todos os datos da vosa biografía mellor ca vós mesma...

ALDARA.– Asustarédesme...

FREI MIGUEL.–(*Intimidatorio*) Todos!

ALDARA.– Vides logo corrixirnos ou...

FREI MIGUEL.– Nestes tempos inestábeis, como comprenderedes, ter unha morea de mulleres significadas na igrexa facendo unha vida licenciosa é un risco que a súa Ilustrísima non pode correr.

ALDARA.– E que idea ten a súa Ilustrísima?

FREI MIGUEL.– O convento podería anexionarse ao episcopado e ter outros fins... (*A contemplar os andeis da biblioteca de Aldara*). Como seminario non estaría mal...

ALDARA.– En caso de que se probase esa conduta... (*pausa e retranca*) licenciosa.

Elvira interrompe con voces desde fóra e abrindo a porta sen chamar.

ELVIRA.– Dona! Dona abadesa!! Ai, Virxe Santa! Santa Madre de Deus e Santa Elvira do meu nome! (*Entra, ve os dominicos coas súas caras longas e asústase*). Perdoade esta pobre pecadora, que non sabia que estabades en concilio.

ALDARA.– Non hai concilio ningún, mais vai á cociña, que xa falamos despois...

ELVIRA.– Ai, si, xa falamos... (*Saíndo*).

FREI MIGUEL.– Non vexo que a presenza duns humildes delegados de Deus poida turbarvos. (*A Elvira, con autoridade*) Fala pois!

ELVIRA.– (*A Aldara*) E falarei, dona?

ALDARA.– Si, Elvira, di, que este freire que tes perante os ollos representa o brazo de Deus na terra.

Frei Miguel e Aldara crúzanse olladas de carraxe, mais Elvira non o percibe, saca do escote un pergameo e móstrao.

127

ELVIRA.– Un alguacil veume entregar esta carta. Até deixei as criaturas soas, do nerviosa que me puxen! Pedinlle que ma lese, e respondeume que non eran esas as súas obrigas mais tanto lle insistín, e lle prometín, e lle dei a entender o que podía haber se el me facía favor...

ALDARA.– (*Preocupada*) Non nos deas detalles agora...

ELVIRA.– Ai, non! Pois leume o que pon aquí, que me dá a vida, que vós mesma, para iso sodes tan sabia, podedes velo e interpretalo, que ben sabedes que para min as letras están mudas.

Elvira téndelle a carta a Aldara. Frei Miguel arríncalla das mans e pásalla a Frei Paulino para que a lea en voz alta, como se el tivese problemas de vista.

FREI PAULINO.– «Sentenza ditada polo xuíz da cidade de Ourense, a vinte e oito días do mes de abril, do ano do noso Señor de 1468. Por tres veces librei causa presentada por Elvira Rodríguez contra o seu home e nas tres mandei que fixesen paces entre eles, como esposos que son ante Deus, e criadores de fillos, e mais moi bos cristiáns. Mais notándose a aleivosa disposición do marido, Xoán Tenorio, contra a muller, a quen decontino fire con armas varias e insulta e bate, segundo testemuñas en presenza, véxome na obriga de rectificar as disposicións anteriores. E se sempre dei razón á parte de Elvira, aínda solicitándolle ser obediente e servente en todo, hoxe considero que merece ser repudiada como esposa, non por ter feito mal, senón como medio para vivir cunha distante separación. Non cohabitarán os esposos nin farán coiunda. Cadaquén disporá dos seus bens, e el non se achegará a ela a menos de cen pasos medidos. Para evitarmos escándalo público, Elvira poderá acollerse e acoller todos os seus fillos e fillas no convento de Santa María, porque se presentou a min avalada na súa conduta pola abadesa dona Aldara Eáns, que rexe e goberna o devandito mosteiro e...

Frei Miguel arrebátalle furioso a carta e adopta un ton durísimo.

FREI MIGUEL.– Señora, vexo que vos ocupades de asuntos demasiado terreais para serdes abadesa. O bispo deberá sabelo. Se mo permitides, retirareime ao cuarto que me asignedes. Debo descansar da viaxe.

29

Na cociña están Xoana, co bebé no seu cesto, Sancha e as novizas, todas atarefadas en cuestións domésticas, cando entra Aldara.

ALDARA.– Sancha, vai chamar á prioresa e a dona Maior.

SANCHA.– Si, madre.

ALDARA.– Sancha! (*Xa está fóra mais volve asomar a cabeza*). Tamén á boticaria!

SANCHA.– Ben, madre. (*Sae*).

XOANA.– Miña naiciña querida! Fumes traen os santos varóns!

ALDARA.– Fumes traen e varóns son, Xoana, non cho nego, mais o de santos aínda está por ver...

SABELA.– Madre, imos ter que volver coas nosas familias?

ALDARA.– Quita! Que idea é esa, noviza? Nós non temos máis familia ca esta...

SABELA.– Como non? ... Xoana ten o seu bebé.

ALDARA.– Ah, claro, todas temos a pequena Guiomar.

Aldara achégase ao cesto e arroupa Guiomar, que dorme placidamente.

ALDARA.– Comeu?

XOANA.– Ui, se comeu...! Vaime secar!

Entran Sancha, Xenebra, Dona Maior e Carola.

ALDARA.– Xa estades aquí. Aínda ben que somos todas rápidas e avisadas! Pecha aí, Xoana! (*Sinalando a porta*). Irmás, os freires non veñen facernos unha visita, senón procurar a nosa perdición. Por algunha razón que me escapa, o bispo cobiza o convento: abondará que lles deamos a mínima causa para que Santa María pase a ser Seminario e nós nos vexamos abandonadas e dispersas por eses mundos, cando non abertamente deshonradas...

CAROLA.– (*Interrompendo*) Non esaxerades un chisco, madre?

ALDARA.– Xenebra, cóntallelo ti...

XENEBRA.– Non, hai cousas sobre as que nunca volverei... Só direi que a abadesa e mais eu xa pasamos por esas tristezas...

CAROLA.– Non parece que vos teña ido mal. Se non me equivoco, a abadesa saíu dese episodio co cargo principal que agora ocupa.

XENEBRA.– Non, non, iso chegou despois e por casualidade... Porque nese momento ao bispo, que xa era outro, lle interesou unha abadesa de calidade, mais daquela, en San Miguel de Bóveda, Aldara era aínda unha crianza... Podemos asegurarvos que o proceso foi triste. Cando as nosas linguas decidiron calalo por sempre é porque vimos demasiada dor, demasiada maldade como para contala. Non queirades saber como acabaron a maioría das monxas...

DONA MAIOR.– Santa Madre de Deus!

SANCHA.– (*Ás novizas*) Visto que temos tantos problemas, bo será dicir toda a verdade...

ALDARA.– Que tes que contar, Sancha?

SANCHA.– Madre, o novo, frei Paulino, vai tomando nota de canto ve. Que non sei como dará conseguido tantos pergameos como leva, o home... Nada máis retirarse Frei Miguel a descansar na cela que lles encomendastes, frei Paulino veu á cociña e todo o axexou e por todo preguntou...

ALDARA.– Tédelo en conta: terán tres ollos na cara.

SANCHA.– Aínda non rematei, madre... Como chegaron tan cedo e tan inesperadamente...

ALDARA.– Continúa sen medo.

XOANA.– Sancha, por favor...!

ALDARA.– Xoana!! Será peor para todas que ocultedes algo...

XOANA.– Sanchiña, como se non tiveses nunca nada que esconder...

Aldara colle un garabullo de acender o lume e tírao na lareira, provocando unha lapa.

ALDARA.– Así queredes acabar?

Todas fan xestos ou sons de arrepío.

SANCHA.– O freire entrou na despensa e achou Xoana e Xoán... espidos.

DONA MAIOR.– Deus te salve, María, chea es de graza, o señor é contigo, bendita ti es entre todas as mulleres... (*Continúa a rezar en voz baixa mentres prosegue a conversa, unha Ave María tras doutra*).

XENEBRA.– Xoana, por favor...!

XOANA.– (*De xeonllos*) Perdoádeme, perdoádeme! Será por min que arderemos no lume!

SABELA.– A ver se zafamos as demais, que ti xa arderás soa no inferno!

XENEBRA.– Nena!! Que dis? (*A coller maternalmente a cabeza de Xoana apoiándoa no seu peito*). E non terás un pouco de sentidiño?

A imaxe de Xenebra, sentada, con Xoana colocando a cabeza no seu colo e chorando evoca unha Madonna.

XOANA.– (*A ollar cara arriba*) Ai, prioresa, é que cando me vén o Xoán esquéceme até o meu nome!

SABELA.– Pois chámaste igual ca el! Se será parva?

131

CAROLA.– A luxuria non permite á cabeza traballar arreo.

ALDARA.– Abonda xa de increpardes Xoana! O feito, feito está sen remedio.

SANCHA.– Continúo, abadesa?

ALDARA.– Aínda hai máis?

SANCHA.– Hai. Frei Paulino púxose moi enfadado e, por ben facer, as novizas...

DONA MAIOR.– Virxe Santa!!! (*A recitar de novo o Ave María*).

SABELA.– Conto eu, Sancha. Queríamos tirarlle importancia ao que vira, porque el, madre, estaba a escribir coma un poseso, que nin sei como podía facer boa letra así, de pé e a toda présa...

ALDARA.– Sabela, volve ao rego!

SABELA.– Si, pois Veva e mais eu... Non, eu, que Veva estaba calada...

VEVA.– Non é verdade, que eu son tan culpábel coma ti.

SABELA.– Non, madre, que a min se me foi a lingua tola e dixen que non pasaba nada, que Xoana non era monxa e que, non tendo feito os votos, non había mal ningún... e que dalgunha forma había de ser feliz...

ALDARA.– E que dixo el?

SABELA.– Apuntou «as cales novizas desculpan a luxuriosa actitude da criada nunha demostración de mentes precoces».

ALDARA.– Non sei se rirme do freire ou chorar a nosa sorte!

SANCHA.– Aínda no está todo, madre.

ALDARA.– Achégame unha cadeira, Xoana.

Xoana faino e Aldara senta.

SANCHA.– Eu quería tamén... suavizar.

XENEBRA.– E que lle dixeches? Que os bechos do campo tamén o facían? Nunca vin unhas monxas tan parvas!

ALDARA.– Que dixeches, Sancha?

SANCHA.– Dixen que, se tanto se asustaba por todo, debería ter en conta que eles tamén eran homes e que a regra prohibe que se aloxen no convento... e que outras veces que un home estivo entre nós, non durmía dentro...

ALDARA.– Xa que logo mentiches?

SANCHA.– Non mentín, madre. Logo non estivo entre nós don Nuno?

ALDARA.– (*A trabar o beizo*) Perdoa, esquecérao.

Xenebra olla estrañada para Aldara.

SABELA.– Se saberá Sancha que durmiu aquí don Nuno! E Pero...! Iso que poucas horas debeu de descansar!

Sancha belisca Sabela nun brazo.

SABELA.– Ai, madre, que Sancha me manca!

ALDARA.– Sede amigas entre vós as dúas, por favor. Non permitades que as malas herbas medren no noso xardín.

XENEBRA.– Que vas facer, Aldara?

ALDARA.– Resolver o asunto con severidade, iso corresponde. (*A Xoana*) Abre a porta o máis axiña que poidas.

Xoana, que estaba xunto á porta, ábrea e, inmediatamente cae frei Paulino, que estaba apoiado escoitando do outro lado... Todas, agás Aldara, dan un berro de sorpresa.

ALDARA.– (*De pé, a frei Paulino, que está no chan cos trebellos de escribir*) Escoitastes abondo tras a porta ou precisades algún detalle máis polo miúdo?

FREI PAULINO.– Desculpádeme.

ALDARA.– Non podo desculpar o que desculpa non ten. Aloxádesvos na miña casa para me espiar? Para tentar de atoparnos

133

en falta e causar a nosa ruína? Esa é a conduta cristiá dos esbirros da súa Ilustrísima?

XENEBRA.– Aldara, que a boca che pode!

ALDARA.– Non, prioresa, aínda levo eu o control. Estou pensando que, como as outras veces en que recibimos homes nesta casa, os nosos invitados durmirán fóra, no palleiro, e non recibirán ningunha das comodidades do convento.

CAROLA.– Mais son enviados do bispo!

ALDARA.– Mais... son homes!!

30

Pola noite, frei Miguel e frei Paulino tentan acomodarse entre as pallas. Están moi separados.

FREI MIGUEL.– Colocarei esta manta entre os dous, para que o voso pudor non se vexa turbado pola miña presenza.

FREI PAULINO.– Grazas, padre.

Frei Paulino érguese e axuda a atar a manta nun pau. Agora fican en cadanseu cubículo.

FREI PAULINO.– Que teñades boa noite, padre!

FREI MIGUEL.– Igualmente, frei Paulino. Fixestes as vosas oracións?

FREI PAULINO.– Fixen.

FREI MIGUEL.– Durante o tempo que permanezamos aquí, quedades dispensado de azoutarvos; dabondo castigo é aturar estas monxas descarreiradas.

FREI PAULINO.– Moi ben, padre.

FREI MIGUEL.– Acomodádevos como poidades entre as pallas... Que duro é ser o brazo de Deus! Durmindo na corte... coma labregos!

Resultan ridículos, na súa forma de afrontar o lugar e no pudor. Escuridade. De mañá, co canto do galo, entra a luz. Aínda que non se ve a escena do exterior, dos sons que chegan pode intuírse que Xoana e Sancha están a se lavar no río, cantaruxando, entre laios polo frío da auga e chíos dos paxaros. Os frades asómanse polas fendas da madeira e persígnanse. Frei Miguel, con lascivia, bisba: «Coido que temos o asunto ben collido. Estas non son trigo limpo». Frei Paulino abre a boca pasmado e o desexo advírtese na súa cara.

31

Aldara está no seu gabinete escribindo cando escoita ruído. É Pero, que está sendo recibido por unha alborozada Sancha cun «Por fin estás aquí, malandrín!», «Aquí estou, miña vida». Escóitanse os seus risos, despois entra Sancha.

SANCHA.– Madre! Pero está aquí!

ALDARA.– Nótase algo a súa presenza nas cores das túas meixelas.

Sancha arrubiada, retírase e pasa Pero, que tira a gorra, axeónllase ante Aldara e bícalle o anel.

PERO.– Abadesa...

ALDARA.– Benvido sexas, Pero! Como está o teu amo?

PERO.– Meu amo está ben. Envíame a min para transmitirvos os seus respectos e facervos entrega deste importante documento.

Pero entrégalle un pergameo envolto cun lazo vermello. Aldara ábreo e le.

ALDARA.– (*A ler*) «Documento polo cal a Santa Irmandade dá posesión ao convento de Santa María de Rebordelos do couto de Rabal, nun tempo da súa propiedade e ultimamente ocupado polo conde de Santa Marta. A Santa Irmandade considera que este proceder é unha restitución xusta, polo trato concedido ao señor don Nuno de Vilamelle, que se restabeleceu nesa santa casa das feridas recibidas na batalla». (*A Pero*) Agradecidas ficamos. Porén, non podía voso señor vir el mesmo para entregarnos o agasallo? Se é un pago polo trato que recibiu, dispensámosllo a el, e non a vós.

PERO.– (*A dar voltas á gorra que ten nas mans*) Abadesa, os cabaleiros nunca abandonan a batalla.

ALDARA.– Por que non?

PERO.– Porque é o que máis lles importa no mundo... Eles son distintos aos demais, máis bravos, máis orgullosos. Precisan que a súa dignidade se vexa sempre respectada.

ALDARA.– Comprendo. E que máis sabedes do voso amo? Non volveu a abrir a ferida? Come ben? Durme polas noites? Quéixase de algo?

PERO.– (*A rañar a cabeza*) Facedes preguntas de complicada resposta. Paso con el unha xeira tras outra e diría que, no entanto, non o coñezo. El nunca conta nada. Non me entendades mal, que non ten mal carácter; simplemente é un home reservado. Nunca me pegou e non se lle coñecen vicios: nin vai con mulleres, nin xoga, nin se embebeda... mais falar... o que se di falar, non fala. Na batalla é duro e temerario... Porén, os homes, mentres preparan un ataque, comparten os seus sentimentos, falan das mulleres que gozaron, dos fillos que fican na casa, da infancia... Don Nuno non; nunca abre a boca.

ALDARA.– Que me podedes contar logo deste tempo en que estivestes ausentes?

PERO.– Podería falarvos da revolta... Só a fortaleza de Pambre se mantén en pé; a nosa causa espállase por toda Galiza...

ALDARA.– Non me interesan as fortunas militares.

PERO.– Que queredes saber logo?

ALDARA.– Quero saber de don Nuno.

PERO.– De don Nuno, señora, non sabe nin a súa nai...

ALDARA.– Marcha, Pero, marcha daquela con Deus. Mais non vaias sen comer nin sen que o teu cabalo teña descansado... Nin sen facer o que teñas que facer, despedíndote de quen teñas que te despedir.

PERO.– Se o tiverdes por ben...

ALDARA.– Por ben téñoo. Vai con Deus.

Pero fai unha reverencia e sae. Cando se ve soa, Aldara senta, da puñadas na mesa e, con aire desesperado, berra: «Maldita sexa! Maldita sexa!».

32

Polo claustro do convento camiñan os dous freires. Carola achégase a eles.

CAROLA.– Monseñor, debo falar convosco.

FREI MIGUEL.– (*A Frei Paulino*) Ide rezar sen min. (*A Carola*) Falade pois!

CAROLA.– Non vos deteñades. O que teño que dicirvos é de tal gravidade que vai mudar o xeito de vivir nesta casa e até pode abanear as súas columnas. Continuade paseando, por favor. Así, se nos ven, crerán que estamos abordando os meus problemas espirituais...

FREI MIGUEL.– Acóllovos pois en santa confesión. *In nomine Patris, et Filii...* (*A bisbar e trazando o sinal da cruz no aire*).

CAROLA.– Hai un ano estivo aloxado nesta casa o cabaleiro irmandiño Nuno de Vilamelle. A sabendas de que un home non podía entrar no convento, a abadesa acolleuno e...

FREI MIGUEL.– Por luxuria?

CAROLA.– Sen dúbida ningunha! Fíxoo ocupar o palleiro, como agora a vós, para evitar as linguas rexoubeiras mais..., aínda que só á boticaria corresponde administrar coidados, ela teimou en lavar as súas feridas...

FREI MIGUEL.– Considerade a gravidade da vosa acusación...

CAROLA.– Achégome a un home santo, coma vós, para que me libere da tortura que me inflixe saber de todo este pecado.

FREI MIGUEL.–*(Malicioso)* E vos... tamén queriades sandar o cabaleiro?

CAROLA.– Ah, non! Como todos os boticarios conventuais coñezo as substancias que poden apartar de min a luxuria. Ademais de azoutarme polas mañás, adoito bebo infusión de raíz de lúpulo. Como saberedes, o lúpulo calma as naturezas exaltadas...

FREI MIGUEL.– Debo confesar que ignoraba o que me contades. Acreditaba que con lúpulo só se facía cervexa...

CAROLA.– Faise, mais vede que os homes fican cansos logo de beberen cervexa... Porén, non é este o obxectivo da nosa conversa.

FREI MIGUEL.– Efectivamente, madre boticaria, vexo en vós unha mente lúcida, que libra batalla contra o pecado. E dicides que tedes completa seguranza nesa relación espuria?

CAROLA.– Podería contarvos moito máis. A nosa recadeira, Elvira, ten problemas co seu home. A abadesa leva tempo tomando eses asuntos como propios, sen atender a que, dentro de cada fogar, só pode penetrar Deus.

FREI MIGUEL.– Coñezo o caso. A desgraciada de Elvira veu contándoo a voces.

CAROLA.– En certa ocasión o xuíz mandou recado coa súa sentenza. Á abadesa non lle gustou e, apartada do grupo, puiden ver como retiña a súa man don Nuno.

FREI MIGUEL.– Hai algo máis que lembredes?

CAROLA.– Infinidade de detalles: xuntos paseaban, xuntos rían e, ás veces puiden ver como a abadesa abandonaba de noite o convento para procurar algo no palleiro.

FREI MIGUEL.– Saben isto as demais?

CAROLA.– Non o creo. En fin, non sei como dicírvolo mais... o convento non é precisamente un lugar tranquilo e silencioso polas noites.

FREI MIGUEL.– O estupor apodérase de min. Entendedes que esta declaración vosa podería ter consecuencias decisivas?

CAROLA.– Entendo.

FREI MIGUEL.– Coido que seriades unha boa abadesa.

CAROLA.– Graza que me facedes só con amentalo. Nesta casa nunca fun ben querida.

FREI MIGUEL.– As pecadoras non poden querer consigo unha monxa de virtude. Vou facervos unha pregunta. A criatura que leva a criada, non será... non virá... non chegaría... (*a procurar, nervioso, as palabras*) do ventre da abadesa?

CAROLA.– Non, é filla de Xoana e os seus amoríos.

FREI MIGUEL.– Iso pode ser o que vos fixeron crer.

CAROLA.– Monseñor, vivo aquí...!

FREI MIGUEL.– Sabedes que nin ocultar a preñez da abadesa, nin finxir a da criada sería moi difícil.

Carola fica un pouco parada, de cello engurrado.

FREI MIGUEL.– A súa Ilustrísima, o Bispo, gústanlle os asuntos ben atados. Cunha proba coma esta todo o mundo acreditaría en nós. Comprendedes?

CAROLA.– Comprendo.

O dominico inclínase sobre Carola e bísballe algo ao ouvido. Continúan a pasear e a falar baixiño. Entrementres saen de escena, soa unha cantiga de escarnio.

33

Aldara e Xenebra están no gabinete da abadesa cando irrompe Frei Miguel.

FREI MIGUEL.– Abadesa, debo falar convosco.

ALDARA.– Xa falaremos no refectorio, Frei Miguel. Agora a prioresa e mais eu estamos repasando as contas da casa...

FREI MIGUEL.– O asunto que me trae non admite espera.

ALDARA.– Mirade que as contas son tamén urxentes, que sen elas non comemos.

FREI MIGUEL.– Abadesa, por favor...

ALDARA.– En fin, pasade, pasade.

FREI MIGUEL.– Como sabedes, eu vin a esta casa cunha preocupante encomenda.

ALDARA.– Non perdades o tempo en retóricas e dicide o que atopastes. Outra vez estaba Xoana na despensa?

FREI MIGUEL.– Non, señora. Atopei asunto de maior relevancia:. as mostras da vosa conduta disoluta. *(Con desprezo)* Unha abadesa! Alguén que debería dar exemplo a toda a comunidade!

XENEBRA.– Santa María, roga por nós!

FREI MIGUEL.–*(A Xenebra)* Si, que rogue, aínda que a virxinal nai de Deus non se ocupa das mulleres caídas na perdición... *(a Aldara)* coma vós, abadesa. Acúsovos de serdes a nai da criatura que aleita a vosa criada!

ALDARA.– *(A rir)* Eu a nai de Guiomar? Brincades? Como podería selo?

FREI MIGUEL.– A nena é froito dos vosos amores co cabaleiro irmandiño Nuno de Vilamelle.

XENEBRA.– *(A persignarse)* Virxe dos desamparados, protéxenos! *(Comeza a chorar e mantense chorando o resto da escena).*

ALDARA.– *(Seria)* Non tal!

FREI MIGUEL.– Seica non acollestes ese cabaleiro na pasada primavera?

ALDARA.– Era obriga cristiá... Chegou a nós en grave estado.

FREI MIGUEL.– Seica non permaneceu máis de dous meses baixo o voso teito?

ALDARA.– Permaneceu o tempo necesario para as súas feridas curaren; nin un día máis.

FREI MIGUEL.– Seica non o visitabades no palleiro? Non lle prodigastes persoalmente coidados? Non vos deixastes ver na súa compaña polos arredores do convento? Non comía convosco no refectorio? Non lle mostrastes simpatía en público...e algo máis en privado?

ALDARA.– Estou baixo xuízo, señor inquisidor?

FREI MIGUEL.– Negaredes ser a nai desa criatura?

ALDARA.– Negarei, claro é. Calquera das miñas monxas pode rexeitar no meu nome esa acusación. No bispado alguén debe de andar moi interesado neste convento para me virdes con esas...

FREI MIGUEL.– Non me asustaredes con esa lingua rebelde. Quen vai testemuñar na vosa defensa? Unhas nenas criadas aquí e que non coñecen outra familia? Unha vella que devece por vós? Ao bispo abondaralle coa palabra dunha mente selecta, a quen poderá premiar por tantos padecementos vividos converténdoa en abadesa noutro convento de mellor proceder.

ALDARA.– De quen falades?

FREI MIGUEL.–(*A Aldara*) Da vosa boticaria. (*Facendo xesto de entrada a alguén que está fóra*) Entrade, madre, e ídevos facendo con este territorio que axiña ocuparedes.

Carola entra en escena e avanza, mentres Frei Miguel se retira a un recuncho.

XENEBRA.– (*A Carola que permanece impasíbel*) Boticaria, non vos atreveredes... Reparade en que non será como abadesa onde poderedes saciar o voso amor polo coñecemento.

CAROLA.– (*A sorrir malévola*) Enganádesvos, prioresa. Eu serei quen dea as ordes; só eu direi a que se debe dedicar cadaquén e por canto tempo. Enfrascareime no estudo, mentres outras levan as contas.

XENEBRA.– Non deberiades permitir que o afán de vinganza envelenase o voso corazón.

ALDARA.– Nunca pensei que a lingua dunha irmá tan mal de min dixese.

34

Están no refectorio Sabela, Veva, Xenebra e dona Maior en pé, nos seus postos para a comida, coas mans cruzadas sobre o regazo. Entran Xoana e Sancha, despois os freires. Xenebra dirixe os rezos.

XENEBRA.– Santa María, nai de Deus, roga por nós pecadoras, agora e na hora da nosa morte.

TOD@S.– Amén

Sentan. Sancha achégase cunha fonte ateigada de carne. Xenebra faille un aceno coa man de que non a sirva.

XENEBRA.– Agarda, Sancha, non agasallaremos os nosos convidados cando aínda temos pendente a nosa defensa, non sexa que a estes señores o xantar lles perturbe o entendemento.

Frei Paulino fai xestos de contrariedade, Frei Miguel imperturbábel.

XENEBRA.– Sabemos, señor, que somos...

FREI MIGUEL.–(*Con retintín*) Mon-se-ñor

XENEBRA.– Non, frei Miguel, non. As dignidades da igrexa son para os que participan nesa carreira. Como muller, e xa de idade, non preciso entrar nesas vaidades. Sabemos para que viñestes e de que nos acusades. As que estamos aquí quereriamos

142

testemuñar en favor de Alda... da abadesa... Ela non é nai de ninguén, non é Xoana?

XOANA.– Ai, non señor, que a Guiomar é filla do meu ventre, pola virxe santísima (*Xura cos dedos en cruz*).

FREI MIGUEL.– Ben, ben, ben... mais... (*Quere falar mais elas interrómpeno*).

SANCHA.– A abadesa é un exemplo para todo o mundo.

DONA MAIOR.– Nada hai no convento que poida desagradar ao Señor.

XOANA.– A abadesa é muller boa coma o pan.

VEVA.– E cariñosa...

SABELA.– E honrada... Como todas!

FREI MIGUEL.– Nunca dubidei de que a abadesa estivese ben cubillada na súa casa. Finalmente era ela quen daba licenza a todas para tantos desatinos.

TODAS.– Como?/Que?/ Non nos entende/ Que desatinos?

XENEBRA.– Somos limitadas, como todo ser humano, e pecamos, e non nos temos por santas nin por heroínas. Porén, señor, non merecemos ser tan inxustamente agraviadas e quen menos de todas o merece é a nosa abadesa, por ser muller de talante conciliador, moi dada ao próximo, sempre atenta e boa dirixente.

FREI MIGUEL.– Non todas opinan así.

XENEBRA.– Se o decides pola boticaria...

FREI MIGUEL.– Dise o pecado, non o pecador... Talvez algunha de vós queira incrementar as testemuñas de desleixo que xa posuímos con algunha outra indicación. A súa Ilustrísima, abofé, tería en conta este xesto de colaboración coa xustiza, que debe servir a Deus.

XENEBRA.– A boticaria non está aquí; será a única que teña algo que dicir.

Dona Maior tira do hábito de Xenebra para afastala dos freires. Pouco a pouco, todas van reuníndose nese aparte.

DONA MAIOR.– (*A frei Miguel*) Un momentiño, por favor! (*A Xenebra*) Prioresa, por moito que nos custe aceptalo, a abadesa xa está xulgada e perdida. Non será mellor que tentemos salvarnos nós?

XENEBRA.– Mágoa me dades! Traizoaremos a quen sempre nos protexeu?

A escena parece ficar en suspenso, como se todas dubidasen antes de se sentiren certas de seguir con Aldara. A seguir, Xenebra vólvese aos freires con solemnidade.

XENEBRA.– De que se nos acusa?

As mulleres permanecen a un lado, os freires a outro, como se a disposición dos seus corpos retratase unha guerra.

FREI MIGUEL.– Frei Paulino, queredes lembrarnos a listaxe que fixestes nestes días?

FREI PAULINO.– Como non, padre. (*Quita o pergameo de entre os hábitos, desenvolve e le*). O convento está situado nun lugar vizoso, de gran fermosura. No entanto, a xestión da riqueza non é axeitada. A igrexa, feita de pedra, está caída na súa maior parte, maltratada e feita un cortello, sen ornamentos nin nada que visitar. Como as monxas son poucas e, por demais, mulleres, diversas dependencias téñense visto abatidas a causa da escaseza de recursos e das numerosas usurpacións da bandidaxe. Asemade, as bestas e os porcos achéganse en demasía, o que é práctica moi deshonesta porque non pode estar nunca o claustro limpo. A igrexa está cavada e con moi mal chan. Deberían botar una capa de barro branco e aderezalo todo o mellor que puidesen, limpando as paredes de teas de araña e po, porque ao noso parecer tal nunca fixeron. Cada sábado antes de vésperas deberían varrer toda a igrexa e tela ben limpa, sacudindo altares e imaxes, que todo está en mal estado e só por iso xa merecen a excomuñón.

XOANA.– Maldita sexa a súa lingua!

XENEBRA.– Máis quero na miña porta unha silva que pique que unha mala lingua que a miña conduta quite.

FREI MIGUEL.–(*Ás monxas*) Queredes continuar coa lectura?

XENEBRA.– Queremos. Agora que xa sabemos a facilidade con que facedes falsa testemuña, desexamos ver o alcance da vosa imaxinación. Dicirdes que non limpamos a igrexa...!

FREI MIGUEL.– Frei Paulino, saltade esta parte e ide ás acusacións *hospitium et indigentium*.

Frei Paulino desenvolve o pergameo. Vese que había moitas máis acusacións.

FREI PAULINO.– Na-ña-ña-ña... Aquí! As monxas dan asilo cando lles prouguer, sen solicitaren a licenza do bispo, nin sequera para acolleren homes consigo. Nós mesmos non tivemos que acreditarnos para accedermos a súa peza, do que se deduce certa facilidade e propensión ao pecado. Soubemos, por confesión de varias delas, que non daban importancia a tamaño feito, e que, durante máis de dous meses, na pasada primavera, entretiveran un cabaleiro que responde ao nome de Nuno de Vilamelle. Todas falan marabillas dese señor, que se diría fascinou as propias pedras do convento, até o punto de que non sería difícil deducir que con todas tivo trato carnal. (*Murmurios*). Quen esta declaración subscribe tivo que enfrontar a desagradábel situación de se achegar a unha despensa, coa intención de xulgar, polos alimentos que almacenaba, cal era o grao en que as monxas observaban a pobreza, e toparse cunha das criadas e mais o seu amante en actitude fornicadora, completamente espidos, como bestas. Apenas recuperado da sorpresa, as novizas presentáronme con toda naturalidade o caso, e mais que un forasteiro chegara e fora hospedado, como pobre e malferido que era. Todas no convento sabían onde se acomodaba o cabaleiro, a que hora visitalo e como. E, por preguntas indirectas, puidemos comprobar que todas por alí foran, sen gardaren o recato debido á súa condición de mulleres e relixiosas.

Frei Paulino levanta a vista, canso de ler. Todas están emitindo sons de sorpresa e indignación. El continúa.

FREI PAULINO.– As legas levan no rostro a marca do vicio. As que están por profesar coñecen e desculpan detalles tan crus que non ousarei relatar. A viúva aloxada no convento pasa o día a desexar que acontezan novidades, preferibelmente amorosas, o cal é contrario ao seu estado, que debería ser de desacougado loito. A prioresa consente todos os excesos deste mundo errático. No entanto, a culpábel máxima é a abadesa. Dona Aldara Eáns non é capaz de executar as accións correspondentes ao seu cargo. Moitos non lle pagan as décimas a que son obrigados, de xeito que o convento caeu na indixencia máis extrema. Asemade, non sabe inculcar virtude nas súas monxas, como se fose intrusa no hábito, de maneira que as novizas andan todo o día a brincar ou a facer o que quixeren. Máis grave acusación é a de andar en industrias e confabulacións para separar un home, certo comerciante de Ourense, da súa muller, que serve no convento e será probabelmente alcaiota ou semellante. Andar de boca en boca como avogada das silveiras non é misión para unha abadesa. Finalmente, o *hospitium* concedido ao cabaleiro antes amentado converteuse nun profano fornicio, froito do cal, a abadesa pariu unha nena que todas crían con esmero. Como todas se divertiron co tal señor de Vilamelle, todas toman a nena por filla propia.

Visión de desolación xeral mentres Frei Miguel sorrí compracido.

35

Nese instante de tensión fai a súa entrada Aldara, consternada, causando un momentáneo silencio no resto.

XOANA.– Servimos, abadesa?

ALDARA.– Non, Xoana, vou falarvos. Mete todo no forno, se non quiseres que arrefríe; a comida hoxe non é o principal.

XENEBRA.– Mais, coidado, Aldara, co que dis, que temos o xuízo presto.

ALDARA.– Non, miña Xenebra, pasou o tempo de ser precavida.

SABELA.– (*Vai correndo xunto a Aldara e apértaa*) Madre, veñen por nós!

ALDARA.– Non vos preocupedes. Temos coitas maiores. A principal, a traizón que nos fai a boticaria. Porén, vou acusarme. Cúlpome de non a ter entendido, de non saber darlle o que precisaba: unha dedicación absoluta ao saber. E, cando me acuso, sei por que o fago. É tan difícil para unha muller poder dedicarse ao coñecemento! Carola sufriu de máis. Se tivese nacido varón...!

XENEBRA.– Ah! De termos nacido varóns todas nós, a historia outra sería! Non tes que te acusar de nada, Aldara.

ALDARA.– Teño si, malia entristecerme pola súa frialdade. Hai outras tristuras, tamén. Algunhas cousas que veñen pasando na última época lévanme mesmo a desconfiar de Deus, que fai parir as mulleres para arrebatarlles os fillos nas guerras, ou recear dos homes, que practican unha xustiza con que se aseguran de teren criadas... Elvira volveu outra vez á súa casa, non fose que os seus cuñados resultasen máis lesivos que os alguacís... Estou triste e teño motivos para estalo. Ven, miña fiel Xenebra, ven.

XENEBRA.– Non te deixaremos. Conseguiremos xustiza.

ALDARA.– Non quero a xustiza súa! Quero falar e falarei! Por boca das xentes sinxelas, en toda a parte, corren cantigas de abadesas fornicadoras. Na acusación destes freires non hai novidade. Cantas veces teremos prestado ouvidos as cantigas de Xoana, ou dos labregos! As monxas son fodedoras e desmesuradas no amor.

XENEBRA.– Aldara, que te perdes!

147

ALDARA.– Non tal; hei de falar e falo. Gonzalo Eanes do Viñal, que debía de ser meu parente, agradecía a súa hospitalidade a certa abadesa cantando «que de amor e de pracer non puidestes máis facer». Con estas brincadeiras os pobres esquecen que non teñen pan e os ricos atopan un motivo para moito rir. Pobres de nós! Que ridículas pintamos tan famentas de home! Miñas irmás, por favor, non neguedes a acusación, un pouco de dignidade! Frei Miguel, frei Paulino, miñas monxas, miñas nenas, quero que saibades que a abadesa está segura de que nada do acontecido neste convento ten que nos avergoñar. Nin as medorentas, nin as que se reúnen cos homes e lles paren os fillos, nin as que entreteñen a súa paixón na tenrura, nin as outras (*a facer coa man xesto que evoca vaguidade*) teñen que se avergoñar.

Frei Paulino non dá tomado nota. Todas están apampadas. Frei Miguel está serio. Ninguén esperaba esta insubordinación.

ALDARA.– Frei Miguel, non entrarei no voso xogo, porque ningunha das vosas acusacións ten nada de malo. Malo é non asistir ao pobre, non escoitar a quen desespera, procurar o propio beneficio a costa dos outros, mais non pode selo ofrecer unhas caricias. E o que fai unha muller pode facelo calquera outra. Non negarei ser a nai de Guiomar porque podería telo sido. Xoana, queres pasarme á nena?

Aldara destapa o peito en xesto de aleitar a pequena.

36

Pero chega á porta do convento arrastrando un pequeno carro, cos emblemas da causa irmandiña, onde vén morta Nona. A escena debe ter carácter épico, con música solemne. Sabela está agarrada á porta cando Pero descabalga e achégase a ela, como aqueloutra vez.

PERO.– Chamade á abadesa, que traio funestas noticias.

SABELA.– Sabíao. Esta mañá a cadela non quixo comer e, sabes...?

PERO.– Que?

SABELA.– Vin un falcón botándose en riba dun pardal.

PERO.– Iso debe de acontecer cada día, pequena.

SABELA.– Si, mais outros días eran os pardais os perseguidores.

Sen agardar resposta, métese. Escóitase como chama «Vinde, vinde todas! Sancha, está Pero aquí!!». Todas entran a correr pola mesma porta. Aldara aínda sostén a nena no colo.

ALDARA.– (*A berrar*) Non! Non!

Xoana colle a nena dos seus brazos e ela tírase en riba do cadáver e chora.

PERO.– (*Axeonllándose ante Aldara*) Abadesa, a persoa a quen vós e mais eu serviamos morreu heroicamente defendendo as súas ideas, non os seus intereses.

ALDARA.– (*Con cara de estar noutra parte*) Tes razón, Pero; os dous serviámola.

PERO.– Atoparedes consolo en saber da súa aguerrida valentía, do seu atrevemento...

ALDARA.– Non hai consolo para min.

PERO.– Mais debedes saber que os seis guerreiros que me acompañaron até esta mesma entrada son unha rara honra militar.

ALDARA.– (*Desesperada e tirando a toca*) Que me importan as honras militares? Que me importan os castigos da igrexa? Que pode importarme a xustiza divina? Se ela non estará nunca aquí... Se non volverei ter o seu sorriso... Se nunca, nunca máis, haberá primavera!!!

XENEBRA.– Aldara, están ouvíndote, acouga.

ALDARA.– Non me importan razóns. (*Volvéndose a Pero*) Como foi? Padeceu?

149

PERO.– Todo foi moi rápido, madre. Esvarou e caeu dando asalto á fortaleza de Monterrei. O cansazo podía connosco porque xa loitabamos intuíndo a derrota. A causa irmandiña ten os días contados, malia ser unha nobre causa de guerra.

ALDARA.– (*Como tola*) Unha nobre causa de guerra?

PERO.– Si, miña señora. (*Aldara non atende moito, descobre o corpo de Nona, acaríñaa e bícaa mentres Pero fala*). Hoxe por fin sabemos que Galiza perdeu a ocasión de ser libre. Non vai aparecer quen nos salve dos abusos dos señores porque, un por un, a todos os homes das vilas que non eran servos xa se lles está dando morte.

XENEBRA.– Fixestes guerra inútil.

PERO.– Non era inútil, se era xusta! Din que o conde de Lemos recibiu do mariscal Pardo de Cela a encomenda de encher os carballos con vasalos pendurados das súas pólas: nin un só dos participantes principais na revolta ficará sen castigo.

XENEBRA.– E farao. As leis da guerra son crueis.

PERO.– Desconfío diso. O conde sabe que precisa homes para reconstruír a súa torre. Regalará perdóns e acalará as bocas reviradas.

XENEBRA.– E tanto sangue derramado... para nada?

PERO.– Para nada.

Aldara continúa deitada sobre o cadáver.

PERO.– Abadesa, pídovos licenza para soterrar don Nuno no voso cemiterio, onde poida ser acompañado de vós e honrado por sempre; non comesto polas feras no campo de batalla.

ALDARA.– (*Facendo xesto afirmativo mais con cara inexpresiva, como se non conseguise reporse*) ... Acompañada e honrada por sempre.

XENEBRA.– (*A Pero, bisbando*) Mentes ben, Pero. A morte non lle sobreveu así, verdade?

PERO.– Morreu retorcéndose por unha frecha. Díxome: «Ponte a cuberto, Pero, que está vez hei morrer» e eu contesteille: «Non, señor, non morreredes, que sodes cabaleiro forte e capaz...» mais el insistía «non tal, Pero, non son; déixame, que os tempos son chegados...». Nese momento quixen arrincarlle a frecha do costado. Abrín a casaca rachando as teas todas e... descubrín o que non querería ter visto... Era unha muller!

XENEBRA.– Por Cristo bendito!

PERO.– Díxome: «nunca fun o que vías por fóra. (*Pausa*) Vai ao convento e dille á abadesa que o meu derradeiro pensamento foi, malia todo, para ela». (*Chora*).

XENEBRA.– Soterrarémolo aquí. Cómpre agasallar con todas as honras do loito un guerreiro tan notábel... tan notábel... coma ela.

37

Porta do convento. Unha delas vai poñendo cruces polo chan, para evocar un cemiterio. O corpo de Nona está no medio; da casaca aberta asoman os peitos. As monxas achéganse entre rituais mortuorios.

SABELA.– Don Nuno... era unha muller.

SANCHA.– Xa dicía eu que encaixaba de máis connosco!

DONA MAIOR.– E era tan doce!

VEVA.– Si, tan riquiña.

XENEBRA.– Home, muller,... iso tanto ten... Mais estaba na flor da idade!

DONA MAIOR.– Fagamos o que cómpre.

Continúan cos preparativos: cobren cun lenzo o corpo, queiman sándalo, traen flores e pétalos.... Entran Pero e Aldara e colócanse diante do cadáver.

PERO.– Coido, abadesa, que as cousas non van moi ben para o convento.

ALDARA.– Por que?

PERO.– Observo que non é do voso agrado a presenza deses malencarados dominicos.

ALDARA.– Ah! Xa! Perdoa, Pero, estou un pouco ida. Non te preocupes, nada vai acontecer. Ningunha revolta é o que se ve por fóra, senón o que vai por dentro.

PERO.– Por dentro, señora, non sempre van cousas boas.

ALDARA.– Que dis, Pero! Co bo home que ti es!

PERO.– Iso era antes, que agora son todo confusión e maldade.

ALDARA.– Non sabes o que é iso.

PERO.– Si, tal! Madre, como vós sabedes, o meu señor non era un home.

ALDARA.– E ben...?

PERO.– Acompañei e servín un guerreiro que non era guerreiro. Enganoume! Nunca me confiou o seu segredo. Que dirá don Diego? ¡Eu servindo na guerra unha muller...!

ALDARA.– Tranquilo, Pero, acouga!

PERO.– Todos rirán de min. Até eu mesmo o fago. Cantas noites durmiría eu ao lado dela... e sen tocala!

ALDARA.– Deixa de te torturar, que o consolo está dentro de ti. Non se precisa ser home para actuar como señor valoroso e cortés. Non se precisa ser home para comportarse coma o máis xusto dos amos, o máis afábel dos amigos. Seica non te decatabas diso?

Pero bótase a chorar de xeonllos. Aldara dálle palmadas na cabeza. A seguir, colle dous cirios que ten ao lado e téndelle un a Pero. Dispóñense en formación: Xenebra-dona Maior, Sancha-Xoana, Sabela-Veva, Carola-Elvira. Finalmente, Aldara e Pero. A comitiva empuxa o carro de Nona, envolta nun sudario e rodeada de flores. De súpeto, Aldara adiántase.

152

ALDARA.– Bendita sexas, Nona. A lápida que poremos cantará o teu nome auténtico... (*saloucos*) para que sempre perdure a primavera.

Aldara coloca por riba dela unha poliña de maceira. Saen.

38

Coa noite o convento volve bulir de actividade.
Os dous frades no palleiro remáxense ridículos e non poden durmir por ouviren Pero e Sancha que se aman desesperadamente no galpón contiguo.
Xoana sae pola porta encarrapuchada.
Carola na súa cela escribe afanosamente.
Dona Maior recolle as súas pertenzas para marchar antes de que os freires as boten.
Xenebra fala coas novizas dunha realidade que non acaba de entender: a dupla identidade de Nuno-Nona. Elas están moi atentas.

XENEBRA.– Pois iso, que un home pode parecer unha muller ou ao revés, sen que deixe de ser o que era... Cando unha muller se viste de home e fai ocupacións de home, pois claro está que non é un home...

SABELA.– Non o entendo.

VEVA.– Eu tampouco!

XENEBRA.– Buff! A ver, outra vez. Temos fóra soterrada a Nona, que era don Nuno, aínda que non nolo parecía...

SABELA.– Non, prioresa, non é así.

XENEBRA.– Buff! A ver, outra vez...

Fóra, Aldara chora desconsolada perante a tumba da súa amante.

39

Tod@s están sentad@s no gabinete da abadesa, agás Aldara que está de pé.

ALDARA.– Gustaría de ser letrada sabia para falarvos tan solemnemente como cómpre nesta ocasión. Vivimos entre guerras que só traen perdas. Cadaquén terá as súas dores, supoño, mais podo asegurarvos que levo pagada ben cara esta revolta. Aquí, entre vós, había quen pensaba que a guerra podería traer novos tempos, que íamos ser felices e comer só amorodos. Parece que non, porque perdemos (*pausa*). Tamén hai aquí quen pensa que esta foi unha guerra xusta e que os combatentes acadarán a gloria. Preferiría a gloria de que estivesen con vida. A guerra tróuxonos perdas, sen dúbida. Eu perdín nela miña amiga, miña namorada, Nona. Ela perdeu sobre todo a súa ocasión de ser por si propia, sen ter que se disfrazar de home para ser quen era.

Aldara colle a nena dos brazos de Xoana.

ALDARA.– (*Á nena*) A ver, a ver, Guiomar, aquí, bonitiña... (*Ao público*) Porén, nós, neste convento de monxas pobre, perdido nunhas terras afastadas de todo, non habemos de desbaldir a ocasión que se nos brinda. Frei Miguel, vou confesar todo.

FREI MIGUEL.– Escóitovos impaciente.

ALDARA.– Na primavera pasada acollín, por espírito cristián e non por luxuria, o cabaleiro Nuno de Vilamelle, que foi morto e visto co seu corpo de muller pola tropa. Na súa estadía aquí Nuno revelóuseme Nona e eu amei Nona. Volvería amala. Xa sei que este amor é prohibido, que está contra as leis que poñedes en boca de Deus, mais a min naceume do corazón sen que eu saíse na súa procura e foi máis forte que todo o respecto e o temor de Deus. Eu amei Nona e Nona amaría se a fortuna non a tivese desgraciado. Ride trobadores, ride, esta vez a abadesa tivo amores, mais non os cantaredes porque foron con outra muller. Ides divulgar, frei Miguel, esta noticia? Ou custará moitas explicacións á Igrexa? Se o pensades ben, que vai dicir o bispo cando saiba que, téndovos encargado arremeter contra o convento, só soubestes artellar unha falcatruada? Porque, imos ver (*entregándolle o bebé á Xoana*), se a proba de que no convento facemos unha vida disipada é a miña filla Guiomar, non hai proba, senón unha desculpa mal fundada para arrebatarnos o noso. Se non lembro mal, as mulleres soas non podemos concibir porque, como di San Tomé, para concibir cómprelle varón á femia... Non sei o que digo! Seguro? Cómprelle varón á femia? Non será ao revés e o necesitado de ventre será o varón?

Todas rin. Os freires, enfadadísimos, saen de escena.

ALDARA.– Claro que, se cadra, San Tomé sabía demasiado pouco de mulleres para matizar neste punto. Como muller que tamén eu son, non servirei ao poder que representades e, pola autoridade que me confiren as miñas compañeiras, esíxovos que abandonedes esta casa, un convento que, como sabedes, está poñendo en perigo a vosa reputación. Lembrade que aloxamos unha guerreira e recibimos a protección da Santa Irmandade, a causa perdedora. Non creo que ao bispo lle guste que vos vexan por aquí. Agora ben, coidado!; a nós a Irmandade tampouco non nos comprace posto que arranxa os problemas ao estilo dos homes. (*As monxas todas*) ¡Queridas, ninguén poderá xa mancarnos! ¡Acabamos de descubrir que somos pardais, terríbel e completamente independentes!

Vira e camiña cara á tumba onde a pola de maceira xa está florida.

FIN

155

Una primavera para Aldara

de

TERESA MOURE

Traducción al castellano de la autora

Esta obra obtuvo el Premio de Teatro "Rafael Dieste"
de la Diputación de A Coruña de 2007

Imagen de *Unha primavera para Aldara*,
puesta en escena de Xúlio Lago de la obra de Teresa Moure.
Teatro do Atlántico, 2008.

PERSONAJES

ALDARA, abadesa, es decir, superiora absoluta de un convento femenino.

DON NUÑO, caballero de la revuelta *irmandiña* que llega herido al convento y se enamora de la abadesa.

GINEBRA, prioresa o segunda de a bordo. Se ocupa del orden interno, de la disciplina y de la buena marcha espiritual del convento. Es una monja mayor, que trata maternalmente a Aldara.

CAROLA, la boticaria, todavía joven, es la estudiosa que desea saber tanto como los hombres. Encuentra una rivalidad natural en Aldara, también del grupo de las que quieren saber.

JUANA, monja lega que, por su inferior condición social, no ha hecho todos los votos. De hecho, es algo así como la criada de las otras.

GENOVEVA (VEVA) e **ISABEL**, novicias de unos once-doce años.

DOÑA MAYOR, viuda retirada en el convento.

SANCHA, joven criada de doña Mayor que la acompaña en su reclusión.

ELVIRA, recadera del convento, mujer que va y viene al pueblo para hacer encargos de las monjas. Está a su servicio, pero no es una de ellas. Se corresponde con un personaje histórico que, en 1465, denuncia a su marido por malos tratos. En la obra tiene alrededor de treinta años.

PERO, criado de don Nuño.

JUAN, campesino, pareja de Juana.

PREGONERO

FRAY MIGUEL LUCIENTES, inquisidor (sobre cuarenta y cinco años).

FRAY PAULINO DE CERCEDA, compañero del inquisidor (treinta años).

159

ESCENOGRAFÍA

La acción discurre en un convento femenino de la Galicia del siglo XV. Los escenarios, por orden de aparición, incluyen:

Lavadero (exterior). Pila con agua y un galpón cubierto para colgar la ropa cuando llueve.

Gabinete de Aldara (interior). Este cuarto representa al convento en el exterior y, por tanto, guardará sus riquezas. Debe tener libros y una mesa con artículos de escritorio. Los colores evocarán una atmósfera pechada, del tipo de ocres y oscuros.

Refectorio (interior). Cuarto austero donde las monjas se reúnen para las comidas.

Puerta del convento (exterior). Entrada, delante del lavadero y del pajar.

Capilla del convento (interior).

Pajar. Espacio cerrado, al lado del lavadero. Se trataría de unas antiguas cuadras habilitadas como cuarto para los viajeros que no duermen en el convento. Contiene un par de dependencias diferentes.

Cocina.

Botica.

Claustro (interior). Espacio del convento por donde se transita desde el refectorio hacia el exterior.

1

Voz en off:

En la primavera de 1467 aflora en Galicia un sentimiento colectivo de agravio, larvado durante largos años. Entre los habitantes de las ciudades, también entre los campesinos, toma fuerza la idea de resistir contra los nobles feudales, que habían transformado sus fortalezas en nidos de malhechores abusando de tributos y derechos señoriales. La Galicia insumisa se enfrenta al vasallaje y estalla la revuelta irmandiña.
Además de la caída de las torres, de las escaramuzas, de la sangre vertida, esa revuelta va a sacudir las costumbres y las instituciones.
Es tiempo de rebeldes porque hay revuelta en Galicia esta primavera, pero la primavera también es la estación del amor.

2

Sancha y Juana en el lavadero. Están lavando sendos montones de ropa.

SANCHA.– Todos los hombres, ¿eh?, todos, sin faltar uno, estarán allí esta noche.

JUANA.– ¡Uy, pues quien me diera pasar por allí...!

SANCHA.– No seas boba, que no están ellos para fiestas... Dicen que a la hija de Manuel Souto la cogieron detrás del molino y no hubo uno que no la catase.

JUANA.– ¡Dios mío, si es una niña...!

SANCHA.– No es una niña, Juana, no, que ya hizo los catorce. A los hombres les gusta robar la fruta en el árbol y ser los primeros en estrenarlo todo, ya lo sabes. Nunca es demasiado pronto para ellos.

JUANA.– Bien dices, pero, aun así... Buff. Se me pone la piel de gallina… ¿Cuántos eran? ¿Cinco hombres?

SANCHA.– Seis contando con don Rodrigo, el capitán. La rodearon con sus caballos y se le echaron encima... La dejaron como este harapo… *(Levantando un paño blanco, tipo gasa, que está lavando. Baja las manos y continúa frotando).* ¡Ay, la pobre de Casilda, su madre, cómo la llorará!

JUANA.– He de ir por su casa. Casilda es prima de mi madre. Pero... muerta no está. Lo que tiene que hacer la muchacha, en caso de sanar, Dios así lo quiera, es olvidar lo malo y seguir adelante con su carga en esta vida.

SANCHA.– Eso es fácil de decir, Juana, pero ¿ahora quién va a casarse con ella?

JUANA.– Pues que no se case, y que goce cuanto pueda.

SANCHA.– Con comer todos los días y que no se metiesen con ella ya se daría por contenta, digo yo...

JUANA.– ¿Y por qué se reúnen los hombres?

SANCHA.– Dicen que los hermanos de la muchacha y un mozo que la pretendía piensan dar castigo a los caballeros.

JUANA.– ¿Qué dices? ¿Te has vuelto loca? ¡Dar castigo a los caballeros del conde de Lemos…!

SANCHA.– ¡Es que ya está bien, Juana! A Marica, la del camino viejo, se le presentaron en casa la noche misma en que se casaba...

JUANA.– ¿Y le hicieron algo?

SANCHA.– Su marido gritó a los cuatro vientos que no. Contó que los hombres del conde habían llegado bebidos y armado algo de ruido, pero que habían conseguido zafarse, mirando al suelo y metiendo a la novia en un escondrijo detrás de la casa hasta que se cayeron dormidos.

JUANA.– ¡La madre que los parió!

SANCHA.– Ay, hija, no hables así...

JUANA.– ¿Qué pasa? ¿Se te está pegando ya el habla de las monjas? ¡Tendré que ponerme suave y perfumada para venir a lavar contigo!

162

SANCHA.– Quita de ahí, tonta... y déjame contarte. Según su marido, a Marica no le pasó nada, pero... de allí a nueve meses tuvo un niño que es igualito que el señor de Tor.

JUANA.– ¡Pues vaya novedad! Dicen que ya no usan el derecho de pernada, pero cada casada del contorno saca la primera criatura con cara de caballero.

SANCHA.– Eso era antes, mujer; ahora... menos.

JUANA.– A cada una le basta con una vez para que le destrocen la vida, ¿no?

SANCHA.– Ay, sí, Juanita, ¡ahí tienes razón! Toma, agarra esto y ayúdame a escurrirlo.

Las dos colaboran en el trabajo de retorcer una manta.

SANCHA.– La gente no puede más, que esto no es vida. (*Se acerca confidencial*). Parece que todas las aldeas van a levantarse en armas...

JUANA.– ¿Coger las armas contra el conde de Lemos por el cuerpo de una mujer? ¡No me lo creo!

SANCHA.– ¡Shhh, no grites! ¡Pues sí que estás descreída, contra! Lo contaba en Monforte el otro día mi tía Susa de Toiriz

JUANA.– Claro que lo contaría, que no te he llamado mentirosa. Lo que te digo es que se equivocaba. Los hombres querrán algo.... yo qué sé. Ya sabes que no es fácil sosegarlos; siempre están pensando en otras cosas. Pero no creo que vayan a arriesgar sus vidas por defender a una mujer.

SANCHA.– Claro, dicho así no se lo cree nadie. Los hombres defenderán el derecho a saber de quién son sus hijos, ¿no?

JUANA.– Ay, siendo así...

SANCHA.– Sabrás que eso no pasa sólo por aquí. Creo que en todas partes están viviendo revueltas semejantes...

JUANA.– (*Sorprendidísima*) Por todas partes andan en líos por la hija de Casilda?

163

SANCHA.– ¡Ay, mira que eres! ¿eh? Por la hija de Casilda no. Para luchar contra los abusos de los señores.

JUANA.– Pues no les arriendo la ganancia. Los señores tienen armas y están acostumbrados a la guerra. Por muy bravo que sea, ningún campesino va a poder con ellos...

SANCHA.– Tal me parece a mí también. Pero... si pudiesen... (*con aire soñador*)

JUANA.– Los mozos serían señores... (*Prosiguen ambas jugando con tono de letanía*).

SANCHA.– Y los pobres tendríamos las riquezas de los palacios.

JUANA.– Y los vestidos de las condesas.

SANCHA.– Y bailaríamos todas las noches.

JUANA.– Y dormiríamos con quien nos apeteciese y no con un guerrero del señor.

SANCHA.– Y nos levantaríamos tarde de la cama.

JUANA.– Y sólo comeríamos fresas.

SANCHA.– ¿Fresas? ¿Qué dices? ¡Yo prefiero comer carne!

JUANA.– ¿Ves como no estás hecha para ser señora?

SANCHA.– ¡Bah! (*Pausa y cambio de tono*). Juana, entonces ¿tú crees que podrán ganar?

JUANA.– Yo creo que se van a matar todos... Y en estos tiempos se vive mejor que antes. No tienes más que escuchar a los viejos.

SANCHA.– Ya... ¿Y qué pasa con Elvira, la recadera de las monjas?

JUANA.– No sé de qué me hablas.

SANCHA.– Bien sabes que su marido le pega todos los días, ¿no? La otra noche llegó gritando que no volvería a pasar. ¡Decía cada cosa...! Que, si le volvía a poner la mano encima, sería capaz de servirle a su hijo asado...

JUANA.– (*persignándose*) ¡¡Cristo bendito!!

Van recogiendo la ropa y los baldes y llevan la colada a tender. Se incorpora a escena doña Mayor, que camina ayudándose con un bastón.

DOÑA MAYOR.– Mucho habláis, muchachas, mucho habláis. Se os va a ir la fuerza toda por la boca.

JUANA.– Buenos días, doña Mayor. ¿No habéis descansado bien, que andáis alterada ya de mañana?

DOÑA MAYOR.– Cuando llegues a mis años verás que no es el descanso lo que nos anima el espíritu, sino las ganas de que algo nuevo suceda.

SANCHA.– Doña Mayor, ¿qué tenéis hoy? Si cada día suceden un montón de cosas nuevas...

DOÑA MAYOR.– Eso es lo que vosotras pensáis. Para mí cada jornada es igual a la anterior.

JUANA.– ¡Pues menos mal! Hay novedades, señora, que matan a quien las recibe. A una vecina nuestra la forzaron los soldados del conde. Velahí tenéis una novedad.

DOÑA MAYOR.– Calla, muchacha, que no me refería yo a las desgracias que pueden acontecer, sino al contrario, a los sucesos que nos sacan de la rutina. ¿Y qué ha sido de ella, pobrecilla?

SANCHA.– De ella nada sabemos, pero sí de otras cosas...

DOÑA MAYOR.– (*Interesada*) ¿Qué haces que no me las cuentas?

SANCHA.– Parece que los hombres están armándose para combatir todos los abusos que llevamos padeciendo. Vendrán nuevos tiempos.

JUANA.– ¡Y comeremos fresas y pan de trigo!

SANCHA.– O, al menos, no nos chuparán la sangre.

DOÑA MAYOR.– ¡Cantinelas...! ¡Sois unas muchachas bobas y haraganas! Le dais a la lengua para no darles a las manos.

JUANA.– ¡No es cierto! Pero llegará un día en que seamos señoras.

DOÑA MAYOR.– ¿Señora tú? ¿Y qué más? ¿Correrán las aguas río arriba? ¿Se acercará la montaña al mar? Mucho sueña esa cabecita loca...

JUANA.– ¡Doña Mayor, vivimos tiempos nuevos!

DOÑA MAYOR.– No hay camada de cachorros que no les conteste a sus padres eso. Mueve a los ríos de su lecho, pero no harás que el criado mande sobre el señor o que la mujer se imponga al varón. Las leyes que gobiernan el o mundo no se pueden controlar.

SANCHA.– Ah, ¿no? Pues milagros mayores cuentan en esta santa casa.

DOÑA MAYOR.– Niña, no mezcles lo que es de este mundo con lo que no lo es. Bien está que creáis en los sueños, que para eso sois jóvenes, pero una vieja como yo no puede soñar. Vosotras sí: pensad en ahorrar para tener un cerdo, o en parir una criatura, o en deleitaros con que os calienten los rayos del sol. Sin embargo, no soñéis con el mundo al revés. Eso es pecar contra Dios y sus santas disposiciones.

SANCHA.– Y las monjas, doña Mayor, ¿qué pensáis vos de las monjas?

DOÑA MAYOR.– ¿Qué he de pensar, mi niña?

SANCHA.– Ellas están por encima de los hombres. As veces mandan sobre ellos y no me negaréis que son más libres de lo que ninguna mujer casada puede soñar jamás.

DOÑA MAYOR.– Están casadas con Dios.

JUANA.– ¡Bonito marido, que nunca viene a acunarte por la noche!

DOÑA MAYOR.– ¡Shhh! ¡Desvergonzada!

SANCHA.– Si Dios pensase que las mujeres debían estar sujetas a su marido, no aceptaría a las monjas, digo yo...

JUANA.– Pues a mí pena me dan, que no puedo sentir otra cosa por quien no goza de los bienes del amor.

DOÑA MAYOR.– Gozan de un amor espiritual.

JUANA.– Ah, ¿sí? Pues el espíritu estará muy bien para las señoras, pero para las que acarreamos baldes pesados como estos, y hacemos los trabajos sucios y estamos siempre apuradas y endurecidas, no hay mayor felicidad que la de tener el cuerpo bien acariciado.

SANCHA.– Yo no sé mucho de amores, pero de trabajos voy sobrada, Juana, y no me importaría nada probar a ver si es como dices...

DOÑA MAYOR.– ¡¡Muchachas del demonio!!

Juana da vueltas alrededor de Sancha cantándole.

JUANA.– Bailaba cuerpo belido, en Vigo, en lo sagrado, bailaba cuerpo delgado...

La cantiga es alegre, prometedora, y hasta doña Mayor acaba por llevar el ritmo con la mano.

DOÑA MAYOR.– Gente joven y leña verde, todo es humo.

Doña Mayor sonríe benevolente, agita el bastón en una amenaza burlona y maternal y sale. Sancha y Juana acaban de colgar la ropa.

SANCHA.– Estás chiflada, Juana. Mira que decirle a doña Mayor que mal marido es el de las monjas...

JUANA.– ¿Te gustaba a ti de marido entonces? ¿O te gustaba más Martin de Moreda?

SANCHA.– (*Tirándole una prenda a la cara*) ¡Cállate, tonta!

JUANA.– (*A gritos*) ¡Y prefería a Martín! ¡Y prefería a Martín...! (*Le devuelve el tiro y le tira otra prenda*).

SANCHA.– ¡Vas a llevarte una paliza! (*Riendo. Le tira otra*)

JUANA.– No, a Martín no, que le gusta más mi hermano Matías.

SANCHA.– ¿Qué dices? Si a mí... Matías... ¡Ay, ay, bruta! (*Juana está tirándole todas las prendas que todavía estaban colgadas*).

Sancha y Juana, al jugar con la ropa, entran en una batalla campal de cachorros, revolcándose y haciéndose cosquillas. Acaban en el suelo, con Juana encima de Sancha sujetándole los brazos por encima de la cabeza.

JUANA.– Así te gustaba tener a Matías, ¿eh?

SANCHA.– De eso nada (*con complicidad*). ¡Mira! (*Señalando detrás de ella. Juana se vuelve y Sancha aprovecha para liberarse y colocarse ahora ella por encima*). Me estabas contando, Juanita, cuánto te gustaba ser monja... Pues te voy a imponer los votos (*haciéndole una cruz en la frente*).

JUANA.– (*a gritos*) No, monja no quiero. ¡La madre que te parió!

SANCHA.– ¡Serás bruta...! (*Se relaja y Juana consigue volver a colocarse sobre ella*).

JUANA.– Pues teníamos aquí a Martín...

Juana, encima de Sancha, aproxima su boca a la de ella y está a punto de besarla cuando doña Mayor regresa.

DOÑA MAYOR.– ¿Qué estáis haciendo? ¡Pues no tienen todo tirado!... ¡Condenadas!

Mientras les riñe, amenaza dando un par de golpes con el bastón al aire, tal vez alguno en sus espaldas. Entre risas reprimidas y quejas, recogen la ropa para llevarla de nuevo al río.

3

En el lavadero Sancha y Juana vuelven a lavar la ropa entre risas. Están despeinadas y tienen los mandiles fuera de sitio. Al tiempo que se colocan, entra Ginebra, la decana de las monjas y la primera que aparece en escena vestida con ropas conventuales. Anda a pasitos cortos. Mientras hablan, las criadas continúan lavando.

JUANA.– (*Todavía riéndose*) Entonces tendré que hablar con Matías y decirle que estás loquita por él...

SANCHA.– (*Roja pero alegre*) ¡Déjame que, como vuelva la vieja... todavía nos da una buena!

GINEBRA.– ¡Buen día os ofrezca el Señor, muchachas!

SANCHA/JUANA.– ¡Buenos días, prioresa!

GINEBRA.– Mucho trabajáis... ¿No veríais pasar a Elvira?

SANCHA.– No, madre.

GINEBRA.– Santa María, ¿qué le pasará? ¡Si sabe que hoy es martes y que la necesitamos...!

SANCHA.– (*Mirando al cielo*) Todavía está bajo el sol. Ya llegará...

GINEBRA.– Sí, que el tiempo nos lo da Dios de balde (*irónica*). No es eso. Es que tengo miedo de que le haya pasado algo. Su marido, si ella se demora más de la cuenta, le mide las espaldas con vara de caña.

JUANA.– ¡Cabrón!

SANCHA.– Ya lo sabemos, madre, todo el mundo lo sabe. Pero no repetirá la faena cada día...

GINEBRA.– Cada día y más, que según ella misma me ha contado, unas veces porque tarda, otras porque la comida no está hecha, o porque él llega bebido....

SANCHA.– O porque llueve o porque no llueve. ¿Pero quién osará meterse en lo que pase en el interior de las casas?

GINEBRA.– ¡Dios nuestro señor, que está en todas partes y todo lo ve!

Sancha y Juana se miran incrédulas.

JUANA.– Ay, madre, perdonadme si os ofendo, pero, si todo lo ve, ya podía mandar unos rayos que fulminasen a alguno que yo me sé...

GINEBRA.– ¿Entonces qué os pensáis, cabecitas locas? ¿Que no se ha de condenar ese cristiano que a su mujer maltrata?

JUANA.– Si así fuese, madre, no habría en el paraíso más que mujeres...

SANCHA.– Que los hombres, prioresa, uno porque bebió de más, otro porque bailó de menos, no hay uno al que le parezca su mujer buena.

GINEBRA.– La mujer debe obedecer a su marido y hacerle la vida agradable, pero también espera recibir de él amoroso trato y no palos.

SANCHA.– ¿Entonces la mujer está para que el hombre mande sobre ella?

GINEBRA.– ¡En absoluto! El hombre manda de hecho, amparado en su fuerza y en su superioridad en el mundo, pero no tiene que ser así. No imagino que Nuestra Señora deseease tan triste destino para sus hijas: ser gobernadas siempre por cualquier malandrín remojado en vino...

SANCHA.– ¡Cualquiera sabe! A lo mejor el Señor quiere hacer de Elvira una santa, por eso le dio ese hombre en vida, para ser honrada de muerta...

GINEBRA.– ¡Es tan difícil entender el mundo! Voy a ver si viene por el camino, que va avanzada la mañana y tengo una encomienda para ella. (*Sale*).

Sancha y Juana siguen lavando a la vez que canturrean. Cruza la escena Veva llorando. Ambas la llaman, «Veva», «¿Qué tienes?», pero ella no responde y sale corriendo. Lleva el hábito por detrás manchado de sangre.

170

4

Gabinete de la abadesa, Aldara y Carola discuten.

ALDARA.– Ni es el mejor momento, ni encuentro tan justificada la circunstancia que os mueve.

CAROLA.– Abadesa, debo salir, es importante. Os pido a menudo este permiso para mantener nuestra botica abastecida, pero no se trata sólo de eso ahora...

ALDARA.– Lo sé. Sin embargo, tenemos que ser humildes. Justamente ahora no conviene que nos hagamos ver.

CAROLA.– Las hierbas que preciso no son aromas para regalarnos; son principios medicinales. Debo buscar una nueva fórmula o varias criaturas en el entorno del convento morirán.

ALDARA.– No imaginaba, querida, que quisieseis franquear nuestros muros si esos principios medicinales no os fuesen necesarios. Sin embargo, es mi deber, hoy, impedir cualquier salida.

CAROLA.– Mi interés, abadesa, es servir a la comunidad...

ALDARA.– No podríais tener otro interese distinto al de servir a la comunidad. Ahora que lo decís, quizá lata en vuestro corazón cierto afán de saber soberbio, que no se mide con nada, ni atiende a razones.

CAROLA.– ¿Que no atiende a razones, decís? ¡Dos criaturas van a morir de fiebres esta noche!

ALDARA.– (*Vehemente, levantándose con los brazos apoyados en la mesa*) ¿Seguro que eso causa vuestra cuita? ¿Seguro que creéis esas hierbas tan capaces de curar? ¿Seguro que bastará con eso para que sanen? ¿Sí? No parecéis una sabia, Carola; parecéis uno de esos palurdos que creen que un crucifijo colocado sobre el pecho protege de todo.

CAROLA.– (*Impasible*) Vuestras palabras, abadesa, suenan a herejía.

ALDARA.– Las vuestras suenan a interés personal. Somos una comunidad, hermana, y eso significa que el bien común ha de estar por encima de cualquier otra necesidad.

CAROLA.– No son particulares mis intereses.

ALDARA.– (*Casi gritando*) Lo son. Vos sabéis que nunca os he limitado. Salís y entráis del convento a placer. (*Más dulce ahora*). Veamos… Considero justo que desarrolléis vuestro amor pola botánica y la medicina. No me importa si eso os aparta de otras tareas, siendo el motivo de vuestra vida... No, no me interrumpáis. Como abadesa de este convento, mi deber consiste en bien regir y gobernar. A veces he visto en vos más amor por el conocimiento que por vuestras demás obligaciones. Nunca he castigado eso. ¿Pensáis, sin embargo, que debo permitir que os pongáis en peligro? ¿Que nos pongáis en peligro a todas? Vivimos tiempos inestables; por todas partes acechan bandidos. Tal vez siempre los ha habido, pero ahora todos los hombres parecen haberse echado a los caminos. Hace unos días los caballeros del conde violaron a una muchacha; lo sabéis, ¿verdad? ¡Dios mío! A Elvira, nuestra recadera, ir y venir sola le trae no pocos problemas. ¿Sabríais ocultaros en una arremetida de los animales del conde?

CAROLA.– Abadesa, una monja es el brazo de Dios. Nadie osará atacarme.

ALDARA.– Carola, una monja es sobre todo una mujer. Nadie verá otra cosa porque no lleváis otra cosa debajo de la ropa.

CAROLA.– (*Tocándose con cierta aprensión*) El señor no permitirá que nada me ocurra.

ALDARA.– Refrenad ese orgullo: el señor no baja a la tierra a velar por sus criaturas.

CAROLA.– Mirad lo que decís, que no parecéis cristiana cuando así habláis.

ALDARA.– ¿Por qué no lo parezco? ¿Acaso bajó Nuestro Señor para proteger a esa muchacha? ¿Sois vos más dilecta hija que ella? No puedo entender de dónde sacáis toda esa arrogancia.

172

CAROLA.– Perdonadme si os he ofendido. La obediencia es mi obligación. Pero insisto: en cientos de ocasiones vos misma mandasteis a las monjas que abandonasen el convento.

ALDARA.– No existe regla alguna que nos obligue a permanecer encerradas.

CAROLA.– Cierto. Pero a veces salimos para actividades tan... tan... impropias, si me permitís, como pedir a los arrendatarios los pagos atrasados.

ALDARA.– ¿Qué tiene de impropio eso? ¿Acaso no coméis? ¿Con qué creéis que nos sustentamos?

Ginebra abre la puerta sin llamar, alborozada. Una vez dentro, se excusa.

GINEBRA.– ¿A que no sabes...? Perdonadme (*ligera inclinación y juntando las manos en el regazo*). Siento interrumpiros, pero... (*A Aldara*). ¡Nuestra Veva ya es una mujer! ¡Criatura... lo que ha crecido este invierno...! Deberías hablar con ella.

ALDARA.– (*Sonriendo y hablando suavemente*) Mándala pasar. ¿Está bien?

GINEBRA.– Más asustada que un pollito recién nacido.

ALDARA.– ¡Pequeña...! Dale lo que precise y tráemela aquí. (*A Carola*). Ya habíamos acabado nuestra conversación.

CAROLA.– (*Mostrando disgusto por la interrupción de Ginebra*) ¿Que ya habíamos acabado, decís? ¿Me vais a dejar así por atender a la niña?

ALDARA.– Yo ya he dicho cuanto tenía que decir.

Carola, sin decir palabra, se da la vuelta y sale dejando que se bata fuerte la puerta.

GINEBRA.– (*Defraudada*) ¿Y esto?

ALDARA.– No a todas las monjas les parece bien lo que yo decido.

GINEBRA.– Si me disculpas, Aldara, no tienes que decidir siempre bien.

ALDARA.– ¿Tú también me criticas?

GINEBRA.– Sabes que no. Para mí siempre serás la pequeña Aldara (*Ginebra camina hasta colocarse detrás del asiento de Aldara y comienza a frotarle la espalda mientras la mira, apoyada lateralmente con el codo en la mesa*). Con eso y con tu interés en buscar lo que te parece mejor para todas, para el convento, para las gentes que nos sirven y nos rodean, con eso ya no alcanzo a ver bien más alto, ni mejor abadesa.

ALDARA.– Pues sal para decírselo a Carola...

GINEBRA.– Bastante tiene ella con entenderse a sí misma.

ALDARA.– Pero se espera de la abadesa cierta discreción, cierta capacidad para prever aquello de lo que cada una es capaz, y así poder distribuir todo conforme a las diferentes necesidades. De otro modo, se hará altiva en el monasterio la que fue de condición humilde en el mundo. No hay que hacer daño a nadie, Ginebra, y yo hago daño...

GINEBRA.– La higuera no se parte porque la dobleguen para obtener sus frutos.

ALDARA.– Efectivamente, pero hemos de tratarnos con mayor delicadeza entre nosotras de la que gastan los gañanes con las higueras, ¿no? (*Suspira*).

GINEBRA.– (*Continuando el masaje, ahora ya de pie*) Todavía no ha llegado Elvira. No me tiene buena pinta esa demora.

ALDARA.– ¿Otro problema más? ¡Señor, señor...!

GINEBRA.– Son malos tiempos, ya lo sabes.

ALDARA.– Eso quise explicar a nuestra hermana de los malos humos y no lo conseguí (*Cogiéndole la mano que tiene apoyada en su propio hombro*). ¡Vive Dios que precisaría más apoyos incondicionales como el tuyo!

GINEBRA.– Consuélate, abadesa: Dios prieta pero no ahoga.

ALDARA.– (*Escéptica*) Ah, eso..., mi amada Ginebra... Como no arreglemos en la tierra los asuntos de la tierra...

5

Todas las monjas están saliendo de la capilla, en fila. Ginebra y doña Mayor se emparejan y charlan. Van caminando, a paso lento, por el claustro. No se precisa decoración especial, sólo la sensación de que no están en un cuarto, sino deambulando. Mientras hablan, en escena se va viendo lo que hace cada una de las otras monjas.

DOÑA MAYOR.– Buff, menos mal que acabó el oficio; ¡tenía tanto frío!

GINEBRA.– ¿Andaréis mala?

DOÑA MAYOR.– No, hace frío siempre en la capilla.

GINEBRA.– Eso son vuestros huesos viejos, que se enfrían poco a poco. Cuando yo era joven, prefería el frío para rezar. En verano, con el incienso y musitando rezos me entraba el sueño. Sobre todo, después de las comidas... La abadesa de entonces me reñía, pero.. no podía evitarlo... (*Risas*).

DOÑA MAYOR.– Con todo, no me negaréis que este año se atrasa la primavera.

GINEBRA.– ¿Que decís? Si todavía estamos en febrero...

DOÑA MAYOR.– Pues ya es tiempo entonces de que canten los pájaros por las mañanas y de que asomen las primeras flores.

GINEBRA.– Por aquí únicamente las mimosas...

DOÑA MAYOR.– ¿Veis? Las mimosas suelen estar floridas por San Antón o por Santo Tomás y todavía no he visto una y ya ha pasado San Blas.

GINEBRA.– Sin embargo, señora, no es bueno que se adelanten. A las flores que brotan fuera de estación se las lleva la helada en un momento...

DOÑA MAYOR.– Desde luego, cada cosa a su tiempo, pero son tan hermosas las primeras flores...

GINEBRA.– ¡Sí que lo son!

DOÑA MAYOR.– Lo que nunca viene mal es un poco de lluvia.

GINEBRA.– No, por favor, mis rodillas se resienten con la humedad...

DOÑA MAYOR.– Me gusta la lluvia cuando golpea, pin, pin, pin, y estoy a cobijo.

GINEBRA.– ¡Sí que le haría falta a nuestra huerta un poquito de agua!

DOÑA MAYOR.– ¿No habéis dicho que no la queríais?

GINEBRA.– No la quería para mí, la quería para las demás.

DOÑA MAYOR.– ¡Como la primavera...!

GINEBRA.– Ay, doña Mayor, lo único que nos resta en la vida es esperar que llegue la primavera, aunque no nos vaya ya a calentar.

DOÑA MAYOR.– Prioresa, cuidado con lo que decís, que no sé yo si será muy santo...

GINEBRA.– ¿Pero no anhelabais la llegada de la primavera...?

DOÑA MAYOR.– ¡Ay, sí, que no se haga esperar más!

GINEBRA.– ¡Amén!

Mientras en una parte del escenario conversan Ginebra y doña Mayor, un biombo separa la otra parte donde todas escenifican lo que están haciendo. Están juntas, pero no se ven. Veva e Isabel están reunidas ante un arca. Veva le muestra a Isabel sus paños y ambas los usan para ponerse pechos figurados mientras se ríen. En otro aparte, Carola, con el mantón echado encima de la capucha, sale furtivamente hacia el monte. Va persignándose y lleva un cesto en la mano. Juana, vestida con chambra y corpiño, se arregla el escote y se pellizca las mejillas antes de salir hacia el pajar. Sancha, que caminaba tras ella, con un balde en las manos, se queda mirando como Juana sube por el camino con cierta envidia. También Aldara, sentada a escribir en su gabinete, ve por la ventana como se marchan Carola y Juana. Doña Mayor y Ginebra, después de su conversación, salen por salidas diferentes.

6

Todas las monjas están reunidas en el refectorio para la comida. Se sitúan de pie, delante de los platos, cuando entra Aldara. Esta hace un gesto con la cabeza a Ginebra: ella es quien se encargará de los rezos.

GINEBRA.– *(En pie, como todas)* Os agradecemos, Dios Todopoderoso que, por vuestra infinita misericordia, podamos gozar de una nueva comida. Rogamos que remediéis tanta pobreza, especialmente la de las pobres hermanas que nuestra Regla reúne por el mundo entero y que tantas veces no tienen qué llevarse a la boca.

TODAS.– Amén *(Se sientan)*.

Aldara está en el centro, a su derecha Ginebra. La escena tiene un aire a la Última Cena y Aldara ocuparía el papel de Cristo. La disposición final sería, de izquierda a derecha: Carola – Sancha – Doña Mayor – Aldara – Ginebra – Veva – Isabel – Juana).

ALDARA.– *(A Ginebra)* ¿No está Juana?

GINEBRA.– No, abadesa, todavía no ha llegado.

ALDARA.– ¿Otra vez? No es la primera ocasión en que se demora esta semana.

GINEBRA.– La cuarta ocasión para ser exactas. Está a punto de llegar la primavera y...

ALDARA.– ¿Otra vez?

GINEBRA.– La primera de este año, ¿eh?

Al principio del parlamento, Ginebra y Aldara están preocupadas; al final, la complicidad las envuelve.

ALDARA.– *(En voz más alta, a todas)* Carola e Isabel, vosotras dos serviréis hoy la mesa. Considerad la honra que supone servir a las demás.

ISABEL.– Sí, madre.

Carola no contesta, pero las dos se levantan y empiezan a servir. Isabel mete tazones en una olla y así va dándoles a todas su ración de sopa, que beberán o cogerán mojando con pan, pues no debe haber cucharas. Tampoco manteles o servilletas. Sí puede haber jarra, que no sea de cristal, con agua. Mientras tanto, Carola reparte un trozo de pan para cada una. Cuando llega a la abadesa se la salta, simulando un error. Todas perciben la tensión entre ellas, pero Aldara finge no darse cuenta. Ginebra le entrega su pan a Aldara —que lo coge musitando «Dios te bendiga»— e inmediatamente tiende la mano a Carola reclamando su parte. Después, Ginebra y Aldara siguen hablando en un aparte.

ALDARA.– Por cierto..., valiente discurso, madre prioresa, ¿qué querías decir con ese recordatorio de los otros conventos?

GINEBRA.– (*Sonriendo*) Nada que pueda entender quien sólo se afana en la faena diaria. Aldara querida, a veces nuestros ojos precisan elevarse más alto y más lejos.

ALDARA.– Amiga mía, advierto una crítica en tus labios. Meditaré.

GINEBRA.– Bien harás meditando, que nunca pensamos bastante. Pero no le des mucha importancia tampoco. Tus monjas precisan reflexiones que le den sentido a lo que hacen, nada más.

ALDARA.– Si lo dice mi prioresa no hay duda, pero... lo que mis monjas precisan es más carne (*señalando hacia su tazón*).

GINEBRA.– (*Con tono irónico*) ¿Cómo habrían de precisar carne unas pobres monjas? ¿No tenemos que huir de la carne y sus pecados? ¡Si te escuchase el obispo, nos clausuraría el convento!

ALDARA.– Pues no será por carne...

Las dos estallan a reír. A la derecha de Ginebra está sentada Veva, que se lleva repetidamente las manos al vientre en señal de dolor. Isabel, cuando acaba de servir, se sienta a su lado. Todas comen.

ISABEL.– ¡Ay, Veva, para, que me estás dando patadas!

VEVA.– (*Malhumorada*) ¡¡Que no soy yo, tonta!!

GINEBRA.– Una novicia debe comportarse como alguien que aspira a que el Espíritu Santo se instale en su interior.

Isabel y Veva vuelven los ojos al plato y siguen comiendo.

ISABEL.– ¡Otra vez! ¡Que no me des con el pie!

VEVA.– Que no soy yo... (*mirando bajo la mesa*). Si es Luna...

ISABEL.– ¡Ay, Lunita bonita!

Entra Juana corriendo. Hace una reverencia a Aldara.

JUANA.– Perdone, madre abadesa; es que las ovejas...

ALDARA.– Siéntate, Juana, y no mientas. Come, que se te va a enfriar la sopa

CAROLA.– (*Voz alta, metálica*) Hay quien disculpa más la lujuria que el amor al estudio.

ALDARA.– Hay quien se juzga desprovista de todo pecado.

CAROLA.– Los Padres de la Iglesia nos previenen contra quien ama la carne y sus vicios; nada dicen de quien se deleita en conocer.

ALDARA.– Os equivocáis. Fue el árbol de la ciencia lo que dio problemas en el Paraíso.

CAROLA.– No los dio hasta que los pecadores estuvieron desnudos

ALDARA.– Vemos que, además de en fármacos, queréis ser experta en teología. ¿Hay alguna disposición mía que queráis rebatir, boticaria?

Varios toques en la puerta principal interrumpen la conversación.

JUANA.– (*Levantándose*) ¿Quién será? ¡A estas horas...!

ALDARA.– Quédate sentada, Juana, que todavía no has acabado. Isabel, vete tú a abrir.

VEVA.– ¿Y por qué ella?

GINEBRA.– ¿Querías abrir tú?

VEVA.– Sólo pregunto por qué ella...

179

ALDARA.– Ah, tiempos nuevos, tiempos de explicaciones... Porque he pensado que sería a quien menos le molestaría levantarse, muchacha.

VEVA.– Pero...

GINEBRA.– ¡Shhh! Ya está bien. ¡Aquí hasta los gatos gastan zapatos!

Isabel sale corriendo y atraviesa el escenario. Las monjas comen pausadamente en el refectorio mientras ella hace como si pasase por varias estancias y corredores. Finalmente abre el portón. Un hombre se arrodilla ante ella con mucha ceremonia y le besa el hábito.

PERO.– Señora, buenos días os dé Dios. Mi nombre es Pero, para serviros. *(Levantando los ojos)* ¡Pero, si sois todavía una criatura...! Decidle a vuestra superiora que un cristiano malherido pide cobijo en este monasterio. Hablo en su nombre, el de mi señor Nuño de Vilamelle, caballero *irmandiño* a las órdenes de don Diego de Lemos. En las escaramuzas que hemos librado esta misma mañana, en defensa de los desprotegidos y de los vasallos, mi señor Nuño fue abatido. Se encuentra a una hora a caballo y me ha mandado adelantarme para rogaros que lo acojáis como cristiano, que lo es, y de los buenos y generosos, y que procuréis los remedios que precise, que la Santa Hermandad os quedará agradecida y Nuestro Señor recordará tal gesto en vuestra última hora. Y no digo más, que he de volver con mi regimiento. ¡Que Dios os guarde!

La novicia no contesta. El hombre es atractivo, pero está sucio, manchado de sangre, pude faltarle algún diente y llevar piojos. Después del ambiente idílico del convento es la primera irrupción de la realidad externa. Isabel lo contempla con la boca abierta, embobada. Cuando el soldado se marcha, ella cierra la puerta y vuelve a atravesar los sinuosos claustros jadeando por el esfuerzo. Entra en el refectorio y todas levantan la vista.

ALDARA.– *(Con tono de rutina)* ¿Quién era?

ISABEL.– *(Entusiasta, creando ambiente cómico)* ¡Un ángel!

Murmullos.
Música: Códex Faenza Italia, séc. XV, canc. 1.

180

7

Continúan todas reunidas y dispuestas como en la escena 6.

ISABEL.– Ya os lo he dicho, madre. Era un hombre muy apuesto, tocado de capa y cinturón con hebilla, además de botas con espuelas y...

ALDARA.– Deja los detalles da vestimenta, novicia, y vuelve a contarnos que encomienda lo traía a nuestra casa, por Cristo.

ISABEL.– Sí madre. El caballero dijo ser criado de un tal Nuño...

SANCHA.– (*Interrumpiendo bruscamente*) Cuidado con lo que dices, ¿eh? Que, si era criado, no era caballero...

GINEBRA.– ¡Cállate tú y déjala hablar!

ISABEL.– (*A Aldara*) Madre, no sé cuál era su linaje, pero era varón y, sin embargo, rogaba, que se puso de rodillas ante mí y me besó la punta de la falda.

DOÑA MAYOR.– Era hombre herido, que si estuviese sano no había de rogar a una palurda como tú. ¡Pues no dice que era apuesto! La hermosura, según enseñan los santos Padres, sólo en el Todopoderoso se puede encontrar...

ALDARA.– (*Cortándola con un gesto de la mano. A Isabel*) Bien, querida, era criado de un tal Nuño, y ¿qué más?

ISABEL.– El señor Nuño está herido a una hora de camino del monasterio y os ruega que lo alojéis por amor de Dios, y asegura que la Santa Hermandad os lo pagará y ...

JUANA.– ¿¿Santa qué...??

SANCHA.– Santa Hermandad es el nombre que se dan los que se resisten a las fuerzas del conde o de otros señores por el mundo adelante.

DOÑA MAYOR.– No deberían dar nombre de santo a lo que santo no es.

JUANA.– ¿Sabéis vos lo que es santo y lo que no?

GINEBRA.— ¡Juana, que te pierde la lengua!

JUANA.— Es que hay alguna que se lo sabe todo…

DOÑA MAYOR.— ¡E insolentes que dicen todo lo que se les pasa por la cabeza!

ALDARA.— ¡Shhh! Tengo entendido que la Santa Hermandad no hace mal alguno, sino que restaura a sus legítimos propietarios lo que les ha sido arrebatado y sólo interviene en caso de abuso manifiesto.

SANCHA.— Pues cuando lo de la hija de Casilda... por aquí no aparecieron.

GINEBRA.— No será asunto nuestro decidir si la Santa Hermandad es buena o mala. Lo que importa es establecer qué haremos cuando llegue el caballero, que no tardará... ¿Cómo le negaremos a entrada?

SANCHA.— ¿Y por qué se la hemos de negar?

GINEBRA.— Porque la regla no permite acoger a un hombre en un convento de monjas.

JUANA.— Pero, si está herido...

GINEBRA.— Como si está tuerto, o manco, o cojo, o tullido. ¡Nada! Las reglas están hechas para seguirlas, no para que las interpretemos.

ALDARA.— Prioresa, tal vez podamos hacer una excepción... Como está herido...

GINEBRA.— El lobo siempre se presenta herido ante las ovejas.

ISABEL.— Pero, a juzgar por su criado, lobo no es.

JUANA.— ¡Que te gustó el soldado ya estaba claro para todas!

GINEBRA.— ¡Deslenguada!

JUANA.— No veo ningún mal en la claridad, madre.

CAROLA.— Bienaventuradas seréis si dais comida a quien tiene hambre, agua a quien tiene sed, si atendéis a quien padece, si

182

ofrecéis posada al peregrino... (*Aparte, reproduciendo sus pensamientos*) Bien estará acoger a ese caballero y a su criado o hasta a un ciento de bufones que lo acompañen, que, con eso de recibirlo y darle de comer y disponer todo, la abadesa estará entretenida y de ese modo no se ocupará de lo que no es menester. (*En voz alta*) Acojámoslo.

SANCHA.– Acojámoslo, no se diga que no somos buenas cristianas.

DOÑA MAYOR.– El asunto merece que lo tratemos con calma. No puedo imaginarme nada más extraño que un hombre en un convento de mujeres. Es cierto que un ser llegado de fuera, y con las sapiencias aprendidas en la guerra, nos habría de sacar a todas de esta rutina en la que vivimos. Y lo digo por vosotras, que yo ya he vivido bastante y ahora soy vieja. Pero para cualquier criatura ver más mundos es una bendición del cielo. Aunque, claro está, no deja de ser peligroso. Todas, menos yo, entraríais en el convento de chiquillas...

GINEBRA.– Con diecinueve años llegué, ¿eh?, que tampoco somos tontas aquí...

VEVA.– Pero yo con cuatro ya hice el voto de castidad.

DOÑA MAYOR.– ¿Lo veis? El peligro nos sobrevuela. Excepto yo, que cohabité en santo matrimonio con don Justo Sánchez, pobrecillo mío, que va para ocho años que se lo comen los gusanos de la tierra..., excepto yo, digo, todas las demás desconocéis lo que es realmente un hombre.

SANCHA.– (*Mirándola sorprendida*) Desconocemos lo que un hombre realmente es. ¡Qué ignorancia!

JUANA.– (*Dándole un empujón porque es la única que se está moviendo de un lado a otro, recogiendo la mesa y fregando los cacharros*) Sanchita, ignorancias de esas rápido se remedian. ¡Vente conmigo después!

ALDARA.– La decisión es extremadamente delicada, por eso es algo que debemos tratar en asamblea. Quizás es una prueba que

183

Cristo nos coloca. Sería ocasión idónea para saber qué pasa ahí fuera, en el mundo. No podemos continuar tal y como estamos. El caserío de Quintela, sin ir más lejos... Desde que se lo aforé a Manuel de Forcadas, nunca he conseguido que pagase la renta. No os dais cuenta de que nuestra vida aquí pende de un hilo. Estamos viviendo de la dote de Isabel: o entran más novicias trayendo algo de riqueza o nos veremos muertas de hambre, a menos que nos paguen lo que nos deben. Con todas estas revueltas, no hay duda, las gentes han dejado de concederle valor a la palabra dada. ¡Dios mío! ¿Qué hacer? Pero, si la revuelta irmandiña puede explicarnos de qué modo debemos actuar para obtener las rentas que nos adeudan...

GINEBRA.– ¿Qué? ¿Nos venderemos por unas lentejas?

ALDARA.– No exageres, prioresa, que no nos hemos de vender. Hablamos de dar acogida a un cristiano mal herido...

GINEBRA.– No, querida, hablamos de meter un lobo en casa.

JUANA.– ¡Y dale con el lobo!

GINEBRA.– Desde la atalaya de mis años, bien entiendo que algunas se alegrarían de tener un hombre próximo, pero... no lo olvidéis: los hombres hacen siempre lo que quieren, saben imponerse por la fuerza y, cuando no, dominan las artes de la palabra para ser injustos.

JUANA.– Pues nunca he visto uno que no comiese de mi mano.

GINEBRA.– Para el trato que tienes con ellos, y por la cuenta que les trae... Pero la abadesa sabe bien de qué hablo (*creando expectación*). En otro tiempo, cuando yo era joven y la madre abadesa una criatura, vivíamos en otro convento, ¿lo sabíais? Bastó con que el obispo se encaprichase de nuestra hacienda para acabar con todo, con nuestra vida de mujeres libres que con nadie se metían, con nuestro buen nombre y con cuanto habíamos hecho por las gentes de San Miguel de Bóveda.

CAROLA.– El obispo tendría sus razones. Cada uno habla de la feria según le va en ella.

184

ALDARA.– Ginebra, los hombres no serán todos malos porque uno lo sea

GINEBRA.– Recuérdaselo a los inquisidores que queman mujeres sólo por ser hijas de Eva.

ALDARA.– ¡Ya está bien, Ginebra! Hablamos de acoger a un herido, curarlo y mandarlo de nuevo a su mundo, no de adoptar un criado con el que solazarnos.

Isabel y Veva observan todo asustadas. Sancha en segundo plano, barriendo tal vez. Juana reprime una carcajada y doña Mayor sonríe discretamente.

GINEBRA.– Abadesa, cuida lo que dices; no debes, por ser fiel a la verdad, caer en el pecado de escandalizar a las inocentes.

CAROLA.– La lengua de una monja debe estar cosida a su lecho por siete puntos.

ALDARA.– Hacéis bien en mejorarme criticando mis defectos. No he querido escandalizar, pero dejadme la lengua un poco libre, las manos ágiles y la mente voladora, no sea que esté muerta y no lo sepa.

CAROLA.– Volvamos al asunto. Si nos distraemos, ese desgraciado se presentará aquí antes de que hayamos decidido qué hacer con él.

GINEBRA.– Que el hombre es un ser ajeno bien se veía en los conventos antiguos. En otro tiempo hombres y mujeres convivían en comunidades como la nuestra. ¿Qué creéis que pasaba? Los hombres se volvían sabios, iluminaban documentos y aprendían sobre sus almas mientras ellas limpiaban los fogones. Y después las acusaban de meretrices. Pero ¿qué digo? ¿Para qué queréis otra evidencia que el casorio de nuestra Elvira? Un día llega golpeada, otro mal herida y si osa responder, y ella dócil no es, una vara más larga le mide la espalda. Así se porta el hombre que se comprometió con ella y la pidió a su padre, el que sabe que es la madre de sus cuatro hijos...

JUANA.– ¡Contado así, que peligrosos parecen! Nunca tal había pensado… (*Aparte para reproducir sus pensamientos*) Mientras tengan al guerrero acogido, andarán tan ocupadas que podré ver a mi Juan cuanto quiera… (*En alto*). Pero, como dice la madre boticaria, es acto de misericordia, darse a quien lo precisa…

DOÑA MAYOR.– ¡Estás tú hecha buena pieza!

Juana le echa la lengua y sigue secando con un paño algún cacharro de cocina.

VEVA.– (*Sentada bajo la mesa dando trocitos de pan a la perrita, habla sólo para Isabel*) ¿Tú has visto un hombre alguna vez?

ISABEL.– ¡Por supuesto! ¿Acaso tú no tenías padre en el mundo?

VEVA.– No. Si lo tuviese, no me enviarían al convento. ¡Mi padre me casaría con un príncipe! ¡O con un conde! Con un señor hermosísimo, que me adoraría y me haría beber en cuenco de plata y …

ISABEL.– ¿Síííí?

VEVA.– ¡Claro! Y tendría una casa con un jardín sin fin, y en medio una fuente…

ISABEL.– ¡Y comerías gachas de avena!

VEVA.– ¡Comería de cuanto hay y bebería vino! Y, sobre todo, tendría un cabello larguísimo.

ISABEL.– ¡Qué guapa estarías!

VEVA.– ¡Y largo hasta los pies! Porque, como en mi casa no habría piojos…

ISABEL.– ¿Te dijo tu padre que ibas a vivir así de ricamente?

VEVA.– No, nunca lo conocí. Lo mataron al poco de que yo naciese. En mi casa no entraban hombres porque el padre de Aldonza, mi madre, no la deja volver a casarse. Mis cuatro hermanas, las criadas y mi madre son todas cuantas personas conocía antes. Ahora os conozco a vosotras también.

186

ISABEL.– ¡Coño!

VEVA.– (*Dándole en la boca*) ¿Habla así una monja?

ISABEL.– ¡Ay! Pues yo sí tenía hermanos, padre y criados, y te puedo asegurar que no hay nada tan hermoso como un hombre...

VEVA.– ¿Qué tiene entonces el hombre, que lo hace tan hermoso?

ISABEL.– Pues tiene... tiene... No es lo que tiene; es cómo hace.

Isabel se pone en pie y camina como un caballero, con un dedo encima de la boca simulando un bigote y haciendo como si llevase espada. Veva se asoma a un extremo de la mesa, entre las patas, y desde allí la observa y ríe. Isabel deja su parodia y vuelve bajo la mesa. Se arrodilla ante Veva, toma su cara entre las manos y habla.

ISABEL.– ¿Sabes, Veva? Si viene el hombre, te he de llevar para que lo veas desnudo.

VEVA.– ¿Por qué desnudo?

ISABEL.– Porque no es como nosotras...

VEVA.– (*Con los ojos muy abiertos*) ¿Entonces no es criatura humana el varón?

ISABEL.– (*Señalando a un lado*) Allí va Luna. Está a punto de parir y busca dónde hacerlo.

Siguiendo a la perrita, desaparece de escena. Se escucha su voz a lo lejos.

ISABEL.– ¡Madre!, ¡Madre! ¡¡¡Está a las puertas!!! ¡Ahí viene el hombre!

Todas menos Isabel se asoman a la ventana preocupadas, pero también excitadas, participando de ese clima de alegría que produciría en un ambiente infantil la llegada de visitas inesperadas.

8

Puerta del convento. Todas delante, asombradas.

NUÑO.– *(Sonriendo, aunque con gesto de dolor)* ¡Dios os guarde a todas! ¿Acogeréis a este pobre cristiano malherido?

JUANA.– *(Con las manos juntas en posición de oración y los ojos cerrados)* ¡¡¡Que sí, que sí!!!

CAROLA.– Lo acogeremos.

DOÑA MAYOR.– ¡Que sí!

SANCHA.– ¡Sí!

VEVA.– Claro que sí.

ALDARA.– Señor, debéis saber que vuestra visita nos compromete. Después de que os anunciase vuestro criado, hemos deliberado y acabamos decidiendo de común acuerdo que podéis pasar, siempre que no hagáis noche dentro de las estancias del convento.

NUÑO.– Os quedo agradecido de por vida. No faltaré a la condición que me imponéis.

GINEBRA.– *(Susurrando, a Aldara)* No digas «común acuerdo» si no es tal.

ALDARA.– *(Susurrando, a Ginebra)* ¿Pues no lo hemos acordado entre todas?

GINEBRA.– *(Susurrando)* ¡Te traerá problemas!

ALDARA.– *(En alto, a todas)* La regla dice que un hombre no hará noche dentro, entonces la regla se cumplirá.

GINEBRA.– ¡Ya veremos!

Todas van andando hacia el galpón donde antes colgaron la colada. Nuño, cojeando, avanza apoyado en Carola y Veva.

NUÑO.– Deberían haberme herido hace mucho para llegar antes junto a todas vos...

Carola, avergonzada, baja los ojos, mientras Veva se queda con la boca abierta. Los tres rostros están muy juntos.

GINEBRA.– (*Repite la intervención anterior dirigiéndose a Aldara*) ¡Ya veremos!

ALDARA.– (*Seca, a Carola y Veva*) Llevadlo al pajar. (*A Ginebra*) Tranquilízate, Ginebra, que no nos mueve la lujuria, sino el espíritu cristiano.

GINEBRA.– Habla por ti. Y aun así no estés muy segura, que la lujuria y el espíritu cristiano frecuentemente anidan al tiempo en el mismo corazón.

ALDARA.– Santo Tomás dice que sólo para la concepción le hace falta a la mujer un hombre.

GINEBRA.– Sabes como yo, que es al revés: los Padres dicen que sólo para la concepción somos necesarias las mujeres.

ALDARA.– Es lo mismo, ¿no? Lo que quiero decir es que incluso las escrituras sagradas me darían la razón. Nosotras no ansiábamos un varón, ni lo buscamos, sino que él llegó...

GINEBRA.– No hace falta buscar los males, que rápido llegan...

ALDARA.– (*Tierna*) ¿No me asistirás?

Entran. Carola aparece en escena con unos paños en las manos y varios manojos de hierbas metidos en sacas de estera y colgados de un cinturón.

CAROLA.– Solicito, madre, vuestro permiso para curar a nuestro huésped.

ALDARA.– No, dadme eso. Esta vez seré yo quien se haga cargo de la curación (*agarrando los paños*).

CAROLA.– ¡¡Madre!! Las artes de curar son mi cometido en el convento.

ALDARA.– Todo se hará en el convento a discreción de vuestra abadesa, boticaria.

CAROLA.– (*Con rencor*) Madre, sabéis que eso es degradarme.

ALDARA.– (*Firme pero dulce*) No, Carola, debo actuar de acuerdo con mi parecer (*Le va desatando el cinturón hasta hacerse con él*).

GINEBRA.– Abadesa, mira lo que haces; no siembres el odio a tu alrededor.

ALDARA.– ¡Basta! Si es, Ginebra, como insistes, peligroso para cualquiera de nosotras cuidar a un hombre, deberá ser la abadesa quien lo haga, igual que Cristo se arrodilló para lavar los pies de quien pasaba. No expondré a mis monjas a ningún peligro.

NUÑO.– (*Desde dentro, un poco divertido*) Señoras, diriman sus diferencias pronto, por Dios, que me veo a la muerte.

Aldara toma los paños y el cinturón de Carola. A continuación, se pone el cinturón, empuja a todas fuera de la improvisada estancia y, finalmente, cierra la puerta. Se quedan todas sorprendidas. Unos segundos después Aldara abre la puerta y sale al patio donde está el pozo: coge agua delante de las demás y vuelve a entrar, produciendo un efecto cómico. Juana silba.

Música: D'Amor ragionando Ballades du neo-Stilnovo en Italie 1380-1415 Mala Punica, canción 5, comienzo.

9

Todas, menos Aldara, están reunidas en la capilla. Las luces deben ser mínimas; la atmósfera tenebrosa da idea del miedo que tienen. Algunos cirios pueden iluminar las caras. Ginebra dirige los rezos.

GINEBRA.– Te rogamos, María, madre de Dios, que mandes castigo a los pecadores que osan entrar en las casas ajenas.

TODAS.– Dios te salve, María.

190

GINEBRA.– María, madre nuestra, castiga a quien se empeña en comprometer la paz de las mujeres.

TODAS.– Dios te salve, María.

GINEBRA.– Y gloria a Dios, nuestro Señor.

TODAS.– ¡Gloria a él!

GINEBRA.– Santa María, tú que estás llena de gracia, ayuda a la bien amada abadesa nuestra, que por algo decidiría lo que decidió, seguramente iluminada por quien todo lo manda.

TODAS.– Dios te salve, María, llena eres de gracia, el señor está contigo. Bendita tú eres entre todas las mujeres, y bendito es el fruto de tu vientre, Jesús.

GINEBRA.– Santa María, madre de Dios, ruega por nosotras, pecadoras, ahora y en la hora...

Un ruido ronco interrumpe las oraciones. Acaba de caer algún objeto detrás del altar. Murmullos.

GINEBRA.– Isabel, hija, ¿quieres ir a ver qué ha sido eso?

ISABEL.– ¡Es Luna! Ha tenido cinco cachorros.

Isabel coge uno, Veva otro, todas inclinadas sobre la camada.

SANCHA.– ¡Esta de aquí es una hembra!

DOÑA MAYOR.– ¡Qué criaturas tan preciosas!

VEVA.– ¡Ay, mirad este qué bonito!

GINEBRA.– ¡¡No los separéis de la madre, que os va a morder!!

ISABEL.– ¿Cómo nos va a morder Luna? Si ella ya sabe que somos de esta casa... ¡Son nuestros sobrinos!

DOÑA MAYOR.– No digas eso, niña, que no es cristiano...

VEVA.– ¿Por qué?

DOÑA MAYOR.– No podemos formar familia con animales. Estamos por encima de ellos.

SANCHA.– ¿¿¿Estamos por encima de los animales???

DOÑA MAYOR.– En la mente del Señor sí. ¿No es así, prioresa?

GINEBRA.– ¡Bueno, esas son cosas de teólogos!

DOÑA MAYOR.– Mucho me sorprende, madre, que os permitáis despreciar a los teólogos.

GINEBRA.– ¿Yo? ¡En absoluto! Se ocupan de asuntos que no son de mi interés, sin más. Venga, vamos a traerle un poco de agua a Luna, que le conviene estar tranquilita ahora.

SANCHA.– ¿Madre, y dejamos las oraciones a medio rezar?

GINEBRA.– No... Sí... No... Bueno, mejor que cada una vaya rezando para sí.

DOÑA MAYOR.– ¿Para sí?

GINEBRA.– ¡Válgame el cielo! Cada una que se encargue de rezar un Padre Nuestro, mientras hace sus labores, que no hay oración tan buena como el trabajo. Sancha, trae agua. Veva, vete por una mantita que le entrarán escalofríos a Luna. Isabel, una tinaja para fregar, que no vamos a dejar esto así.

DOÑA MAYOR.– ¡Qué va a decir el capellán cuando vea que la perra ha parido en su ropa de misa!

GINEBRA.– El capellán no va a decir nada, porque no lo va a saber, que vuestra merced y yo vamos a lavar todo hasta dejarlo como nuevo.

DOÑA MAYOR.– ¡Perdonadme, prioresa, pero el día en que entré en este convento, que se fundó con el dinero de mi familia, se me aseguró que mi rango sería respetado...!

GINEBRA.– Bien, como teníais tanto que decir... Anda, Sancha, ven tú conmigo y que se quede Doña Mayor rezando.

Todas atareadas limpiando mientras Doña Mayor, arrodillada, continúa rezando. Suena el Ave María de los Cranberries.

10

Aldara entra en el galpón con el balde de agua en la mano y el cinturón de las hierbas puesto. Se dirigen una mirada profunda y Nuño sonríe, Aldara no. Ella se acerca, le retira el pelo con la mano y comienza a lavar las heridas: frente, ojos, boca... Un tiempo de silencio tenso antes de que se inicie el diálogo.

NUÑO.– ¡Ay! ¡Ay!

ALDARA.– (*Soplando*) Sí, escuece un poco, pero eso mismo os curará.

NUÑO.– Parecéis mi madre. Me decía así cuando era una criatura...

ALDARA.– Os decía bien... (*Continúa soplando*).

NUÑO.– Si continuáis así, no me moriré de las heridas; me moriré de frío.

ALDARA.– (*Sonriendo ligeramente*) ¡Si ya van creciendo los días...! No moriréis de frío, no.

NUÑO.– ¿Cómo no? ¡Si tenéis una boca muy grande!

ALDARA.– (*Avergonzada*) Callad, no perdáis fuerzas. (*Aldara va a desabotonarle la casaca*).

NUÑO.– ¡No! ¡Dejadme!

ALDARA.– (*Apartándose*) ¡Perdonad! Pensé...

NUÑO.– No, perdonadme vos. La revuelta no está sirviéndome como escuela de cortesía precisamente. En todo caso, hay cosas que es preferible hacer a solas...

ALDARA.– No deberíais moveros tanto. Seguramente, la herida más grave será la del costado.

NUÑO.– Preferiría que os retiraseis ...

ALDARA.– Pero...

NUÑO.– ¡Abadesa, por favor!

En la escena hay fuerte tensión sexual. Aldara interpreta que el caballero no quiere violentarla desnudándose y ya se está retirando cuando Nuño lanza un gemido de dolor y pierde el conocimiento.

ALDARA.– ¡Señor! (*Acercándose a él muy decidida*).

A continuación, abre la casaca y se queda observando algo que el público no ve.

ALDARA.– (*Susurrando*) ¡Virgen santa! ¿Y cómo tú en la guerra?

Se ven los gestos de Aldara moviéndose, no el cuerpo de Nuño. Cuidadosamente, ella aplica las hierbas sobre sus heridas, que luego cubre y arropa. Finalmente sale, depositando antes un beso en su frente.

11

Elvira y Doña Mayor en la cocina. Elvira ha entrado con unas perdices muertas en una mano y un cesto en la otra.

DOÑA MAYOR.– ¿Qué traes ahí, Elvira?

ELVIRA.– Unas perdices, señora, que da gusto verlas.

DOÑA MAYOR.– Más dará cuando pasen por las manos de Juana.

ELVIRA.– ¡Sí, mi señora, que con plumas no resbalan por las tragaderas! (*risas*). Y también traigo en el cesto harina de trigo, y uvas secas, y dos medidas de vino, que con lo que llevo comprado esta temporada, se van a poner vuestras mercedes de buen año.

DOÑA MAYOR.– ¡Serás pilla!

ELVIRA.– ¡Qué pilla, si digo buena verdad! Que un día (*imitando la voz de la abadesa*) «si nos trajeses miel», y otro «tienes que conseguirnos carne de vaca», «Elvira, para mañana truchas», «y no te olvides de manzanas e higos, Elvira, y nueces». «Y atiende, Elvira, que sea todo bueno, limpio y de peso». «Ah Elvira, que me

194

olvidaba de esto y de esto otro». Si traigo todo lo que la abadesa me pide, me voy a quedar jorobada de tanto acarrear.

DOÑA MAYOR.– Calla, calla, exagerada. Es normal que la abadesa se preocupe por la alimentación especialmente estos días. No será por nosotras. Ella siempre procura no caer en gastos innecesarios, que la modestia es dos veces virtud en el convento. Si tanto te pide, es sin duda por el caballero que hospedamos. Para que don Nuño se restablezca pronto le hace falta comer mucha carne, como es natural...

ELVIRA.– Natural no será, señora, que los pobres a veces también sanan ...y no será por la mucha carne que coman.

DOÑA MAYOR.– ¡Ay, no me compares! Y, rico o pobre, el cuerpo bien valora la carne para reponerse.

ELVIRA.– No es cosa de mi incumbencia, pero, si me preguntaseis, os diría que la abadesa trata demasiado bien a ese huésped.

DOÑA MAYOR.– Pero no te he preguntado...

ELVIRA.– Entonces me callo. No quiero que penséis que murmuro. Y menos sobre la abadesa, que mujer tan santa, tan buena con todos y tan entregada nunca hubo antes.

DOÑA MAYOR.– ¿Pues qué andas diciendo?

ELVIRA.– Quien tenía el mal en la imaginación erais vos, que yo no me refería a que se regalase con el tal caballero, vive Dios. Lo que pienso yo es que la doña abadesa no se para a pensar en los celos que despierta a su alrededor.

DOÑA MAYOR.– ¿Qué dices?

ELVIRA.– En las paredes de esta casa no es todo paz y harmonía. Hay quien quiere mal a doña abadesa.

DOÑA MAYOR.– No se dice «doña abadesa», ya te lo he dicho mil veces.

ELVIRA.– Bueno, pues como se diga. Hay quien no la quiere bien, o sea que la quiere mal, y ella no tiene ojos para otra cosa sino para algún secreto que se trae.

DOÑA MAYOR.– ¡Tonterías! ¡Qué secreto ni qué nada!

ELVIRA.– Con todos los respetos, señora, hasta un ciego lo vería, doña abadesa guarda un secreto, el caso es saber cuál. Para mí que se ha hecho revoltosa y quiere engordar a toda prisa al caballero para que vaya a cortarle la cabeza al mismísimo conde de Lemos. Y, por cierto, no seré yo quien se oponga

DOÑA MAYOR.– ¡Serás bruta! ¡Anda, a lo tuyo y para de chismorrear!

ELVIRA.– ¡Ahora que lo he contado todo!

Elvira, enfurruñada, despluma las aves mientras doña Mayor pasea por la cocina y luego sale. Entran Sancha, Juana y Ginebra y se ponen con sus faenas: Sancha limpia, Juana guisa, Ginebra supervisa un poco todo.

SANCHA.– ¡Cómo huele ese potaje, Juana!

JUANA.– ¡Mejor sabrá!

ELVIRA.– No, si será por comer...

SANCHA.– No te irá a ti peor, que el convento es pobre.

ELVIRA.– ¡Que no me va a mí peor, dice! Cállate niña: si no sabes, no hables. Yo no soy libre como todas aquí. Y no es sólo que esté atada: me parto el espinazo de la mañana a la noche y nadie me asegura llegar al final del día entera...

SANCHA.– Trabajar tenemos que trabajar todas, ¿eh?

ELVIRA.– Si, pero tú no caigas en el error de casarte.

JUANA.– (*A Sancha, entonando canción*) "Una casada me ha dicho: solterita estás, estate; solterita estaba ella, nadie la mandó casarse".

ELVIRA.– Eso de que nadie me mandó.... ¿Alguna mujer escoge algo acaso?

GINEBRA.– ¡Qué conversación, Señor! Deja de preocupar esas cabezas jóvenes o nadie trabajará. Ven, cuéntame a mí cómo andas.

ELVIRA.– Ando como puedo, doña prioresa.

SANCHA.– Que no se dice «doña prioresa», se dice «madre». ¿Serás burra?

ELVIRA.– Pues doña es, madre no, que hijos no tiene, digo yo…

GINEBRA.– Venga, venga, llámame como quieras, que no es en el nombre donde llevamos puesta el alma. Y, dime ¿cómo van las cosas en casa?

ELVIRA.– (*Sollozando*) ¿Para qué me pregunta eso, doña prioresa? ¿Eh? (*llorando ya abiertamente*)

GINEBRA.– Vamos, vamos, mi niña.

Entra doña Mayor.

DOÑA MAYOR.– ¡Eh! ¿Qué pasa aquí?

GINEBRA.– (*Estrechando la cabeza de Elvira contra su pecho, hace gestos con un dedo en la boca pidiendo silencio*) Nada, ¿qué ha de ser? La primavera nos tiene un poco nerviosas…

DOÑA MAYOR.– (*Aceptando el disimulo*) Pues todavía estamos en febrero, ¡lo que nos queda…!

GINEBRA.– Nos quedará lo que Dios disponga…

DOÑA MAYOR.– Amén. (*Contemplando la cesta que traía Elvira y que ahora reposa en la mesa*). ¡Qué buen aspecto tiene todo lo que nos ha traído Elvira!

ELVIRA.– (*Sorbiendo todavía*) ¡Menos mal que tiene aspecto lucido, con lo que pesaba…!

GINEBRA.– (*Tendiéndole un pañuelo que lleva en el hábito*) Anda quejicas, que no podías con ello…

ELVIRA.– Sí que podía, pero también podían comer menos las doñas últimamente, que me tienen derrengada de tanto acarrear arriba y abajo…

Todas se ríen.

DOÑA MAYOR.– ¡Será deslenguada esta Elvira! ¿No me ha dicho a la puerta que la abadesa hacía mal en disponer tanta comida para nuestro huésped?

SANCHA.– Pues cuanto más coma, más pronto se va.

JUANA.– *(Coqueta)* Eso si no les coge gusto a mis guisos y decide quedarse aquí para siempre...

GINEBRA.– No lo digas ni en broma, no nos vaya a costar cara la estancia...

DOÑA MAYOR.– ¿Por qué?

GINEBRA.– ¡Si llega a los oídos del obispo que tenemos un hombre alojado...! ¡No quiero ni pensarlo!

SANCHA.– ¿Y quién se lo va a decir?

GINEBRA.– El demonio, que anda siempre suelto.

SANCHA.– No en esta casa, que aquí se lo mete Juana en la faldriquera.

JUANA.– ¡Y tú! *(Dándole un empujón de broma)*

ELVIRA.– Yo sé que sois todas unas doñas muy buenas y que no estáis para los asuntos del mundo, sino para rezar y servir a Dios, pero no os dais cuenta de nada de lo que pasa.

DOÑA MAYOR.– *(Interrumpiéndola)* ¡Y no nos está llamando tontas!

GINEBRA.– ¿Qué estás diciendo, Elvira?

ELVIRA.– Nada, doña priorisa, nada, que yo me entiendo.

GINEBRA.– Pero nosotras no te entendemos, Elvira.

ELVIRA.– Ay, doña priorisa, a poco que una piense, ve que quien manda tiene mucho que saber. Entre otras cosas, tiene que saber guardarse de las opiniones ajenas. A lo mejor, mientras cuida del bienestar del caballero, la abadesa desatiende a algunas personas de su cercanía que no la quieren bien.

JUANA.– ¿Y quién no quiere bien a la Madre abadesa, si nunca he visto mujer tan justa y amable?

ELVIRA.– Contigo, Juana, pero no con todas, que ahora mismo aquí hay quien falta, y la que falta, ¿qué está haciendo?

GINEBRA.– Para esa lengua, Elvira, que barruntar el mal se llama maledicencia y lleva al pecado.

ELVIRA.– Y no mencionarlo se llama tontería, porque lleva a equivocarse.

GINEBRA.– No digo yo que no baste ya de estancia. Que don Nuño ya camina y no debía comprometernos.

DOÑA MAYOR.– Efectivamente, no debía, pero... ¡cuenta tan buenas historias!

SANCHA.– ¡Y es tan cortés y considerado!

JUANA.– Y tan guapo...

GINEBRA.– Decididamente, es tiempo de que parta.

12

Irrumpen en la cocina Isabel y Veva con unos pichoncitos en las manos.

ISABEL / VEVA.– (*Alborozadas, gritando un poco*) ¡Venid a ver lo que traemos! ¿A que no sabéis qué es?

Todas se acercan a la puerta. Escena con un suave contraluz.

SANCHA.– ¡Pollitos!

JUANA.– Recién salidos del huevo como quien dice.

ISABEL.– Son crías de halcón. Llevábamos días viendo volar por aquí uno.

VEVA.– Será halcona

SANCHA.– (*dándole en la boca*) ¡Calla, boba!

VEVA.– ¡Ay! ¿Y qué he dicho?

DOÑA MAYOR.– ¡Qué indefensos parecen!

ELVIRA.– No os fieis de las apariencias. En pocas semanas serán pájaros enormes, capaces de dar muerte con ese pico que acariciáis tan alegremente. Me marcho, doñas, que ya he acabado.

GINEBRA.– No te vayas sin hablar un poco con la abadesa.

ELVIRA.– No, la abadesa comprenderá. Debo tener la comida en la mesa a su hora o no me libro hoy tampoco.

GINEBRA.– ¡Dios mío! ¡Vete, vete, deja eso, que ya lo recogemos nosotras! ¡Venga, no te demores!

Sale Elvira.

ISABEL.– Juana, danos algo para que coman.

JUANA.– ¡Yaaaa! ¿Y qué más? ¡Ni hablar! Los bichos ya saben ellos buscar lo que les conviene.

VEVA.– No seas mala, Juana. Se han caído del árbol. ¿Quién los va a alimentar?

JUANA.– Sí, se han caído ¿y qué más? ¿No habréis trepado para cogerlos del nido?

ISABEL.– ¡Qué va! ¡Con lo llorona que es esta...!

VEVA.– (*A Isabel*) ¡Llorona tú! (*A Juana*) ¿Cómo íbamos a subir, mujer? ¡No! Los hemos encontrado en el suelo. Hizo tanto viento ayer, que se caerían... Va a haber tormenta otra vez... Ahora se van a morir si no les das algo.

Las niñas ponen los pichones en el suelo.

JUANA.– Mira cómo lloro...

DOÑA MAYOR.– Juana, no seas así. ¿No tendrás un pan seco?

JUANA.– ¿Para los bichos?

DOÑA MAYOR.– Sí, mujer.

JUANA.– Bien, bien. Ahora alimentamos a los animales del bosque, pues no faltaba más. ¿Y no querréis que les dé un tazón de caldo también?

DOÑA MAYOR.– ¡Ay, qué protestona es ella!

JUANA.– No, si a mí tanto me da. No dispongo yo de los bienes, que si fuesen míos...

SANCHA.– Juana, son criaturas de Dios.

JUANA.– Los pobres que andan por los caminos también, pero no tienen unas niñas tontas que se apiaden de ellos.

GINEBRA.– Que se acerquen por aquí y algo tendremos para darles.

JUANA.– ¡Y cómo vamos a tenerlo, si todo se lo damos a los pájaros!

GINEBRA.– ¿No sabes, Juana, que son criaturas del Señor como tú?

JUANA.– ¡Y dale! ¡Como yo, no, que no me parezco a un pájaro!

SANCHA.– ¡Ya te gustaría, adefesio!

JUANA.– ¡Anda esta!

Suena la música de Paulina Ceremuzynska, «E moiro-me d'amor», canción 10

GINEBRA.– Una monja es como un ave, siempre pendiente del paso del tiempo y de sus ritmos. Como aves, nosotras también emigramos, ahora maitines, ahora tercias, ahora completas.

Todas en ringleras de a dos caminando por el claustro, arrodillándose, rezando.

GINEBRA.– Como el halcón joven ensaya el vuelo, igualmente la monja aprende, reza, medita y trabaja. Si la dejasen, remontaría desde el suelo raso para luego emprender el vuelo con un rápido batir de alas al que seguirían varios giros y, finalmente, unos instantes planeando a poca altura antes de posarse de nuevo.

201

Todas juntas bordando o cosiendo. Al fondo, Juana limpia. Una de ellas lee un librito de oraciones. Cada poco contestan un «amén» poco audible. Isabel ve una mariposa y va a cogerla. Veva se levanta tras ella. Doña Mayor les pone una mano en el hombro y las hace sentar, como apelándolas a regresar al mundo de las monjas. Sancha, que está bordando al lado de la ventana, escucha una música de gaita que llega del exterior y sus pies comienzan a bailar. Pasa Juana a su lado y en seguida ensaya con ella unos pasos. Las dos llevan zuecos. Todas mueven la cabeza y hacen percusiones con las palmas en las piernas. De repente, doña Mayor dice: «A la oración» y todas vuelven rápido a sus actividades.

GINEBRA.– La dama que se meta monja podrá entrar al convento con su criada, a quien no debe herir por razón de servidumbre, sino respetar, porque la igualdad de profesión que hacen las convierte en hermanas. Justo es que las que sirven a Cristo en la misma milicia gocen de la misma libertad, igual que todos los pájaros acogidos en un nido participan de idénticos goces. Con esto no se trata de rebajar a la dama para levantarles el orgullo a las otras. Simplemente, al ser recibidas como hermanas, aprenden a servirla con buen ánimo y prestan sus servicios, no con espíritu de siervas, sino con caridad, como seres libres.

Doña Mayor baila con su criada, Sancha.

GINEBRA.– Duerma cada una en su propio lecho. Reciba su aderezo de cama en consonancia con su género de vida anterior, según disposición de la abadesa. A ser posible, duerman todas en una misma estancia y arda una lámpara en ella hasta el amanecer. Entre las camas debe haber una separación de un codo para evitar los incentivos de la pasión, que se desatan en caso de estar próximos los cuerpos. Ninguna hablará con otra en la escuridad ni se acercará a otra después de completas. Y, de día, cuando queden libres de trabajo, ninguna pretenderá moverse de su puesto sin permiso de la abadesa o la prioresa, ni iniciar conversaciones, ni practicar idas y venidas ociosas, sino que ha de estar en su sitio dedicada al trabajo manual. El ocio es el gran enemigo de la monja, porque deja lugar a la iniciativa personal.

Todas se mueven por la escena y se instalan en universos separados, sin cruzar la vista. Don Nuño entra con un pajarito en la mano.

NUÑO.– ¿Pájaros que salen volando de las cocinas? Este convento tiene un halo mágico, ¿no?

ISABEL.– ¿Habéis visto, don Nuño, qué pajaritos tenemos?

NUÑO.– Sí. Por eso os traigo este que habíais perdido.

ISABEL.– ¡Dios os bendiga!

NUÑO.– No merezco tanto. Más que cazarlo, evité que me tirase al suelo mientras andaba como un pato mareado.

Isabel y Veva ríen mientras don Nuño imita el andar de un pato y pone caras cómicas.

NUÑO.– ¿Sabéis que a los guerreros nos gustan mucho los pájaros?

ISABEL/ VEVA.– No / ¿Por qué? / Cuéntenoslo, señor...

NUÑO.– Un guerrero es como un pájaro: un ser libre. Nadie puede enjaularnos porque somos parte del cielo. Como los pajarillos, nos pasamos media vida en el aire porque nuestro amor a la libertad es demasiado grande para atarnos al suelo.

Las niñas intercambian una mirada cómplice con todas las demás, tal vez por parejas.

JUANA.– No, si aquí serán todos pájaros...

NUÑO.– ¿Y qué eres tú, sino una paloma?

SANCHA.– (*En tono de burla*) ¡Palomita mía!

JUANA.– ¡Bah, quitad de ahí!

NUÑO.– Sin embargo, señoras mías, no vayáis a figuraros que todos los pájaros son iguales. No, no, no, que eso sería grave error. Por un lado, están los halcones, que son feroces, y cometen desatinos, abusan y violentan a su presa. Por el otro, los gorriones, los pajaritos que cantan para que despertéis o que comen los insectos que molestan al ganado. ¿Qué queréis ser?

ISABEL.– ¡Yo halcón!

GINEBRA.– ¡Niña! ¿Pero qué dices?

ISABEL.– Yo no querría ser un pajarito asustado, sino un ave poderosa que atravesase el cielo, inflamada de fuerza y de belleza...

NUÑO.– Ahí lo tenéis: ese es el espíritu de nuestra hermandad.

GINEBRA.– Pues será el espíritu de vuestra hermandad de guerreros, señor, pero no es lo que se espera de una monja. Ni la fuerza ni la belleza deleitan a Dios, sino la humildad y las buenas obras.

NUÑO.– Señora, si a Dios no le deleitase la fuerza, no habría permitido la existencia del hombre, que todo lo somete, ni del lobo que se impone al cordero, ni de las demás fieras. Si me apuráis, diría que no se habría atrevido a crear el universo, puesto que la creación es en sí mesma una demostración de grandeza. No hay nada de malo en la fuerza.

GINEBRA.– Nunca osaría yo pensar que las fuerzas creadoras del cielo pudiesen contener asomo de maldad.

NUÑO.– (*Riendo*) ¿Sabéis, madre priora, por qué amo la fuerza y la libertad de los pájaros? Porque les permiten ser libres y no esclavos. No defenderé a los halcones. Sólo quería anunciaros que llegará un día en que los gorriones dejen de ser criaturas asustadas y se lancen a perseguir a quien los fustiga. Tal vez ya estemos en los albores de ese día...

SANCHA.– (*Soñadora*) ¡Tal vez...!

JUANA.– Los mozos serán señores...

SANCHA.– Y los pobres tendremos las riquezas de los palacios.

JUANA.– Y los vestidos de las condesas...

SANCHA.– Y bailaremos todas las noches...

JUANA.– Y dormiremos con quien nos apetezca y no con el guerrero del señor.

SANCHA.– Y nos levantaremos tarde de la cama...

JUANA.– Y sólo comeremos fresas...

NUÑO.– ¿Fresas? Yo prefiero comer carne

JUANA / SANCHA.– ¡Ja, ja! / ¡Como un halcón!

NUÑO.– Los auténticos gorriones, que ganarán la revuelta, son gentes como vos.

SANCHA.– Pues, cuando ganemos, las cosas serán como nosotras digamos.

JUANA.– ¡Ya me gustaría mandar un escuadrón y poner a todo el mundo a cocinar y refregar!

SANCHA.– (*A Juana, burlona*) Cuando los robles den uvas estaré a tus órdenes.

NUÑO.– No me asustaréis. Un auténtico guerrero sabe bailar (*inicia una danza con Isabel y sigue con Veva*), sabe cocinar (*le quita a Juana la cuchara de madera que llevaba y se pone a dar vueltas a la cazuela con aire solemne*), sabe coser (*se sienta con doña Mayor y la imita con su labor, pero se pincha un dedo y todas rompen a reír*).

NUÑO.– (*Chupándose el dedo*) ¡Hostia!

DOÑA MAYOR.– ¡Don Nuño, no! Es pecado tomar el nombre de Dios en vano.

NUÑO.– Mi señora, blasfemar no es ser mal cristiano. No... La lengua no está cosida a la boca más que por un punto y a veces se menea un poco alocada.

DOÑA MAYOR.– Pues, si no podéis controlarla, cortáosla.

Las más jóvenes se ríen.

GINEBRA.– Cuando no podáis soportar la furia, decid mejor con fuerza: «maldito sea San Juan Crisóstomo».

DOÑA MAYOR.– ¿Priora, que decís? ¡Maldecir a un Padre de la iglesia tiene que ser pecado!

GINEBRA.– (*Avergonzada*) En el convento de San Miguel maldecíamos así todas... incluida la abadesa. No hacíamos mal alguno.

Juan Crisóstomo no dejaría de ser un hombre como todos, ¿no? Y nacería de mujer, digo yo. ¿Cómo se permitió entonces insultar a las mujeres sin excepción? ¿No merece acaso que nos acordemos de él alguna vez quien, sin conocernos ni tratarnos, nos igualó a los peores males? Sabed que dijo de nosotras: «La mujer es la enemiga de la amistad, el dolor inevitable, la tentación natural, el peligro doméstico, el mal necesario...» ¿Queréis que no lo maldigamos? ¿Y qué lo habría de salvar? ¿Que en Roma decidiesen llamarlo santo?

NUÑO.– (*Visiblemente complacido*) ¿Lo veis, señoras? Están asomando gorriones por todas partes, y ... ¿sabéis que os digo? ¡Que han de correr tras los halcones!

GINEBRA.– ¡¡Amén!!

13

La acción transcurre en el refectorio donde están todas colocadas igual que en la primera ocasión, a no ser que antes estaba libre la cabecera izquierda de la mesa que ahora ocupa Nuño. Como hay un huésped, ahora sí hay mantel de hilo fino y servilletas. A la altura de la otra cabecera hay una cesta con flores.

NUÑO.– Pues, así como os lo cuento, en estas condiciones opera la hermandad, que es santa por estar de parte de una causa justa y cristiana.

GINEBRA.– ¿Cuál es la causa que decís, que no acabo de seguiros?

NUÑO.– La rebeldía contra los señores, que hacían o consentían muchos ultrajes.

GINEBRA.– ¿Eso sirve de pretexto para derrumbar sus casas? ¿No sabéis que, en los señoríos, además de esos caballeros cuyas hazañas no cantaré, también se acogen pobres indefensos?

NUÑO.– Señora, es la única solución que nos cabe para imponer el destierro a los injustos.

DOÑA MAYOR.– El destierro... o la muerte, que muy blando parecéis, don Nuño.

NUÑO.– (*Mirando de reojo a Aldara*) No es la muerte el objetivo que pretendemos, que a nosotros sólo nos mueve el afán de restaurar un orden justo.

DOÑA MAYOR.– Justo no será cundo cualquier bandido pode colocarse en vuestro bando contra señores de calidad probada.

NUÑO.– La hermandad se constituyó por mandato del virtuoso rey don Enrique en la villa de Betanzos y a ella también se unieron algunos señores: Bernal de Moscoso, Pero Bermúdez de Montaos, Gómez de Sotomaior, además de los concejos de Santiago, Noia y Muros. Todos así hermanados decidieron actuar en armonía, a la espera de otras ciudades, villas y lugares que se les quisiesen unir. ¿No es eso buscar justicia?

ALDARA.– ¡No! Sobran razones para los revoltosos, pero... ¿Nos arreglará la vida ser crueles? Cristo nos enseñó a ofrecer la otra mejilla.

NUÑO.– En efecto, pero no dejó de echar a los mercaderes del templo, ¿verdad? Restauraremos el orden roto para que, de este modo, volvamos a vivir en paz y sosiego.

ALDARA.– Quizá no debíamos opinar nosotras, tan alejadas como estamos de los caminos del mundo...

NUÑO.– ¿Alejadas vos? ¡Estáis en el cogollo del asunto! Mi señora, hace dos años el conde de Lemos, don Pedro, se apresuró a ceder a su hijo y heredero, el malhadado don Alonso Osorio, la fortaleza de Monforte porque las hermandades le eran contrarias, y ante la amenaza de que tomasen sus tierras, no fuese que todo su linaje las perdiese. Hace tiempo, pues, que vivís en medio de la violencia sin saberlo.

JUANA.– ¿Y no dice que no lo sabemos?

NUÑO.– Sabéis de incidentes, claro, pero la dureza de la vida de los guerreros no os toca y podéis permitiros criticarla, como si no fuese heroica.

ALDARA.– (*Irónica*) Tenéis razón. Sólo nos toca la peste, que acecha nuestras tierras, el hambre que arranca criaturas a las madres, la pobreza que no nos deja levantar cabeza, la falta de ilusión con que soportamos la vida...

GINEBRA.– ¡Sin olvidar la violencia que los guerreros practican contra las mujeres!

NUÑO.– No serán de los nuestros. Os ruego que no metáis en el mismo saco a agresores y a defensores...

JUANA.– ¿Por qué? ¿Los guerreros *irmandiños* no tienen rabo?

GINEBRA.– Por el amor de Dios, Juana, ¿quieres controlar esa lengua?

ALDARA.– (*A Nuño*) No acabo de entender por qué precisáis las armas en lugar de las palabras...

NUÑO.– A las palabras se las lleva el viento. ¿Cuántos acuerdos se habrán tomado que nunca se llevarán a efecto?

ALDARA.– Concedo. Las palabras vuelan, señor, pero las armas matan.

NUÑO.– No, las armas intimidan y sirven para hacer valer los derechos de los rebeldes.

ALDARA.– Que, como decía Juana, pueden convertirse también en agresores.

SANCHA.– Madre...

ALDARA.– Dime Sancha, ¿qué pasa?

SANCHA.– Ayer fui a ver a la hija de Casilda. No os imagináis cómo ha quedado... (*cerrando el puño*). Si hacen algo por controlar a los abusones, yo me hago *irmandiña*.

NUÑO.– (*Con el brazo levantado en dirección a Sancha*) ¡¡Bravo!! (*A Aldara*). ¿Lo veis?

ALDARA.– Sancha, comprendo tu respuesta, pero conviene que moderemos nuestros impulsos.

SANCHA.– ¿Y por qué no los moderaron los que así forzaron a la muchacha?

GINEBRA.– La violencia no nos va a sacar de la miseria.

SANCHA.– Mi padre le pegaba al perro hasta hacer de él un buen compañero de caza.

JUANA.– ¿Y eso qué tiene que ver?

ALDARA.– Tiene que ver, Juana, tiene que ver. Sancha piensa que se alcanzará justicia asustando.

SANCHA.– Sí, eso es. El caballero cuando monta aprieta las bridas para marcar el camino al animal; si coge el que no es, le hará daño sin dudarlo. No hay abuso...

NUÑO.– (*Levantando su copa*) ¡Por la causa *irmandiña*!

Todas a punto de brindar, pero Aldara detiene al grupo con un gesto.

ALDARA.– Olvidáis algo. El convento es también un señorío. Buena parte de nuestra hacienda (la granja de Lázaro, el molino, las fincas de Pena da Cova) están arrendadas a labriegos de la zona. No pagan, puesto que nos imaginan ricas, viviendo en una casa llena de joyas de la iglesia. Cuando pido lo que nos corresponde soy también una señora feudal que abusa.

NUÑO.– Sinceramente, no os veo en ese papel.

ALDARA.– Pues es el que me está deparado. Si no exijo las rentas, nos moriremos de hambre. Si las exijo, acepto ser de la casta de los condes. ¿Con quién debo aliarme?

NUÑO.– ¡Con la justicia!

DOÑA MAYOR.– ¡Con los señores principales! ¡Viviendo aquí, con el conde de Lemos!

CAROLA.– ¡Con Cristo!

SANCHA.– ¡Con vuestro corazón!

Aldara, con la cabeza apoyada en una mano, sonríe.

14

Aldara y Nuño van caminando hacia el molino.

ALDARA.– Todos estos terrenos de monte y trechos de río forman en este momento el coto del convento.

NUÑO.– No es poco.

ALDARA.– Fue mayor en otro tiempo. ¿Pero... qué queréis? No consigo tener cuenta de todo.

NUÑO.– ¿Os han arrebatado algo este año?

ALDARA.– Sí, entre otras cosas la paciencia... No importa tanto que los señores del conde se apropien de terrenos que no trabajamos. Lo malo es cómo nos asolan: riéndose, burlándose, sembrando el terror a su paso. Un día, un muchacho al que le cortaron una oreja; otro día, una mujer forzada; al siguiente entran en una casa y comen y beben hasta hartarse porque les venía bien hacer una parada allí... Entretanto, los campesinos que tenían que pagarnos las rentas no lo hacen. ¿A quién acudir?

NUÑO.– ¡A la Santa Hermandad!

ALDARA.– La Santa Hermandad no se va a ocupar de los asuntos de unas pobres mujeres sin poder como nosotras.

NUÑO.– Os equivocáis. La Santa Hermandad está de parte de la iglesia.

ALDARA.– ¿De qué iglesia? La Santa Hermandad acaba defendiendo los intereses del rey y de los grandes prelados.

NUÑO.– La Santa Hermandad defiende los intereses justos. El rey podrá proteger a su pueblo.

ALDARA.– ¿Realmente? ¿No tendrá él también un séquito de corruptos que busquen a su sombra prebendas y beneficios?

NUÑO.– Señora, en algo tenéis que creer. ¿Cómo vais a dudar del rey?

ALDARA.– En algo tengo que creer y en algo creo: en mis monjas, de las que nadie se ocupa. Algunas vienen de familias poderosas. ¿Creéis que sus parientes recuerdan que dejaron una hija en un convento cuando se apoderan de nuevos botines? ¡No! Deben de pensar que aquí no comemos. Otras proceden de familias pobres, fueron criadas en la miseria y les cuesta la disciplina y la oración. ¿Qué tiene para ellas la iglesia que vos defendéis?

NUÑO.– Consuelo para los dolores de la existencia... y una oportunidad material para vivir.

ALDARA.– ¡Habréis visto mucho mundo en la guerra, pero debió de ser el mundo de los hombres, nada más! Una monja lega, como Juana, llega al convento después de vivir hacinada con siete hermanos en una cuadra y comer tres días a la semana. ¿Qué haremos de ella? Es obediente y sabe prestarse al servicio de las demás, tiene buen carácter, trabaja coma una mula y es capaz de darnos toda su energía y su amor a cada una de nosotras.

NUÑO.– ¡Una buena monja!

ALDARA.– Una buena mujer a mis ojos, desde luego; alguien a quien cuidaré y defenderé. Pero, si el obispo la viese...

NUÑO.– Si el obispo la viese, ¿qué?

ALDARA.– En cuanto tiene un momento, escapa a jugar amores con su amigo.

NUÑO.– (*Riéndose*) Pude escuchar bastante estos días... Imaginaba que ignorabais que tal acontecía en vuestros muros.

ALDARA.– Tendría que estar sorda y ciega para ignorarlo... ¿Y bien? ¿No es buena monja por eso? ¿Peca de lascivia? Tal vez. Menos mal que no hace como el señor obispo, que vos defendéis, que peca de falta de amor al prójimo.

NUÑO.– Abadesa, si seréis la más rebelde del país... Estáis claramente en contra de los abusos de los poderosos.

ALDARA.– ¡Claro que lo estoy!

NUÑO.– Pensé que la Santa Hermandad no era de vuestro agrado porque os habían enseñado un orden natural de las cosas y, por tanto, asumíais que la rebeldía no era para vos.

ALDARA.– Conque no era para mí, ¿eh?

Comienza una tormenta.

NUÑO.– (*Divertido*) Acabáis de incitar la cólera de los cielos.

ALDARA.– (*Corriendo los dos*) Había nubes negras, nada más.

NUÑO.– Sois una hereje.

ALDARA.– No creo que Dios ocupe su tiempo en escuchar lo que acontece en el mundo.

NUÑO.– (*A gritos*) ¡La abadesa es una hereje, la abadesa es una hereje...!

Buscan cobijo en una cueva. La lluvia empapa sus ropas. Nuño recorre con un dedo el perfil de Aldara, desde la frente hasta el mentón pasando por la nariz y por la boca donde se demora un poco.

NUÑO.– ¿Siempre habéis sido hereje?

ALDARA.– Creo que sí. Siendo muy joven, vi cómo se destruía el convento de San Miguel de Bóveda por la ambición del obispo. En ese momento me convertí en una descreída: una cosa son los asuntos dos hombres y otra, y muy distinta, la intención de Dios.

NUÑO.– ¿Qué queréis decir con que se destruyó el convento?

ALDARA.– ¡Ah, muy sencillo, siempre es igual! El obispo hace una acusación sobre la moral de las monjas y, ya sabéis, hasta el ser más santo peca siete veces al día... Si lo que se quiere es pillar a alguien en falta, no será difícil estando al acecho...

NUÑO.– ¿Qué pasó?

ALDARA.– Es largo de contar y poco interesante. Pero el resultado fue que el convento desapareció. Una de las legas, que no tenía quien la defendiese, acabó maltratada en el calabozo por los esbirros de monseñor; otras nos fuimos diseminando por ahí. Ginebra, nuestra actual prioresa, y yo conseguimos venir a estas tierras. En seguida falleció la abadesa, y el obispo de esta diócesis quería al frente de cada uno de sus monasterios alguien que, además de leer y escribir, tuviese algunos estudios. Este antojo, en realidad, le servía para prescribirnos más normas.

NUÑO.– ¡Que me aspen si entiendo algo! ¿El obispo quería una monja letrada para mandar más?

ALDARA.– (*Entre risas*) Como a las monjas no se nos permite educarnos, a veces la iglesia de Roma dicta complicadas disposiciones que en los conventos no se pueden acatar porque las abadesas ni tienen costumbre de leer, ni son maestras en interpretación de textos complicados.

NUÑO.– (*Risas*) Y vos fuisteis elegida por ser la más avisada...

ALDARA.– Ajá. Por eso no me gusta que vuestra revuelta ayude a la iglesia. Los obispos no se comportan precisamente de manera sacerdotal; suelen ser crueles. En lugar de servir de ejemplo a su grey, molestan a los diáconos con prestaciones personales, imponen tributos y siembran sus prejuicios. Merecen ser llamados recaudadores antes que pontífices de Dios.

NUÑO.– Sabríais como arengar a la tropa, mi señora.

ALDARA.– (*Sonrojada*) No, sólo expongo lo que conozco. Con vos salen fácilmente las palabras.

NUÑO.– No es que salgan fácilmente, es que estaban en armonía ahí dentro (*tocándole la sien izquierda con el dedo índice*).

ALDARA.– No me alabéis, que me haréis soberbia y es feo pecado.

NUÑO.– Nunca seréis soberbia porque para eso tendríais que presumir de lo que no tenéis y no hay cualidad alguna de la que vos carezcáis.

ALDARA.– Haréis de mí una cretina que piense que la parieron en las nubes.

NUÑO.– ¿Os parieron en las nubes?

ALDARA.– No, en una cama como a casi todo el mundo. *(Silencio).* ¿Por qué me cortejáis como caballero?

NUÑO.– ¿No debería cortejar a una monja?

ALDARA.– Bien, eso es otra creencia de varones. No nos metemos monjas por amor a Dios como os contaron; se trata, más bien, de un medio de vida. A Veva, sin ir más lejos, casi la vendió su madre, de pequeñita que era cuando nos la trajeron...

NUÑO.– ¿Y vos?

ALDARA.– No sé a qué viene tanto hablar de mí...

Nuño junta las manos rogándole así silenciosamente que continúe.

ALDARA.– Sois la perseverancia en persona ¿eh? Procedo de una familia hidalga. Soy la segunda hija de siete, la primera mujer. No habría problema en casarme si no fuese...

NUÑO.– Si no fuese, ¿qué?

ALDARA.– No sé por qué os cuento esto. La virtud de una monja se mide en saber dejar atrás su pasado.

NUÑO.– Pero vos, señora, no creéis mucho en la virtud...

ALDARA.– Creo en la virtud de la honestidad y en la del trabajo bien hecho.

NUÑO.– No creo que esas sean las virtudes que se esperan de vos.

ALDARA.– ¡Ahí está! Nunca quise esas virtudes: virtudes para ser alhaja preservada y vendida a un varón, virtudes para ser el vientre que le da retoños... Le pedí a mi padre, le imploré, por decir mejor, que no me casase. Tuve suerte. Para mi hermana Amalia, la tercera de la familia, habría dote. Y para María, la cuarta. Pero la sexta era otra mujer, Xela, la preferida de mi padre. Él no quería verla en casa siempre, cuidando de su vejez. La quería como mujer completa, según su pensamiento. Mi petición le dejó el camino abierto... Una dote menos era una boda más.

NUÑO.– Sin embargo, para entrar en el convento también precisaríais dote.

ALDARA.– Muy inferior. No es igual aplacar a una familia política, ansiosa de hacerse rica, que los intereses de un pobre convento. Sobre todo, teniendo en cuenta que mi familia había entregado donativos que permitieron su construcción.

NUÑO.– Eso mismo me contó doña Mayor de sus orígenes.

ALDARA.– ¡Claro! ¿Por qué creéis, si no, que estamos aquí?

NUÑO.– Entonces no sois una hereje; sois una rebelde.

ALDARA.– No tanto como vos... (*Silencio. Aldara, de repente, mira fijamente*). Os pregunté antes por qué me cortejabais como caballero. No acabé de decir «si no lo sois». ¿Quién creéis que os curó cuando desfallecisteis? ¿Imagináis que no conozco vuestro secreto?

NUÑO.– ¡Sé que lo sabéis, por Dios! Recuerdo que me desmallé y..., cuando desperté, tenía la ropa calada hasta las orejas y la herida del costado cubierta de ungüentos, además de unas indicaciones, escritas de vuestra mano, sobre cómo hacer las siguientes curas.

ALDARA.– ¿Así que sabéis leer?

NUÑO.– Sí.

ALDARA.– No es frecuente fuera de los conventos que sepan leer las mujeres...

NUÑO.– Soy mujer especial.

ALDARA.– Bien se ve.

NUÑO.– (*Sacándose la casaca*) Ahora deberíais decir que, sin embargo, os parezco hermosa.

ALDARA.– Ya lo sabéis.

NUÑO.– No es igual oírlo de vuestros labios.

ALDARA.– Sois muy hermosa.

Nuño avanza y se abrazan fuerte. Se van dando pequeños besos en las meji-
llas hasta besarse en la boca. Acaban acostadas de lado sobre los hábitos.

NUÑO.– Tú eres preciosa, Aldara. (*Retirándole la toca*). ¿Por qué tienes el cabello largo? ¿No os lo cortan?

ALDARA.– No, si eres de buena familia y vienes despiojada. Un privilegio más, ya ves. ¿Protestará la Santa Hermandad?

NUÑO.– (*Sobre ella*) Creo que podremos resistirnos ante tan pequeña desigualdad.

ALDARA.– ¿Cómo te llamaré?

NUÑO.– Nona fue mi nombre. Esta primavera, y sólo para ti, volveré a ser Nona.

15

En la cocina están Sancha, doña Mayor, Ginebra y Juana atareadas. Llega
Elvira con evidentes señales de haber sido golpeada.

ELVIRA.– ¡¡¡Acudidme, Dios mío, que vengo rota y a punto de entregar el alma...!!!

Todas hacen exclamaciones de sorpresa y de dolor.

GINEBRA.– ¡Mi niña, como vienes! Juana, tráeme agua. (*A Sancha*) Vete a llamar a Carola, que traiga árnica.

SANCHA.– ¡Será desgraciado!

JUANA.– ¡Cabrón!

ELVIRA.– (*Quejándose*) Esta vez casi acaba conmigo...

DOÑA MAYOR.– ¿Qué ha pasado? ¿Qué le hiciste?

GINEBRA.– No es lo que haría ni lo que no. A la vista está lo que ha habido.

216

DOÑA MAYOR.– Pero hay que saber el motivo antes de juzgar.

GINEBRA.– No, señora, hay que evitar juicio alguno.

ELVIRA.– Él quería pasar, todo borracho, y yo tanto temí por mis hijos... Le dije «no... no... que nos van a oír, no, Juan, de esta puerta hoy no pasas». Y él gritaba «es mi casa, y tú mi mujer» y me empujó a un lado. Me volví y lo cogí por una pierna. ¡Qué iba a ser de ellos, pequeños míos! Si, cuando se pone así no ve, que él, por lo demás, es buen hombre e incapaz de hacer daño a nadie, hasta que le dan esos arrebatos...

GINEBRA.– Que es día sí, día no...

ELVIRA.– No es malo, doña prioresa, pero hay algo en él que no le permite sosegarse; anda siempre como en otra parte... Cuando vuelve, si está de buen humor, es todo amores y pasión, pero, si se enfada, le cambia el rostro y le atiza a todo, a las cosas, a las personas, a mí...

GINEBRA.– Entonces incapaz de hacer daño a nadie no es...

Aparece Carola muy seria. Lleva a la cintura el mismo cinto de la escena con Nuño. Mientras habla, examina la herida y la lava. Usa un cacharro con agua que le han puesto en la mesa y las hierbas y paños que lleva.

CAROLA.– ¡Vive Dios que esta vez ha sido una buena!

ELVIRA.– No, a los niños no les ha pasado nada.

CAROLA.– ¡Como todo te ha caído a ti...! Venga, aguanta un poco, venga, que con lo que llevas soportado no será esta mucha carga.

Elvira se queja mientras Carola habla.

GINEBRA.– No habléis en ese tono, boticaria, que la pobre ya ha sufrido bastante.

CAROLA.– Perdonadme, hermana, pensaba no decir nada distinto de la verdad.

GINEBRA.– El amor a la verdad no debe perdernos.

Se incorporan a la escena Aldara y Nuño, que llegan desde el exterior por la puerta con un ramo de flores en la mano y visiblemente alegres.

ALDARA.– ¡Elvirita! ¡Otra vez! (*Abrazándola*).

ELVIRA.– No, doña, que esta no va a ser nada, que los niños...

ALDARA.– ¿Y este ojo?

ELVIRA.– Yo también le he dado, ¿eh?, que cogí el balde que tenía en la mano y se lo eché por encima y el asa le abrió una herida en la frente. Yo tampoco soy buena...

ALDARA.– Anda, cállate, que encima lo defiendes... Los tribunales sabrán decidir esta vez.

NUÑO.– ¿Qué tribunales? ¿La justicia corrupta del Conde?

ALDARA.– No todos los jueces se mantienen sumisos a los señores. Algo tendrá que hacerse ante un caso así. Ya una vez protestamos y fue útil...

JUANA.– Sí, para que la cuñada de Elvira hablase mal de ella por todas partes: que si mi hermano es incapaz de hacerlo, que si siempre ha sido tranquilo y no hace daño ni a las moscas, que si... ¡qué sé yo! ¡Como no vive con él desde que era un niño, bien puede hablar!

NUÑO.– No será la justicia quien dé la razón a las mujeres. Me sorprendéis, abadesa, creyendo en el más corrupto de los poderes. Lo que un rebelde quiera tendrá que obtenerlo con sus propias manos.

ALDARA.– ¿Con qué manos queréis que se enfrente Elvira? ¿Con la ayuda de su familia? ¿Con la de los vecinos? Su única esperanza es que el juez impida que su marido le pegue.

NUÑO.– ¿Y se va a meter el juez en lo que haga un hombre dentro de su casa?

ALDARA.– ¡A veces la justicia se mete en lo que se hace incluso dentro de las camas!

NUÑO.– Cuando una mujer está con otro, quizás... Os lo digo una vez más: si os rebeláis, podréis poner fin a esto.

ALDARA.– (*Triste*) Elvira y yo estamos aguardando una sentencia. Hace meses que denunciamos a su marido por maltrato.

A Juana se le caen los platos que tenía en las manos. Enorme ruido. Elvira sigue quejándose.

DOÑA MAYOR.– ¿Qué pasa?

GINEBRA.– ¡Juana!

SANCHA.– ¿Tienes las manos de mantequilla o qué?

JUANA.– No sé lo que me ha pasado.

16

Juana sola, en pie, con camisa y descalza, en la cocina, esperando.

JUAN .– (*Golpeando en la puerta y hablando desde fuera suavemente*) ¡Juana! ¡Juana!

JUANA.– (*Abriéndole, ansiosa*) Estoy aquí, mi amor. ¡Vamos, entra, que hace un frío...!

Se enlazan en un abrazo. Se besan. Ella lo coge de la mano y lo conduce a través de la cocina, hasta una especie de despensa donde están guardadas todo tipo de cosas: alimentos, ropas de misa y algunas imágenes de santos deterioradas.

JUAN.– ¿¿¿Aquí???

JUANA.– Es el sitio más seguro, bien apartado de los cuartos. Conozco el convento de tal modo que podría guiarme sin otra luz que la memoria. Además... les he puesto una pizquita de valeriana en la sopa. Dormirán como criaturas.

219

Se besan apasionadamente.

JUAN.– ¿Qué ha sido eso?

JUANA.– Nada... los ratones.

JUAN.– Pues en mi casa no hacen ese ruido... ¿Estas oyendo?

JUANA.– Eso son tus tripas, Juan, o el crujir de las maderas del suelo, o una puerta que rechina arriba... ¿Qué más da? Si no quieres..., nada, ¿eh? Te vas y hala.

Juana cruza los brazos y se pone de morros colocándose de espaldas a Juan, que se acerca a ella y se le echa encima. Se besan.

JUAN.– Si casi no te veo, Juana.

JUANA.– Pues estoy aquí, abre los ojos.

JUANA.– Estoy ocupado pensando en cómo hacer para abrazarte sin tirar todos esos cachivaches que tenemos a nuestros pies...

Risas de ambos.

JUAN.– Y eso, ¿qué ha sido?

JUANA.– ¡La lluvia! Venga, sigue, sigue...

JUAN.– Pues bendita sea la lluvia que disimula un poco, porque es tan atronador el galope de mi corazón (*mientras ella jadea*) y tan fuertes tus gemidos de amor, Juanita, que no entiendo como no despertamos a todo el convento.

Juana se para bruscamente y se sienta.

JUANA.– ¿Qué pasa? ¿Eres trovador o es que no te gusto?

JUAN.– Si hay que escoger, seré trovador, porque gustar bien que me gustas...

JUANA.– (*Mimosa*) Pues venga, amor. Las monjas no se van a dar cuenta. Están demasiado ocupadas con sus propios asuntos.

JUAN.– Eso será de día, que ahora estarán durmiendo y, en durmiendo, todos los ruidos se agigantan.

JUANA.– Durmiendo o no, nada sabemos. Ellas no quieren ser santas ni están hechas de pan de misa, que son mujeres como yo, y precisan los mismos quereres.

JUAN.– (*Otra vez encendido*) ¡Mujeres como tú no hay!

JUANA.– ¡Tonto!

JUAN.– No querría que nos excomulgasen estos santos de aquí.

JUANA.– ¡Boh! Las mujeres no tenemos alma. Tu vete cogiendo de lo que hay...

JUAN.– ¿Y los santos?

JUANA.– Estos santos de aquí, Juan, son de palo.

JUAN.– Me molestaría también que viniesen a reñirnos las monjas...

JUANA.– ¡Qué va! Ellas son mujeres libres. Sería difícil escandalizarlas. Ven.

JUAN.– (*Como despertando, con cara de no entender nada*) ¿Que las monjas son libres?

JUANA.– ¡Como pájaros!

17

Sancha está en el lavadero cuando escucha a alguien acercándose a paso lento. Se seca las manos en el mandil y se recoge el pelo hacia atrás. Entra un hombre bien vestido y acicalado.

PREGONERO.– ¡Buenos días! Traigo una encomienda del juez de Ourense para leer a Elvira Rodríguez y a Aldara Eáns, abadesa de este convento.

SANCHA.– Sí, señor. Aguarde un momento, que voy por ellas.

Sancha entra gritando, lo que no agrada al pregonero, que hace un gesto ligeramente amanerado. Está seguro de sí mismo y de su importancia.

SANCHA.– (*Gritando fuera de escena*) ¡Madre abadesa, madre abadesa! ¡Venid todas! ¡Que traen la sentencia de Elvira! ¡Venid! ¡Que se ha resuelto lo de Elvira! ¡Venga, bajad!

Todas van llegando; también Nuño, que camina cojeando. El pregonero desenrolla el pergamino que traía, se aclara la voz y lee.

PREGONERO.– Compromiso entre Juan de Tenorio, mercader, vecino de Ourense, y Elvira Rodríguez, su mujer, de hacer vida entre sí, como Dios y Nuestra Santa Madre Iglesia mandan.

Leído el título, se detiene y mira a todas con solemnidad. Isabel le lleva agua. El pregonero no lo agradece, sólo emite un «hmmm» y bebe. Después se aclara otra vez la garganta y sigue leyendo.

PREGONERO.– En el año del nacimiento de Nuestro Señor de 1465, a tres días del mes de abril, en la ciudad de Ourense e en presencia de testigos apareció el dicho Tenorio y dijo haber tenido enojo y haber reñido con su mujer Elvira, de modo que él acabó por herirla con un puñal, de lo que se arrepentía y prometía de aquí en adelante tratar con su mujer en bien. A continuación, Juan Tenorio prometió ante testigos no matarla, ni herirla con espada, ni puñal, ni con palo peligroso, ni darle vida penada, sino hacer matrimonio con ella, según Dios manda y Nuestra Santa Madre iglesia. Otramente, ella ha de serle obediente, como debe ser la mujer a su marido, y sirviente en todas las cosas justas.

Todas se echan, alborozadas, sobre Elvira, la besan en las mejillas, le arreglan el pelo, se abrazan y ríen, hablando al tiempo: «¡Qué bien!», «Dios aprieta, pero no ahoga», «Ven, Elvirita, un abrazo», «Felicidades», «Enhorabuena». Mientras, el pregonero, muy tieso, sigue leyendo el resto de la sentencia casi a gritos. No se le entiende bien porque ellas no se callan.

PREGONERO.– Para lo cual así guardar, obligó sus bienes muebles y raíces, habidos y por haber, en cantidad de veinte mil maravedís viejos; la mitad para Juan González, electo de la iglesia de Ourense, y la otra mitad para Pero López, juez. Y el dicho González salió por fiador de Elvira Rodríguez y estos fiadores me mandaron hacer a mí, canónigo y notario, la obligación más fuerte y firme que pudiese hacer al consejo de letrados.

Mientras todas están hablando sin entenderse, sólo Aldara, que ha besado y felicitado a Elvira, parece distante y fría. Nuño se aproxima a ella.

NUÑO.– ¿Qué tienes?

ALDARA.– No lo sé... No puedo participar de este gozo y querría. ¿Sabes? La sentencia corresponde a la primera denuncia que hicimos. ¡De eso hace dos años! ¡Dos larguísimos años! El juez dicta ahora que Juan no puede pegarle, aunque ya podía estar Elvira bajo tierra setenta veces, y le exige vivir con él, lo que viene siendo su mayor castigo.

NUÑO.– ¿Qué querías tú?

ALDARA.– Que la sentencia liberase a Elvira.

NUÑO.– (*Dándole la mano*) La justicia de los burgos y las villas no se hizo para las mujeres, ¿no lo sabías?

ALDARA.– ¿Se impondrá desde la Santa Hermandad una justicia mejor?

Se quedan mirándose. Carola, que estaba en el corro de monjas alborozadas, se separa un momento del grupo. Sus ojos reparan en la mano cogida. Nona y Aldara se sueltan.

18

En el pajar Nuño está envolviendo sus pertenencias para regresar al combate.

GINEBRA.– (*Desde fuera, susurrando*) Con licencia, Don Nuño, ¿podría pasar?

NUÑO.– Prioresa, Dios os guarde, pasad, pasad...

GINEBRA.– Hablad en voz baja... Prefiero que nadie sepa que estoy aquí.

NUÑO.– Si queréis que salga yo...

GINEBRA.– No, quiero hablaros. Veo que estáis preparando vuestra marcha. Simplemente quería daros esta medalla de Santa María del Camino, nuestra madre y protectora. Me la entregó, hace muchos años, una hermana mía que se murió de fiebres de allí a un mes. La pobre no quería que yo profesase. Le parecía... En fin, señor, no sé por qué os estoy cansando con mis andanzas...

NUÑO.– Al contrario, me complace que me consideréis confidente a vuestra altura y dignidad.

GINEBRA.– ¡Hay que ver cómo habláis! Os confieso que al principio tenía la sensación de que nos cautivabais con palabrería, como si hubiese algo no del todo verdadero en vos.

NUÑO.– (*Con ciertos nervios*) ¿En mí? (*Sonriendo y tomando el control de la situación*). Será, madre, que algo hay de no verdadero en cada vida...

GINEBRA.– (*Ensimismada*) Efectivamente, que todas algún secreto guardamos en el pecho. (*Suspirando, vuelve a la realidad*). Os traía, digo, este presente por si os puede servir. Tomad.

NUÑO.– Mucho os lo agradecería, si no fuese que me duele arrebataros algo tan preciado, que por tanto tiempo os acompañó.

GINEBRA.– No os preocupéis; yo no preciso a estas alturas que me guarden por los caminos. ¿Sabéis? ¡Cuando llegasteis tan mal hablé y pensé de vos...!

NUÑO.– (*Simulando enfado*) Ah, sí, ¿eh? Trabajando en mi contra...

GINEBRA.– (*Baja los ojos, avergonzada*) Eso no, pero trabajando en favor de mis ovejas, y de mi querida Aldara, claro... No obstante, debo decir que todo lo que he visto de vos ha sido santo y bueno, y ahora que marcháis lamento haberos juzgado mal. Por eso he pensado en venir a daros esta prenda a fin de que os acompañe y proteja.

NUÑO.– (*De rodillas*) Señora, me honráis: viviré por vuestro talismán.

GINEBRA.– (*Acariciándole el pelo, tranquila, en cuanto escucha la palabra «talismán» se ofende*) ¿Cómo decís talismán, si no es cosa de brujas?

NUÑO.– Por tal no lo tenía, madre

GINEBRA.– ¡Bien!

La escena se ve interrumpida por la entrada de las novicias, coloradas y con la toca torcida.

GINEBRA.– ¿Qué hacéis vosotras aquí?

ISABEL.– (*A Ginebra*) Nada. (*A Nuno*) Supimos que os ibais y os traemos este presente (*Muestra el mandil lleno de flores*).

VEVA.– Subimos por ellas al monte de Piñeira, que es donde más hay.

NUÑO.– (*Admirado*) ¡Muy agradecido, pequeñas!

GINEBRA.– ¡Qué tontería! No puede llevar flores un guerrero. Parecería un..., un..., una máscara de Carnaval.

NUÑO.– ¿Cómo? Quien lucha en la Santa Hermandad pude adornarse como quiera...

Nuño desarrolla una escena de humor alocado, adornándose con flores detrás de las orejas y haciendo manojos, mientras las tres ríen.

DOÑA MAYOR.– (*Desde fuera, susurrando*) ¡Don Nuño!... ¡Don Nuño!

NUÑO.– Pase, doña Mayor, y bienvenida sea al reino de la primavera, donde las flores se multiplican y todo huele a romero (*mientras tira las flores suavemente por encima de todas, que están riéndose*).

DOÑA MAYOR.– (*Con el mismo tono de sigilo*) No, don Nuño, salid vos o me comprometeréis la honra...

NUÑO.– Si asomáis el rostro, doña Mayor, veréis que es tanta la gente que cabe en este pajar, que malamente puedo comprometer la honra de nadie.

DOÑA MAYOR.– (*Asomándose*) ¡Buen día os conceda Dios! Venía sólo a entregarle a don Nuño este pedazo de la cruz de Cristo. Mi difunto marido lo tenía en gran estima, porque se lo habían traído de Nápoles, y supongo que tendrá efectos protectores ahora que nos deja y vuelve a la guerra.

GINEBRA.– (*Cariñosa*) No se altere, doña Mayor, ni piense que va a ser escarnecida por nosotras, que todas hemos tenido la misma idea.

SANCHA.– (*Fuera, susurrando*) ¡Don Nuño!

Todas rompen a reír. Entra Sancha, algo molesta de causar risas.

SANCHA.– (*A Nuño*) ¡Dios os guarde! (*A las demás*) Venía a traerle un poco de árnica a don Nuño. En la guerra le hará más falta a él que a nosotras.

NUÑO.– ¡Amabilísima vos, mil veces sentida en mi corazón!

GINEBRA.– ¿Y ahora el árnica cae del cielo cuando llueve?

SANCHA.– (*Intimidada*) No. Lo cierto es que no sabía qué podía traer, que yo nada tengo mío, pero vi a la madre Carola trabajando en su botica y... ¡tenía tal cantidad de árnica que podríamos estar dándonos golpes toda la vida sin que se gastase!

GINEBRA.– ¿Y se la has robado?

SANCHA.– (*Haciendo gestos con los dedos*) Pero muy poco...

DOÑA MAYOR.– ¡Se peca en lo poco igual que en lo mucho!

GINEBRA.– ¡Tendrás que explicárselo todo a la boticaria!

Sancha está a punto de llorar.

NUÑO.– Señoras, también hay palabras que curan. Buscaré a la boticaria y le explicaré que he tomado un poco de árnica contando de antemano con su permiso y que se lo devolveré si no considera oportuno que me lo lleve pero que, teniendo en demasía...

SANCHA.– (*Doblando la rodilla en señal de reverencia*) Gracias, señor.

DOÑA MAYOR.– Encubrir las faltas ajenas no es obra de misericordia; es complicidad.

NUÑO.– ¿Y no he de ser yo cómplice de quien se arriesga por ofrecerme un regalo?

GINEBRA.– Hágase como dispone el caballero y quede el asunto arreglado y el río discurriendo hacia el mar.

ISABEL.– A lo mejor no os hace falta el árnica porque hacéis las paces y ya no hay guerra nunca más...

NUÑO.– ¿Con quién habríamos de hacer las paces? ¿Con esas fieras que despedazan a niñas como vos? ¿Con quién destruye todo a su paso? No es tiempo para la paz, novicia; es tiempo para hacernos valer.

GINEBRA.– No despreciéis la paz, que es en sí misma un bien.

NUÑO.– La paz de los sumisos no es paz, que es cobardía.

DOÑA MAYOR.– Mire, don Nuño, dos hijos he parido y dos hijos se me han muerto en guerras. Pero los hombres alimentan batallas y venganzas apenas para tener en qué divertirse: preparando caballos y arreos, entrenándose en justas, jugando a ganar... Para las mujeres la guerra significa pobreza, separaciones, cura de horribles heridas, amantes mutilados y la muerte de quienes más aman.

NUÑO.– ¡No sólo las mujeres lloran a los muertos! ¡Y recordad que, si son muertos por causa justa...!

La frase de Nuño se queda sin concluir. Aldara entró un momento antes sin que él la viese. Habla ahora, gélida.

ALDARA.– ¿Si son muertos por causa justa, como vos decís, acaso dejan por eso de estar muertos?

NUÑO.– (*Volviéndose hacia ella, sorprendido*) No, señora, ¿y bien?

ALDARA.– Entonces sigue existiendo la pérdida...

NUÑO.– Nadie duda de que exista la pérdida, pero... vida regalada por un poderoso, vida trabajando duro a cambio de nada, tampoco es vida.

ALDARA.– Habrá mejores maneras de arreglar los desacuerdos que clavar un puñal.

NUÑO.– Desde luego que sí, cuando los contrarios os escuchan. Pero, de no ser así, no puede haber resignación. Hay momentos para sembrar y momentos para luchar. Y esta primavera suenan las trompas de guerra.

ALDARA.– (*Respondiendo con un punto de dureza*) Pues, señor, si tan convencido estáis de que la guerra es el motor de vuestra vida, presto debéis marchar, que ninguna instancia nos permite como cristianas acoger y alimentar a quien a matar se dedica.

NUÑO.– Me doy por sabedor de vuestros deseos, señora, aunque no sea tal y como decís: las Cruzadas guerras fueron, pero guerras de religión.

ALDARA.– Llamadme intransigente, pero no veo en vuestro caso dónde están los asuntos de religión, sino oscuros intereses de los hombres que abandonan así a las mujeres.

NUÑO.– ¿No conocéis el caso de la condesa de Santa Marta? Viajó a caballo desde Zamora a Ortigueira para defender a su hijo y sucesor y, por si fuese poco, se declaró tres veces *irmandiña* sin dejar por eso de ser una mujer.

Aldara sale enojada. Pasa por delante de Pero, el criado de Nuño, quien al verla se quita la gorra con respeto, pero Aldara le habla a gritos, mientras sigue su camino al convento.

ALDARA.– ¿Cuándo marcháis?

PERO.– (*Nervioso*) Mañana al amanecer, señora.

ALDARA.– No sé a qué tanto demoráis.

Pero se rasca la cabeza descubierta, con la gorra en la mano.

19

Pero está dando de comer a los dos caballos sobre los que partirán al día siguiente. Aparece Sancha con algo de comida.

SANCHA.– De parte de la madre abadesa, que no pases hambre y pidas cualquiera cosa de que hayas menester.

PERO.– Agradecido quedo a tu convento. Por mi vida que nunca he visto persona tan atenta a los demás como vuestra abadesa.

SANCHA.– Sí que lo es. Tiene en cuenta la alegría de las almas, así como las necesidades de los cuerpos.

PERO.– También te quedo agradecido a ti, que te has tomado la molestia de venir hasta aquí. Gracias.

SANCHA.– (*Intimidada*) No tienes por qué dármelas.

Pero sonríe. Sancha responde con una sonrisa aún más abierta. La conversación se ve interrumpida por la entrada de las novicias.

ISABEL.– ¡Pero...! (*A Sancha*) ¡Ah, Sancha! ¿tú aquí?

SANCHA.– He venido a traerle la comida...

ISABEL.– (*Sin pararse a escuchar*) Pero, dime, ¿por qué es mala la guerra?

PERO.– Señora, la guerra es la peor de las desgracias. Acaba con las vidas y con las cosechas, no deja un solo hombre con la cabeza en su sitio: este muere, ese sangra y aquel enloquece por lo que ha visto o por lo que ha tenido que hacer. La guerra saca lo más turbio de cada uno, destroza los sueños y los afanes... Es mala cosa, en efecto.

Veva está sentada en paca de paja, acariciando a la perrita.

ISABEL.– ¿Entonces por qué vas tú a la guerra?

PERO.– ¿Yo?... He de seguir a mi señor.

ISABEL.– ¿Pero veréis lugares nuevos? ¿Os haréis con riquezas?

PERO.– (*Riéndose*) ¡Soñáis con las guerras que os contaron los ciegos en sus cantares! Esta es una revuelta de pobres. La hacemos en nuestras aldeas, tomando fortalezas con hoces y hachas... No, nada tiene de hermosa.

Aldara entra mientras Pero pronuncia el parlamento anterior.

ALDARA.– ¿Acaso últimamente en esta casa no se habla de otro tema que no sea la guerra?

SANCHA.– las novicias preguntaron...

ALDARA.– ¡No os preocupéis! Tal vez cada persona tenga su propio papel en este acto teatral del mundo y no convenga rebelarse. (*A Pero*) Vos sois guerrero y nosotras somos monjas...

PERO.– No comprendo bien lo que decís.

ALDARA.– Nada, yo me entiendo... Venía a ofreceros nuestra hospitalidad, que con la furia de antes nada os he dicho. Podéis pasar aquí la noche y comer de nuestra hacienda, ahora y mañana a primera hora. A cambio, no debéis entrar en el convento de noche, ni recordar nunca más el camino que conduce a esta casa. ¿Está claro?

PERO.– ¡Tenéis mi palabra!

Aldara se da la vuelta para salir.

PERO.– Señora, no marchéis tan rápido. (*Saca del chaleco un saquito y se lo tiende*). Es polvo de una goma que se chama alcanfor, que nace en la India de un árbol inmenso. Es tenida por soberano remedio contra cualquier mal caliente de los ojos.

Aldara atiende, pero no lo coge.

PERO.– (*Vacilante*) Es para vos... No es cosa mía, que os la manda la Santa Hermandad, en pago al buen trato dado a mi señor.

ALDARA.– Decidles a vuestros superiores que las siervas de Cristo no aceptamos pago a los servicios que ofrecemos, puesto que no los hacemos para recibir prebenda alguna, sino en nombre del más grande, que todo lo ve.

PERO.– En efecto, señora. Y no se pagaría la hospedería con tan poca renda; es una muestra de gratitud, nada más.

ALDARA.– Perdonadme. No he querido ofenderos (*tiende la mano y después la retira*). Pero, no sé... sois vos quien está en peor situación para desprenderse de una pócima.

PERO.– No, señora, vos leéis y hacéis obra de aguja: una receta para los ojos ha de ser para vos, que a nosotros lo único que podría acontecernos con ellos es que nos los sacasen de las órbitas.

Sancha, Isabel y Veva hacen gestos de horror. Aldara se controla y habla más dulce.

ALDARA.– Pero, no es de mi agrado coger nada que venga de la guerra.

PERO.– Mucho no os va a ensuciar. Ha estado siempre en mi bolsillo y esta saca no ha visto siquiera el brillo del puñal...

ALDARA.– (*Sonriendo*) Siendo así... (*Tiende la mano*) Bendito seas por acordarte de esta casa.

PERO.– Además, señora, si no guardaseis este alcanfor, estaríais contribuyendo a la contienda, porque, al disponer de más remedios, estaríamos en mayor medida fieros y aguerridos.

ALDARA.– (*A Pero*) Acabas de ganarme. Si no tu causa, sí respeto tu buen corazón. Descansa. (*A las otras*) Hermanas, seguidme; vayamos a nuestros rezos.

Salen Aldara, las novicias y, finalmente, Sancha. Esta, al salir, mira a Pero que también está contemplándola desde la puerta. Se miran durante mucho tiempo, mientras ella camina tras las monjas.

20

Isabel y Veva entran en la botica canturreando. Allí esta Carola removiendo sus alquitaras.

ISABEL.– Madre Carola, ¿nos daréis regaliz?

CAROLA.– No se entra así, ¡vuelta atrás!

Muy serias las novicias salen y vuelven a entrar más ordenadamente.

ISABEL.– Madre boticaria, Dios os guarde, ¿nos dais vuestro permiso?

CAROLA.– Entrad con Dios, hermanas.

Entran con la cabeza hacia abajo y las manos muy juntas, en gesto de primera comunión, pero, una vez dentro, se relajan. Isabel sube a sentarse en la mesa de madera donde, en una esquina, está Carola con un mortero. Veva de pie al lado de Isabel.

ISABEL.– Y, ahora que nos portamos bien, ¿nos daréis regaliz?

CAROLA.– No, tomáis por costumbre lo que es excepción. ¿Habéis hecho vuestras tareas?

VEVA.– ¡Sí, madre!

ISABEL.– *(Mimosa)* Si no tenéis regaliz, también podrían servirnos otras muchas cosas, que nosotras no somos caprichosas ni exigentes.

CAROLA.– Conque no, ¿eh? ¡¡Anda, torbellinos, id a paseo y dejadme trabajar!!!

VEVA.– No, yo quiero ver. Me gusta contemplaros cuando trabajáis. Estáis en otro mundo. A mí también me gustaría ser boticaria.

ISABEL.– Pues que te enseñe la madre Carola y ya está.

CAROLA.– No, novicia, no es tan fácil. Será la abadesa quien disponga sobre la formación de cualquier monja.

ISABEL.– Pero la abadesa dirá que sí cuando Veva se lo pida.

CAROLA.– O no… *(Por unos instantes absorta en sus pensamientos).* Aunque, ciertamente, Genoveva tiene la disposición requerida, porque es poco amiga de hacer sociedad con otras y el aislamiento y la contemplación son precisos en este oficio.

VEVA.– ¡Madre abadesa, por favor, mostradnos lo que hacíais cuando entramos!

ISABEL.– Sí, ¡ya que no nos dais nada...!

CAROLA.– Estaba moliendo la agripalma que recogí hace unos días en el monte de Marroxo. Después de dejarla secar a la sombra está en condiciones de convertirse en un fino polvo con el que hacer infusión. Echaremos una cucharada por cada taza de agua para aliviar los trastornos nerviosos, los dolores de cabeza, los apetitos desmedidos, la sensación de angustia, los presentimientos cuando son tremendos y hasta los malos sueños...

ISABEL.– Me dais miedo cuando habláis así...

VEVA.– (*A Isabel*) ¡Qué tonta! (*A Carola*) ¿Cuáles son, madre, los trastornos nerviosos que decís?

CAROLA.– Los que trae la castidad.

ISABEL.– ¿Y no hay más remedio que tomar infusión?

CAROLA.– Para ser novicia, mucho quieres saber. Debes de tener el demonio en el cuerpo, Isabel...

ISABEL.– ¡Hala, yo que no tomo infusión! ¡Me parece cosa de brujas todo lo que aquí tenéis!

VEVA.– ¡¡Isabel!!

ISABEL.– Es cierto. No me gusta el tono de misterio con que habláis, ni los males que predicáis. No creo que sea tan bueno lo que hacéis.

CAROLA.– (*Intentando controlar la situación y dominar su enfado*) Lo único que tengo de bueno es el regaliz, ¿no es así?

ISABEL.– ¡¡¡Sí!!!

CAROLA.– Tomad, tomad las dos, pues.

Isabel y Veva chupan con fruición sus palos de regaliz. Carola las contempla con maldad. Le acaricia la cara a Isabel. Las niñas están absortas en su chuchería. De pronto, Isabel recuerda algo y se pone a hablar.

ISABEL.– ¿Ya os ha dado la abadesa el alcanfor?

CAROLA.– No sé de qué me habláis.

ISABEL.– El criado de don Nuño...

VEVA.– ...que ha venido para acompañarlo en la partida...

ISABEL.– ...le ha dado a la madre abadesa una sustancia como regalo por haberlo acogido.

VEVA.– Parece que viene de la India, pero no nos dijo para qué servía. ¿A que no, Isabel?

ISABEL.– No, no lo ha dicho...

234

VEVA.– La abadesa al principio no la quería.

ISABEL.– Pero después dijo que la guardaba con mucho gusto. Si no os la ha traído todavía, será porque quiere estudiar los méritos que puede tener. Ella también sabe mucho, de plantas y de todo. A lo mejor, la prueba con don Nuño... Eso que ahora don Nuño ya está bien. Y además algo dijeron de que ese *canfor...*

VEVA.– Al-can-for

ISABEL.– Pues eso... Que servía para los males de los ojos.

VEVA.– A mí nunca me duelen los ojos.

ISABEL.– Ni a mí. A mí sólo me duelen las tripas, a veces.

VEVA.– Será cosa de viejas, lo de la vista, digo.

Mientras las niñas hablan, Carola mantiene una expresión vengativa. Cuando se callen, repetirá susurrando: «A lo mejor todavía la prueba con don Nuño».

21

Mientras suena una cantiga de amigo («Pola noite espero, pola noite agardo...»), vemos lo que hace cada una por la noche usando el sistema de biombos de la escena 5. Juana sale corriendo fuera, doña Mayor lee sus oraciones en la cama, las novicias se peinan el cabello la una a la otra, Ginebra reza fervorosamente de rodillas, Carola escribe una carta, Sancha aparece en camisa en el pajar e inicia juegos eróticos con Pero.

22

Aldara y Nona en el pajar. Visten camisa ligera.

ALDARA.– Nunca pensé que fueses a marcharte.

NONA.– (*Tocándole los cabellos*) ¿Qué pensabas entonces? ¿Que iba a profesar en la orden benedictina?

ALDARA.– ¡Eso y más haría yo para estar contigo!

NONA.– No lo harías, Aldara. El primer amor es hacia una misma.

ALDARA.– No, primero amarás a tu prójimo, dice la ley cristiana.

NONA.– Creo, hereje mía, que te has olvidado de que el primer amor se debe al Creador.

ALDARA.– ¡Qué sé yo lo que digo! ... Ya no sé dónde estoy yo y dónde estás tú. He roto esa barrera, Nona.

NONA.– ¡Aldara, Aldara!... Guardaremos toda la vida el recuerdo de este amor: es más de lo que has soñado nunca...

Aldara le da la espalda. Nona la abraza y apoya la cabeza sobre la suya.

NONA.– ¡Ven aquí!

ALDARA.– ¿Dónde iré?

NONA.– Aquí, junto a mi corazón.

ALDARA.– Junto al corazón que no tienes.

NONA.– Junto al corazón que te ama, pero que no concede a cambiar de vida.

ALDARA.– El amor es lo más grande...

NONA.– (*Hablando muy suavemente y sin dejar de besarla con besos pequeños*) Lo más grande para mí es el amor a la libertad.

ALDARA.– ¿El amor dura tres noches de primavera?

NONA.– No, querida; el amor no se limita a lamer la piel y beber los alientos. El amor es lo que llevo de ti conmigo después de estos días.

ALDARA.– De estos tres días...

NONA.– Bien y, si fueron tres días sólo, ¿qué importa eso? Pasas toda tu existencia repitiendo rutinas. Pero no serán esos gestos cotidianos lo que recuerdes en tu lecho de muerte. Recordarás este momento...

ALDARA.– ¿Te acordarás de mí en tu lecho de muerte?

NONA.– Te lo aseguro.

ALDARA.– (*Furiosa*) ¡En absoluto! Morirás seguramente en alguna escaramuza. Te clavarán una lanza y no tendrás tiempo ni a suspirar ni a recordar a la pobre Aldara.

NONA.– (*Ahora sentada*) Aldara, ¿por qué insistes en sentirte abandonada? ¿Pensabas que por ser mujeres ambas seríamos iguales? Te equivocabas, amada mía, te equivocabas.

ALDARA.– ¡Pero dura tan poco el amor!

NONA.– El amor dura para siempre...

ALDARA.– Otras mujeres despiertan con los cantos de los pájaros y las manos de su amante en el costado...

NONA.– Tal vez, durante tres días. Al cuarto día están preguntándose adónde se ha ido aquel sentimiento... Yo te amaré siempre, sólo no estaré contigo.

ALDARA.– Estarás luchando en vez de gozar de mi cama.

NONA.– Aldara, voy a contarte una historia. Hace mucho tiempo había una Nona dulce e ingenua como tú, atada y bien atada por su familia a un destino de monja. Cuando tenía cuatro años me llamaron, a mí como a mis hermanas, a engrosar las filas de las milicias de Dios... Así decís las monjas, ¿no?

ALDARA.– (*Enfurruñada*) ¡Yo no lo digo!

NONA.– (*La besa en la mejilla y continúa*) Viví siete años en un convento, muy lejos de aquí, en el país de los vascos. Por la dureza de los muros, por la tristeza de una vida cerrada al mundo, por aburrimiento o por una pelea con una de las monjas, ya no lo recuerdo bien, decidí escaparme. Cumplidos los once años pensé haber conquistado la libertad: salí a la calle, que nunca había visto, sin saber por dónde tirar ni adónde ir. Escondida en un árbol detrás del convento, y con la ayuda de hilo y tijeras, me transformé en un muchacho para soportar un mundo inhóspito. Busqué amos, cambié de nombres, estuve presa, participe en peleas... pero volví a Galicia porque me preocupaba mi madre: erré por las calles de Santiago sólo para verla una vez yendo a misa... No me conoció como hombre, claro. Después corrí caminos y ahora estoy en la causa de la Santa Hermandad. Nada es fácil. He amado a hombres y mujeres, he servido a imbéciles y a brutos, he orado como monja y blasfemado como guerrero. No siempre sé quién soy ni siquiera si soy la misma siempre y tú me preguntas si el amor sólo dura tres noches de verano... ¡Benditas sean esas tres noches que nos sosiegan y nos matan de delicias...!

ALDARA.– Soy demasiado orgullosa para lo que voy a decir, así que pronunciaré estas palabras una sola vez: deja todo y quédate aquí conmigo.

NONA.– Cuando corté tantas amarras no fue para colocarme otra. ¡Y qué desgraciada te haría! Mis demonios internos me llevan a ser un guerrero temido y, sin embargo, me derrito con la dulzura de tus monjas. Las amaría una por una: a Veva por ingenua, a Ginebra por maternal, a Carola por indómita, a Sancha por hermosa...

ALDARA.– ¡Basta! ¡Extraña muestra de amor, esta que me das!

NONA.– No sabes de dónde vengo. Llevo años sin quitarme las calzas ni siquiera para dormir. Cuando cada mes la sangre me visita, tengo que retirarme de la tropa y perderme hasta que se me pasa... Cuando me veo entre hombres, me azoto cada tres días para mantener la virtud y no convertirme en esclava de sus pasiones...

238

ALDARA.– El mundo es demasiado estrecho para ti...

NONA.– ¡El mundo es demasiado estrecho para las mujeres todas!

ALDARA.– Y, en vez de ensancharlo, te dedicas a luchar por unos poderes tan decadentes como los que defiende esa revuelta tuya...

NONA.– Sabes que ahí no estaremos de acuerdo, ¿para qué hablar de ello ahora?

ALDARA.– El mundo también es estrecho para mí. No seré una aventurera como tú, pero también tengo una historia. Nunca he querido ser propiedad de un hombre. Por eso no me casé, a pesar de proceder de una familia que podría haberme unido a cualquier hidalgo.

NONA.– A costa de no casar a tu hermana... Me has contado la historia... Aldara, a mí esa rebeldía no me basta.

ALDARA.– Pues el tiempo me dará la razón. Tu revuelta será engullida por la historia y, en cambio, la lucha por la autonomía persistirá siempre.

NONA.– No estaremos aquí para verlo. Aprovechemos que hoy estamos aquí.

ALDARA.– ¿Qué es entonces el amor?

NONA.– Palabras que quedan para siempre. Y tu cuerpo...

Aldara sonríe y las dos se abrazan.

23

En la otra dependencia del pajar, Pero y Sancha están vistiéndose mientras todavía juegan. Ella, sin hablar, le pone a él a una flor en el cabello. Pero no la retira y la ayuda a dar una lazada al justillo. Hay un punto de sentimen-

talismo sin promesas. Son gentes que saben de la brevedad de la vida y de su dolor: el encuentro los aproximó y lo viven con ternura.

NUÑO.– (*Desde fuera*) ¡Pero! ¡Pero maldito! ¿Vendrás de una vez por mi vida?

PERO.– Sí, mi señor, sí... (*Pero contesta dando la espalda a la puerta y besando a Sancha*).

Pero sale ajustándose las calzas. Sancha se queda echada en la paja, con las manos sobre los labios y la mirada perdida. Pero, que olvidó la gorra, entra en su busca y la besa otra vez. Ambos sonríen y levantan la mano en señal de adiós. Mientras continúa en escena Sancha, se escucha el diálogo que sucede fuera.

NUÑO.– (*A Pero*) ¡Vive Dios que marcharé sin ti! (*A todas*) ¡Quedad con Dios, señoras!

PERO.– ¡Dios os guarde!

TODAS.– ¡Dios vaya con vos!

DOÑA MAYOR.– ¿Y la abadesa....?

GINEBRA.– Está en su gabinete.

DOÑA MAYOR.– ¡Ah, sí, ya la veo en la ventana! ¿Cómo no vendría a despedir a don Nuño?

GINEBRA.– ¡Vamos, cada una a lo suyo, que hay mucho que hacer!

24

Sancha y Juana en el lavadero. Sancha, en pie, espera junto a su montón de ropa, mientras Juana se afana en acabar, todavía de rodillas.

SANCHA.– Venga, Juana, que tengo que servirle el almuerzo a doña Mayor.

JUANA.– Pues vete.

SANCHA.– No, te espero, pero date prisa. Estos días anda la vieja de un humor...

JUANA.– ¡Vamos!

Juana intenta levantarse, pero no puede con tanto peso. Se lleva el dorso de la mano a la frente y le flaquean las piernas. Está mareada.

SANCHA.– (*Asistiéndola*) ¿Qué tienes, mujer?

JUANA.– ¡Ay, no sé! Así como si me faltase el aire...

SANCHA.– Deja eso en el suelo, que ya lo llevaré yo. Ve a sentarte ahí, encima de esa piedra, y descansa un momento.

JUANA.– ¡Dios te lo pague, Sancha!

Sancha la acompaña a sentarse y vuelve a recoger la ropa.

SANCHA.– Muy rápida acabaste, que esto no está bien aclarado. Te lo voy a repasar yo; si no, te reñirán las monjas.

Sancha se arrodilla para enjuagar la ropa. Llegan las novicias corriendo.

ISABEL.– ¿Sabéis que...? A Veva le parece... (*Interrumpiéndose bruscamente al ver a Juana aguantándose la cabeza con las manos*) ¿Qué te pasa, Juana?

SANCHA.– Dejadla en paz, que está mala.

Veva se pone en cuclillas ante Juana y la consuela: «¿Qué pasa, bonita?» Las palabras de ambas no resultan inteligibles, porque la conversación principal está sostenida por Sancha e Isabel.

ISABEL.– ¿Pero, mala de qué?

SANCHA.– ¡Ay, si parases de preguntar un momento, hija mía!

ISABEL.– ¿Por qué he de parar?

SANCHA.– ¡Porque nos vuelves locas! Y porque le das dolor de cabeza a Juana.

ISABEL.– Si ya estaba mala antes de yo llegase...

SANCHA.– Calladita estás más guapa.

ISABEL.– (*Echándole la lengua*) ¡Idiota!

SANCHA.– Se lo voy a decir a la madre abadesa, vas a ver cómo te mete en la despensa que está llena de ratones.

ISABEL.– ¡Uy, de ratones no será, que a Juana bien que le gusta esconderse allí con su Juancito!

JUANA.– ¡Condenada niña!

SANCHA.– ¡Mal bicho!

VEVA.– Juana, no te alteres, que te va a hacer mal.

SANCHA.– Si es que en esta casa parece que no hay paredes...

ISABEL.– Ya te gustaría a ti que no las hubiese para ver lo que hace Juana...

SANCHA.– Tú no te ordenas monja ni que venga el propio obispo a bendecirte. ¡Serás mala...!

ISABEL.– No soy mala; digo la verdad.

VEVA.– Parad de discutir las dos, que estáis poniendo a Juana peor.

Juana vomita. Veva la coge maternalmente. Isabel vuelve a echarle la lengua a Sancha, que le hace gestos de amenaza.

SANCHA.– Vamos dentro, que tienes que meterte en cama, Juana. ¡Y tú, deslenguada, coge esto!

Sancha llena su balde con la ropa de Juana y deja el otro a media carga para Isabel, que acepta el mandato rezongando. Cuando Juana se pone en pie, Isabel, que está a su lado, habla.

242

ISABEL.– ¿Juana, por qué está más corta tu falda por delante que por detrás?

Todas se quedan paradas. Juana se echa a llorar. Sancha deja la ropa en el suelo y se acerca a ella; acaba de entender.

SANCHA.– Vamos, vamos, que no es momento de llorar... ¡Ay, Dios mío! Tanta visita a la despensa tenía que traernos estos males...

VEVA.– ¿Tanto has comido?

ISABEL.– No es de comer, boba. Juana va a tener una hija.

VEVA.– ¡Qué bien, que el señor nos bendice!

SANCHA.– ¿Cómo que el señor nos bendice? ¡Es el demonio, que viene decidido a acabar con nosotras!

VEVA.– No. Una criatura es prueba del amor de Dios.

SANCHA.– Una criatura es prueba de trato con hombre, que no es lo mismo.

Juana no para de llorar, ahora a gritos, un poco cómica. Entra doña Mayor.

DOÑA MAYOR.– ¿Ya estáis todas de cháchara? ¡No hay modo de que trabajéis!

SANCHA.– ¡Ya vamos, doña, ya vamos!

VEVA.– Es que Juana va a tener una hija...

DOÑA MAYOR.– (*Persignándose*) ¡Virgen Santa del Cielo! ¿Cómo puede ser eso?

SANCHA.– ¡Uy, no nos haga preguntas ahora! ¡Vamos!

25

Gabinete de Aldara. Juana sentada a un lado, como si fuese una rea, y todas las demás de pie al otro, excepto Aldara que se mantiene en su silla, presidiendo.

DOÑA MAYOR.– ... Y nos coloca a todas en una situación comprometida. La moral y las buenas costumbres son los garantes de las mujeres. No me retiré aquí para que cualquier familiar de mi difunto esposo pueda poner en duda su honra, que, como viuda, todavía ostento.

ALDARA.– Tranquilidad, doña Mayor, que la honra de los hombres es tan frágil que puede verse mancillada hasta por una ráfaga de viento. Eso no debe quitaros el sueño.

DOÑA MAYOR.– Pero mis sobrinos...

ALDARA.– ¿Dejarán de pagaros la renta que os corresponde de saberlo? Con toda certeza, yo también lo pienso. Sólo que, de no ser por esto, por otra causa cualquiera sería. Ellos quieren lo que toman por suyo y todo les servirá de disculpa para arrebataros la herencia.

DOÑA MAYOR.– Pero si les damos razones...

ALDARA.– ¿Qué razones? Juana está encinta, pues bastante tiene ella, ¿no?

JUANA.– ¿Me vais a expulsar, abadesa?

ALDARA.– ¡Cómo se te ocurre eso! Ahora es cuando más precisas de nuestro apoyo. Siendo lega, todavía estás a tiempo de desdecirte.... ¿Querrá casarse Juan?

JUANA.– Sí, madre...

ALDARA.– Bien. Si quiere, prepararemos la boda. Podéis vivir en el caseto junto al río... Ya pensaremos cómo os sustentaremos.

ISABEL.– ¿Y si no quiere casarse?

CAROLA.– Las novicias no deberían estar presentes. Creo que esta conversación no es apropiada para ellas.

DOÑA MAYOR.– Soy de la misma opinión.

GINEBRA.– Mujeres son, ¿no? Si viviesen en sus casas, habrían oído conversaciones de este estilo no una vez, sino un ciento.

CAROLA.– Monjas, no mujeres, son las novicias. Deben conservar intacta su pureza.

ALDARA.– Las palabras no afectan a la pureza.

CAROLA.– ¡Claro que sí! Nuestro Señor Jesús dijo que quien escandalizase a una criatura no entraría en el reino de los ceos.

ALDARA.– ¿Así pensáis, boticaria? Siempre he interpretado esa frase en el sentido de que deberíamos evitarles ver la cara de la guerra o de la miseria. Nunca se me había ocurrido que tuviésemos que hurtar de su conocimiento lo que contienen los vientres de las mujeres...

GINEBRA.– Permitidme rogaros, abadesa y boticaria, que dejéis de una vez de disputar sobre teología. Lo que Juana precisa es tranquilidad y buenos alimentos.

SANCHA.– Y una buena cama donde dormir, que en el jergón donde nos toca a nosotras pasar la noche no podrá descansar ahora.

ALDARA.– Bien decís. Tenemos que buscar retales con los que hacerle una cama más cómoda a nuestra Juana. De comer bien ya se ocupará ella, que por algo es la cocinera. (*Sonriendo a Juana*).

JUANA.– No sé cómo agradeceros, madre...

ALDARA.– Nada tienes que agradecer.

CAROLA.– (*A Aldara*) Estáis poco menos que dándole los parabienes. ¿Cuándo le afearéis su conducta?

ALDARA.– No sé... En fin, Juana no había hecho los votos mayores.

CAROLA.– ¿Qué pensáis disponer para esa criatura?

ALDARA.– No he pensado nada en particular. La criaremos y, de ser niña, intentaremos casarla, aunque por motivos semejantes no pocas niñas habrán profesado como monjas.

GINEBRA.– ¡Di mejor muchísimas!

ALDARA.– Todo en orden, pues... Bien, que cada una de vosotras regrese a sus tareas. Y procurad hacerlas con entrega ahora que vamos a ser bendecidas con una criatura.

GINEBRA.– Yo he de tejerle unas ropitas con una lana que andaba por ahí.

ISABEL.– ¡Vamos a tener una niña! ¡Vamos a tener una niña!

ALDARA.– ¿Por qué dices siempre «una niña», novicia?

ISABEL.– (*Desconcertada*) No lo sé... Viviendo entre nosotras, ¿qué otra cosa podría ser?

26

Gabinete de la abadesa. Aldara, a solas, se quita la toca y se peina el cabello (no puede haber espejos). Entra Ginebra.

GINEBRA.– ¡Ave María Purísima!

ALDARA.– Pasa, prioresa, pasa. Pero, a poder ser, no me traigas más inquietudes, que no podré soportar tantos pesares hoy.

GINEBRA.– ¡Hablarás tú de pesares y de pesos, a tus años!

Se sienta detrás de Aldara, le quita el peine de las manos y la peina.

ALDARA.– No son pocos ya los años, Ginebra y me pesa la vida, me pesan las obligaciones, hasta la piel me pesa.

GINEBRA.– (*Dándole golpecitos cariñosos con el peine en el hombro*) Sobre todo te pesa la piel, me parece a mí. A lo mejor te pesaba menos si no la llenases de caricias.

ALDARA.– (*Asustada*) ¿Lo sabes?

GINEBRA.– Te conozco desde que eras una criatura, Aldara. Difícilmente podrías engañarme si lo pretendieses; cuanto menos cuando sólo mal disimulabas...

ALDARA.– Mal disimulaba, prioresa, una pasión que quemaba como brasa viva...

GINEBRA.– Sólo es amor cuando quema...

ALDARA.– ¿Y no será una indicación de cómo arderé en el infierno...?

GINEBRA.– No creo que ardamos en el infierno por haber amado de más, sino por haber amado de menos.

ALDARA.– Tú no lo entiendes, Ginebra. Quemaba el ardor y ahora duele la ausencia porque este amor es como ningún otro...

GINEBRA.– ¡Ja, ja! Ha salido la arrogancia de la enamorada: ninguna admitiría que existe en la creación entera sentimiento como el que la consume... a menos que se vuelva a enamorar otra vez, o dos, o tres. Entonces comprobará que el amor estaba en el propio corazón y que el ser amado sólo inflama lo que dentro ya ardía.

ALDARA.– No es arrogancia, Ginebra. Este amor no tiene nada que ver con lo que pudiese sentir nadie antes.... Además... este amor es prohibido.

GINEBRA.– ¿Acaso hay en este mundo amor permitido?

ALDARA.– (*Dudando*) No lo sé... Hay amores que acaban sancionados por Dios, formando un linaje...

GINEBRA.– Sabes como yo que los linajes no son asuntos que a Dios importar puedan. Si es amor, es prohibido, y rasga y rompe y coloca del revés a quien lo siente...

ALDARA.– Pero es tal la tristeza del amor perdido que nada compensa haberlo vivido....

GINEBRA.– ¿Que nada compensa? ¡No blasfemes, abadesa! ¿Preferirías no haberlo sentido? ¿Preferirías que nunca se coloreasen tus mejillas, que no te floreciese la piel y no te latiese el vientre...? No mientas, niña, que la única alegría que deja el amor es la de rememorarlo. No lo maldigas, pues.

ALDARA.– Lo maldigo, porque sufro.

GINEBRA.– Nada sufres en comparación con la dicha gozada.

ALDARA.– (*Aflojando el ceño y, de pronto, maliciosa*) ¡Mucho sabes de amor, prioresa!

GINEBRA.– Algo sé. Si una historia te sirve para despertar, escucha. (*Ginebra, que había dejado de peinarla un momento, reanuda la tarea mientras cuenta*). Había una vez, en el convento de San Miguel de Bóveda, cerca de Ourense, cierta monja joven. Era hermosa y de noble familia; nadie podía entender qué causa la había empujado a profesar. Pero había motivo: un motivo con calzas y jubón. La dulce enamorada sabía que su padre nunca la dejaría casar con don Ruy, un hidalgo pobre de la ciudad del Faro. Lo amó tres noches de agosto, justamente tres noches, mientras los grillos cantaban, en tiempos de luna llena. Se entregó sin reservas a una pasión que también quemaba como brasa, igual que la tuya, porque no hay en esta vida dolor tan agudo como el del amor... (*Ginebra se queda pensativa. Aldara la rescata de sus pensamientos*).

ALDARA.– ¿Qué pasó por fin?

GINEBRA.– ¿Qué querías que pasase? La muchacha sabía bien lo que supondría para ella perder la honra. Rezó para no quedarse preñada y después lloró y pataleó hasta conseguir que su padre le permitiese ingresar en un convento.

ALDARA.– ¿Y el enamorado?

GINEBRA.– ¡Ah, él! Ella pensaba mientras se solazaban que el muchacho no tardaría en encontrar consuelo en otros brazos y sufría, por adelantado, la muerte lenta que iba a padecer en el convento. Pero el amor, que es cataclismo y revoltura, también sabe arder en lumbre mansa. Una tarde de verano, del mismo mes de agosto en que habían hecho ventura sus sentires, pero veinte años después, llegó un notario a visitarla en el convento donde se había retirado. Venía a notificarle que su enamorado acababa de morir. Dejaba una mandada para una tal doña Ginebra y allí, en los papeles duros de su testamento, que sólo decían «dejo tanto a don mengano en pago de tal servicio, dejo esto y esto otro para mi hijo o mi vecino», las últimas líneas palpitaban al declarar: «Esta mandada tiene que llegar a un convento apartado. Es para doña Ginebra, a quien durante toda la vida tanto he amado. Por ella viví, por ella sufrí y ahora, con ella en el recuerdo, muero».

Las lágrimas recorren el rostro de Ginebra. Aldara pone la cabeza en su pecho.

ALDARA.– ¡Oh, Ginebra, qué triste vernos así!

GINEBRA.– ¡Que de ninguna otra forma no viésemos, sino enamoradas, que amor todo lo puede y es motor de la existencia, energía que da fuerza al viento y la flor de las delicias!

ALDARA.– ¡Quién podría imaginar que la pasión seguía consumiéndote a tus años!

GINEBRA.– ¿Qué años, mi niña? Quien ama no envejece ni se duele. No tengo años: por debajo de la apariencia engañosa de las arrugas, soy aún aquella doncella que escapaba furtivamente a los vergeles.

ALDARA.– Si te escuchasen...

GINEBRA.– ¿Quién? ¿Los adustos? ¿Los curas? ¿Los que avisan contra las mujeres? Que no nos teman tanto: nada les hemos de hacer, pues no son precisamente ellos el objeto de nuestro delirio...

Aldara se ríe, tapándose la boca con la mano.

GINEBRA.– ¡Menos mal que te vuelvo a ver reír, Aldara!

Se abrazan. Como están sentadas una al lado de la otra y sólo aproximan la parte superior de sus cuerpos, forman una especie de corazón.

27

Puerta del convento. Entran dos frailes. Poco a poco, todas se van reuniendo, como en la defensa de una fortaleza ante un enemigo.

FRAY PAULINO.– ¡Ave María Purísima!

TODAS.– Sin pecado concebida.

FRAY MIGUEL.– No parecéis tener mucho trabajo esta mañana, todas ahí congregadas. ¿No sabéis que el trabajo es la mejor oración? *Laborare orare est.*

Todas inician la vuelta a sus ocupaciones.

ALDARA.– Permaneced donde estáis, hermanas. ¿Acaso se ha visto nunca un visitante que entre dando órdenes?

FRAY MIGUEL.– No son órdenes, sino santos consejos dados con amabilísima disposición hacia todas vos.

ALDARA.– Agradecidas os quedamos. ¿Y bien? ¿Quién sois? ¿Qué os trae por aquí?

FRAY MIGUEL.– Conducidme hasta vuestra abadesa. Tengo que hablar con ella.

ALDARA.– Ya lo estáis haciendo.

FRAY MIGUEL.– ¿Sois vos la abadesa?

ALDARA.– (*Sonriendo*) Parece que no soy de vuestro agrado...

FRAY MIGUEL.– No os contemplo ni con agrado ni sin él, pero pensaba que seríais alguien de mayor edad...

ALDARA.– Eso tiene fácil remedio: volved dentro de diez años.

Todas se ríen, menos Ginebra, quien mueve alternativamente la cabeza, preocupada por el tono desafiante de Aldara, y después avanza unos pasos y se coloca pegada a ella, como dispuesta a protegerla. Fray Paulino (que ocupa la misma posición con respecto a Fray Miguel, en una perfecta lógica de combate) le susurra algo a su compañero, que pone la oreja para escuchar mejor.

FRAY MIGUEL.– Abadesa, como veis soy fraile dominico. Mi nombre es Fray Miguel Lucientes (*Señalando a su compañero*) Me acompaña mi docto hermano Fray Paulino de Cerceda. Esperamos que nos acojáis; venimos de parte de su Ilustrísima, el obispo.

Ahora es Ginebra quien susurra algo al oído de Aldara.

ALDARA.– Perdonadme la desconfianza, señor, pero no hemos recibido ningún escrito que nos anunciase vuestra llegada...

FRAY MIGUEL.– No me llaméis señor, sino monseñor

ALDARA.– ¿Disculparéis a una monja ignorante de las cortesías del palacio episcopal?

FRAY MIGUEL.– (*Serio, hace pausa y no contesta. Con tono muy diferente de la ironía de Aldara, pregunta*) ¿Podremos pasar, pues, a sacudirnos el polvo del viaje?

ALDARA.– Como cristianas tenemos obligación de acogeros; no tiene sentido vuestra pregunta. Sin embargo, deberíais aclarar vuestra misión... ¿Por qué he de creer que os manda el obispo?

Fray Miguel le muestra un anillo con el escudo episcopal.

ALDARA.– Perdonadme la severidad en el trato: no es costumbre que recibamos visitas. Me gustaría saber de qué se nos acusa...

FRAY MIGUEL.– ¡Sois rápida! ¿Por qué tendría que haber acusaciones? (*Silencio incómodo*). Bien; seré claro y terminante como las leyes del cielo. Vuestro convento está en unas condiciones un tanto especiales. No es que sea enormemente rico, aunque la biblioteca y la iglesia deben de guardar un par de tesoros, y, sobre todo, estáis situadas en un lugar estratégico: todavía son tierras del conde de Lemos, pero sujetas a foros. Tenéis campos ricos en vino y centeno, dos molinos en uso y varias aldeas, además de un coto de río truchero formidable... No sois ricas, pero sí apetecibles... Y vuestro carácter, según tengo entendido, no es precisamente idóneo para regentar todo esto. (*Ahora afectado, a fray Paulino*) ¿Hábrase visto algo más repugnante que una monja sabia...? (*A Aldara*) En fin, señora, vamos a pasar unos días en vuestra casa, observando vuestra vida con detalle para determinar si os ajustáis a la regla. Suponed que en nuestra inspección nos encontramos costumbres relajadas... En ese caso, sería legítimo que la Santa Madre Iglesia se ocupase de la correcta administración de vuestros bienes. ¿Comprendido? (*Sonriendo malévolamente*).

Mientras fray Miguel hablaba, todas se mantienen observando a los forasteros, algunas con cara de no entender lo que pasa. Ginebra se persigna.

ALDARA.– ¡Comprendido, Ilustrísima!

Aldara hace gesto de que entren. Mientras los frailes avanzan hacia el convento, Aldara y Ginebra permanecen en escena.

ALDARA.– (*A Ginebra*) ¿Y dices que Dios no ahoga, prioresa? ¡No te persignes! ¡No muestres temor alguno! ¡Ni una sola debilidad!

28

Aldara, fray Miguel y fray Paulino están sentados en el gabinete de la abadesa.

ALDARA.– ¿Me explicaréis tal vez ahora el motivo exacto de vuestra visita?

FRAY MIGUEL.– Abadesa, se nos ha encomendado una misión delicada. (*Carraspea*) Según parece, ha llegado a oídos de su Ilustrísima, el obispo, cierta información sobre (*Pausa*)... las costumbres disipadas de este convento.

ALDARA.– ¿Disipadas? Si usáis palabras tan extrañas, una pobre monja como yo no podrá entenderos...

FRAY MIGUEL.– No pretendáis engañarme, abadesa. Sois mujer de letras. Nacisteis como Aldara Eáns, de la muy noble familia de don Álvaro Eáns y Castro. Conozco todos los datos de vuestra biografía mejor que vos misma...

ALDARA.– Me asustaréis...

FRAY MIGUEL.– (*Intimidatorio*) ¡Todos!

ALDARA.– Venís entonces a corregirnos o...

FRAY MIGUEL.– En estos tiempos inestables, como comprenderéis, tener un montón de mujeres significadas en la iglesia haciendo una vida licenciosa es un riesgo que su Ilustrísima no pode correr.

ALDARA.– ¿Y qué idea tiene su Ilustrísima?

FRAY MIGUEL.– El convento podría anexionarse al episcopado y tener otros fines... (*Contemplando las estanterías de la biblioteca de Aldara*). Como seminario no estaría mal...

ALDARA.– En caso de que se probase esa conducta... (*pausa y con ironía*) licenciosa.

Elvira interrumpe con voces desde fuera y abre la puerta sin llamar.

ELVIRA.– ¡Doña! ¡Doña abadesa! ¡Ay, Virgen Santa! ¡Santa Madre de Dios y Santa Elvira de mi nombre! (*Entra, ve a los dominicos con sus caras largas y se asusta*). Perdonad a esta pobre pecadora, que no sabía que estabais en concilio.

ALDARA.– No hay concilio alguno, pero vete a la cocina que ya hablamos después...

ELVIRA.– Ay, sí, ya hablamos... (*Saliendo*).

FRAY MIGUEL.– No veo por qué la presencia de unos humildes delegados de Dios pueda turbaros. (*A Elvira, con autoridad*) ¡Habla pues!

ELVIRA.– (*A Aldara*) ¿Y hablaré, doña?

ALDARA.– Sí, Elvira, di, que este fraile que tienes ante los ojos representa el brazo de Dios en la tierra.

Fray Miguel y Aldara intercambian miradas de ira, pero Elvira no lo percibe, saca del escote un pergamino y lo muestra.

ELVIRA.– Un alguacil vino a entregarme esta carta. ¡Hasta he dejado a las criaturas solas, de lo nerviosa que me he puesto! Le pedí que me la leyese, a lo que me respondió que no eran esas sus obligaciones, pero tanto le insistí, y le prometí, y le di a entender lo que podía haber si me hacía el favor...

ALDARA.– *(Preocupada)* No nos des detalles ahora...

ELVIRA.– ¡Ay, no! Pues me leyó lo que pone aquí, que me da la vida, que vos misma, para eso sois tan sabia, podéis verlo e interpretarlo, que bien sabéis que para mí las letras están mudas.

Elvira le tiende la carta a Aldara. Fray Miguel se la arranca de las manos y se la pasa a Fray Paulino para que la lea en voz alta, como si él tuviese problemas de vista.

FRAY PAULINO.– «Sentencia dictada por el juez de la ciudad de Ourense, a veintiocho días del mes de abril, del año de nuestro Señor de 1468. Por tres veces he librado causa presentada por Elvira Rodríguez contra su marido y en las tres mandé que hiciesen las paces entre ellos, como esposos que son ante Dios, y criadores de hijos, y muy buenos cristianos. Pero notándose la alevosa disposición del marido, Juan Tenorio, contra la mujer, a quien continuamente hiere con armas varias e insulta y pega, según testigos en presencia, me veo en la obligación de rectificar las disposiciones anteriores. Y si siempre di la razón a la parte de Elvira, aun solicitándole ser obediente y sirviente en todo, hoy considero que merece ser repudiada como esposa, no por haber hecho mal, sino como medio para vivir con una distante separación. No cohabitarán los esposos ni harán coyunda. Cada uno dispondrá de sus bienes, y él no se acercará a ella a menos de cien pasos medidos. Para evitar escándalo público, Elvira podrá acogerse y acoger a todos sus hijos e hijas en el convento de Santa María, porque se ha presentado a mí avalada en su conducta por la abadesa doña Aldara Eáns, que rige y gobierna dicho monasterio y...

Fray Miguel le arrebata furioso la carta y adopta un tono durísimo.

FRAY MIGUEL.– Señora, veo que os ocupáis de asuntos demasiado terrenales para ser abadesa. El obispo deberá saberlo. Si me lo permitís, me retiraré al cuarto que me asignéis. Debo descansar del viaje.

29

En la cocina están Juana, con el bebé en su cesto, Sancha y las novicias, todas atareadas en cuestiones domésticas, cuando entra Aldara.

ALDARA.– Sancha, vete a llamar a la prioresa y a doña Mayor.

SANCHA.– Sí, madre.

ALDARA.– ¡Sancha! (*Ya está fuera, pero vuelve a asomar la cabeza*). ¡También a la boticaria!

SANCHA.– Bien, madre. (*Sale*).

JUANA.– ¡Mi madre querida! ¡Humos traen los santos varones!

ALDARA.– Humos traen y varones son, Juana, no lo niego, pero lo de santos aún está por ver...

ISABEL.– Madre, ¿vamos a tener que volver con nuestras familias?

ALDARA.– ¡Quita! ¿Qué idea es esa, novicia? Nosotras no tenemos más familia que esta...

ISABEL.– ¿Cómo que no? ... Juana tiene a su bebé.

ALDARA.– Ah, claro, todas tenemos a la pequeña Guiomar.

Aldara se acerca al cesto y arropa a Guiomar, que duerme plácidamente.

ALDARA.– ¿Ha comido?

JUANA.– ¡Uy, si ha comido...! ¡Me va a secar!

Entran Sancha, Ginebra, Doña Mayor y Carola.

ALDARA.– ¡Ya estáis aquí! ¡Menos mal que somos todas rápidas y avisadas! ¡Cierra ahí, Juana! (*Señalando la puerta*). Hermanas, los frailes no vienen a hacernos una visita, sino a buscar nuestra perdición. Por alguna razón que se me escapa, el obispo codicia el convento: les bastará con que les demos una mínima causa para que Santa María pase a ser Seminario y nosotras nos veamos abandonadas y dispersas por esos mundos, cuando no abiertamente deshonradas...

CAROLA.– (*Interrumpiendo*) ¿No exageráis un poco, madre?

ALDARA.– Ginebra, cuéntaselo tú...

GINEBRA.– No, hay cosas sobre las que nunca volveré... Sólo diré que la abadesa y yo ya hemos pasado por esas tristezas...

CAROLA.– No parece que os haya ido mal. Si no me equivoco, la abadesa salió de ese episodio con el cargo principal que ahora ocupa.

GINEBRA.– No, no, eso llegó después y por casualidad... Porque en ese momento al obispo, que ya era otro, le interesó una abadesa de calidad, pero por entonces, en San Miguel de Bóveda, Aldara era todavía una cría... Podemos aseguraros que el proceso fue triste. Cuando nuestras lenguas han decidido callarlo por siempre es porque vimos demasiado dolor, demasiada maldad como para contarla. No queráis saber cómo acabaron la mayoría de las monjas...

DOÑA MAYOR.– ¡Santa Madre de Dios!

SANCHA.– (*A las novicias*) Dado que tenemos tantos problemas, bueno será decir toda la verdad...

ALDARA.– ¿Qué tienes que contar, Sancha?

SANCHA.– Madre, el joven, fray Paulino, va tomando nota de cuanto ve. Que no sé cómo conseguirá tantos pergaminos como lleva, el hombre... Nada más retirarse fray Miguel a descansar en la celda que les encomendasteis, fray Paulino vino a la cocina y todo lo miró y por todo preguntó...

ALDARA.– Tenedlo en cuenta: tendrán tres ojos en la cara.

SANCHA.– Todavía no he acabado, madre... Como llegaron tan temprano y tan inesperadamente...

ALDARA.– Continúa sin miedo.

JUANA.– ¡Sancha, por favor...!

ALDARA.– ¡¡Juana!! Será peor para todas que ocultéis algo...

JUANA.– Sancha, como si no tuvieses nunca nada que esconder...

Aldara coge una astilla de encender el fuego y la tira en el hogar provocando una llamarada.

ALDARA.– ¿Así queréis acabar?

Todas hacen gestos o sonidos en señal de miedo.

SANCHA.– El fraile entró en la despensa y encontró a Juana y a Juan... desnudos.

DOÑA MAYOR.– Dios te salve, María, llena eres de gracia, el señor es contigo, bendita tú eres entre todas las mujeres... (*Continúa rezando en voz baja mientras prosigue la conversación, un Ave María tras otro*).

GINEBRA.– ¡Juana, por favor...!

JUANA.– (*De rodillas*) ¡Perdonadme, perdonadme! ¡Será por mí que arderemos en el fuego!

ISABEL.– ¡A ver si nos salvamos las demás, que tú ya arderás sola en el infierno!

GINEBRA.– ¡¡Niña!! ¿Qué dices? (*Cogiendo maternalmente la cabeza de Juana y colocándola en su pecho*). ¿Y no tendrás un poco de sentido común?

La imagen de Ginebra, sentada, con Juana poniendo la cabeza en su regazo y llorando evoca una Madonna.

JUANA.– (*Mirando hacia arriba*) ¡Ay, prioresa, es que cuando viene Juan se me olvida hasta mi nombre!

ISABEL.– ¡Pues te llamas igual que él! ¿Si será tonta?

CAROLA.– La lujuria no permite a la cabeza trabajar como debe.

ALDARA.– ¡Basta de increpar a Juana! Lo hecho, hecho está sin remedio.

SANCHA.– ¿Continúo, abadesa?

ALDARA.– ¿Todavía hay más?

SANCHA.– Sí. Fray Paulino se puso muy enfadado y, por bien hacer, las novicias...

DOÑA MAYOR.– ¡¡¡Virgen Santa!!! (*Vuelve a recitar el Ave María*).

ISABEL.– Lo cuento yo, Sancha. Queríamos quitarle importancia a lo que había visto, porque él, madre, estaba escribiendo como un poseso, que ni siquiera sé cómo podía hacer buena letra así, de pie y a toda prisa...

ALDARA.– ¡Isabel, vuelve al asunto!

ISABEL.– Pues Veva y yo... No, yo, que Veva estaba callada...

VEVA.– No es verdad, que yo soy tan culpable como tú.

ISABEL.– No, madre, que a mí se me fue la lengua loca y dije que no pasaba nada, que Juana no era monja y que, sin haber hecho los votos, no había mal alguno... y que de alguna forma había de ser feliz...

ALDARA.– ¿Y qué dijo él?

ISABEL.– Apuntó «las cuales novicias disculpan la lujuriosa actitud de la criada en una demostración de mentes precoces».

ALDARA.– ¡No sé si reírme del fraile o llorar nuestra suerte!

SANCHA.– Todavía no está todo, madre.

ALDARA.– Acércame una silla, Juana.

Juana lo hace y Aldara se sienta.

SANCHA.– Yo quería también... suavizar.

GINEBRA.– ¿Y qué le dijiste? ¿Que los bichos del campo también lo hacían? ¡Nunca he visto unas monjas tan bobas!

ALDARA.– ¿Qué dijiste, Sancha?

SANCHA.– Dije que, si tanto se asustaba por todo, debería tener en cuenta que ellos también eran hombres y que la regla prohíbe que se alojen en el convento... y que otras veces que un hombre ha estado entre nosotras, no dormía dentro...

ALDARA.– ¿Así que has mentido?

SANCHA.– No he mentido, madre. ¿Acaso no ha estado entre nosotras don Nuño?

ALDARA.– (*Mordiéndose el labio*) Perdona, me había olvidado.

Ginebra mira extrañada a Aldara.

ISABEL.– ¡Si sabrá Sancha que durmió aquí don Nuño! ¡Y Pero...! ¡Eso que pocas horas debió de descansar!

Sancha pellizca a Isabel en un brazo.

ISABEL.– ¡Ay, madre, que Sancha me hace daño!

ALDARA.– Sed amigas entre vosotras, por favor. No permitáis que las malas hierbas crezcan en nuestro jardín.

GINEBRA.– ¿Qué vas a hacer, Aldara?

ALDARA.– Resolver el asunto con severidad, eso corresponde. (*A Juana*) Abre la porta lo más rápido que puedas.

Juana, que estaba junto a la puerta, la abre e, inmediatamente cae fray Paulino, que estaba apoyado escuchando del otro lado... Todas, menos Aldara, dan un grito de sorpresa.

ALDARA.– (*De pie, a fray Paulino, que está en el suelo con los utensilios de escribir*) ¿Habéis escuchado bastante tras la puerta o precisáis algún detalle más?

FRAY PAULINO.– Disculpadme.

ALDARA.– No puedo disculpar lo que disculpa no tiene. ¿Os alojáis en mi casa para espiarme? ¿Para intentar encontrarnos en falta y causar nuestra ruina? ¿Esa es la conducta cristiana de los esbirros de su Ilustrísima?

GINEBRA.– ¡Aldara, que la boca te puede!

ALDARA.– No, prioresa, todavía llevo yo el control. Estoy pensando que, como otras veces en que hemos recibido hombres en esta casa, nuestros invitados dormirán fuera, en el pajar, y no recibirán ninguna de las comodidades del convento.

CAROLA.– ¡Pero son enviados del obispo!

ALDARA.– ¡¡Pero... son hombres!!

30

Por la noche, fray Miguel y fray Paulino intentan acomodarse entre las pajas. Están muy separados.

FRAY MIGUEL.– Colocaré esta manta entre los dos, para que vuestro pudor no se vea turbado por mi presencia.

FRAY PAULINO.– Gracias, padre.

Fray Paulino se yergue y ayuda a atar la manta en un palo. Ahora permanecen en sendos cubículos.

FRAY PAULINO.– ¡Que tengáis buena noche, padre!

FRAY MIGUEL.– Igualmente, fray Paulino. ¿Habéis hecho vuestras oraciones?

FRAY PAULINO.– Sí, padre.

FRAY MIGUEL.– Durante el tiempo que permanezcamos aquí quedáis dispensado de azotaros; bastante castigo es aguantar a estas monjas descarriadas.

FRAY PAULINO.– Muy bien, padre.

FRAY MIGUEL.– Acomodaos como podáis entre la paja... ¡Qué duro es ser el brazo de Dios! ¡Durmiendo en las cuadras... como campesinos!

Resultan ridículos en su forma de afrontar el lugar y el pudor. Oscuridad. De mañana, con el canto del gallo, entra la luz. Aunque no se ve la escena del exterior, de los sonidos que llegan puede intuirse que Juana y Sancha están lavándose en el río, canturreando, entre grititos de frío y cantos de pájaros. Los frailes se asoman por las grietas de la madera y se persignan. Fray Miguel, con lascivia, susurra: «Tenemos el asunto bien cogido. Estas no son trigo limpio». Fray Paulino abre la boca, pasmado, y el deseo se advierte en su cara.

31

Aldara está en su gabinete escribiendo cuando escucha ruido. Es Pero que está siendo recibido por una alborozada Sancha «¡Por fin estás aquí, malandrín!», «¡Aquí estoy, mi vida!». Se escuchan sus risas. Después entra Sancha.

SANCHA.– ¡Albricias, madre! ¡Pero está aquí!

ALDARA.– Se nota algo su presencia en los colores de tus mejillas.

Sancha, sonrojada, se retira y pasa Pero, que se saca la gorra, se arrodilla ante Aldara y le besa el anillo.

PERO.– Abadesa...

ALDARA.– ¡Bienvenido seas, Pero! ¿Cómo está tu amo?

PERO.– Mi amo queda bien. Me envía a mí para transmitiros sus respetos y haceros entrega de este importante documento.

Pero le entrega un pergamino enrollado con un lazo rojo. Aldara lo abre y lee.

ALDARA.– (*Leyendo*) «Documento por el cual la Santa Hermandad da posesión al convento de Santa María de Rebordelos del coto de Rabal, en un tiempo de su propiedad y últimamente ocupado por el conde de Santa Marta. La Santa Hermandad considera que este proceder es una restitución justa, por el trato concedido al señor don Nuño de Vilamelle, que se restableció en esa santa casa de las heridas recibidas en la batalla». (*A Pero*) Agradecidas quedamos. ¿Pero no podía vuestro Señor venir a entregarnos el regalo? Si es un pago por el trato recibido, se lo dispensamos a él, e no a vos.

PERO.– (*Dando vueltas a la gorra entre las manos*) Abadesa, los caballeros nunca abandonan la batalla.

ALDARA.– ¿Por qué no?

PERO.– Eso es lo que más les importa en el mundo. Ellos son distintos a los demás, más bravos, más orgullosos. Precisan que su dignidad se vea siempre respetada.

ALDARA.– Comprendo. ¿Y qué más sabéis de vuestro amo? ¿No ha vuelto a abrírsele la herida? ¿Come bien? ¿Duerme por las noches? ¿Se queja de algo?

PERO.– (*Rascándose la cabeza*) Hacéis preguntas de complicada respuesta. Paso con él una jornada tras otra y diría que, sin embargo, no lo conozco. Nunca cuenta nada. No me entendáis mal, que no tiene mal carácter; simplemente es un hombre reservado. Nunca me ha pegado y no se le conocen vicios: ni va con mujeres, ni juega, ni se emborracha... pero hablar... lo que se dice hablar, no habla. En la batalla es duro y temerario... Pero los hombres, mientras preparan un ataque, comparten sus sentimientos, hablan de las mujeres que gozaron, de los hijos que dejan en casa, de su infancia... Don Nuño no; nunca abre la boca.

ALDARA.– ¿Qué me podéis contar entonces de este tiempo en que habéis estado ausentes?

PERO.– Podría contaros de la revuelta... Sólo la fortaleza de Pambre se mantiene en pie; nuestra causa se extiende por toda Galicia...

ALDARA.– No me interesan las fortunas militares.

PERO.– ¿Qué queréis saber entonces?

ALDARA.– Quiero saber de don Nuño.

PERO.– De don Nuño, señora, no sabe nada ni su madre...

ALDARA.– Marcha, Pero, marcha con Dios, pues. Pero no te vayas sin comer, ni sin que tu caballo haya descansado... Ni sin hacer lo que tengas que hacer, despidiéndote de quien te tengas que despedir.

PERO.– Si lo tenéis a bien...

ALDARA.– Vete con Dios.

Pero hace una reverencia y sale. Cuando se ve sola, Aldara se sienta, da puñetazos en la mesa y, con aire desesperado, grita: «¡Maldita sea! ¡Maldita sea!».

32

Por el claustro del convento caminan los dos frailes. Carola se acerca a ellos.

CAROLA.– Monseñor, debo hablar con vos.

FRAY MIGUEL.– (*A Fray Paulino*) Id a rezar sin mí. (*A Carola*) ¡Hablad pues!

CAROLA.– No os detengáis. Lo que tengo que deciros es de tal gravedad que va a cambiar el modo de vivir en esta casa y hasta puede hacer oscilar sus columnas. Continuad paseando, por favor. Así, si nos ven, creerán que estamos abordando mis problemas espirituales...

FRAY MIGUEL.– Os acojo, pues, en santa confesión. *In nomine Patris, et Filii...* (*Susurrando y trazando la señal de la cruz en el aire*).

CAROLA.– Hace un año estuvo alojado en esta casa el caballero de la Santa Hermandad Nuño de Vilamelle. A sabiendas de que un hombre no podía entrar en el convento, la abadesa lo acogió y...

FRAY MIGUEL.– ¿Por lujuria?

CAROLA.– ¡Sin ninguna duda! Le hizo ocupar el pajar, como ahora a vos, para evitar las lenguas murmuradoras, pero..., aunque sólo a la boticaria corresponde administrar cuidados, ella se empeñó en lavar sus heridas...

FRAY MIGUEL.– Considerad la gravedad de vuestra acusación...

CAROLA.– Me acerco a un hombre santo, como vos, para que me libere de la tortura que me inflige saber de todo este pecado.

FRAY MIGUEL.– (*Malicioso*) ¿Y vos... también queríais curar al caballero?

CAROLA.– ¡Ah, no! Como todos los boticarios conventuales conozco las sustancias que pueden apartar de mí la lujuria. Además de azotarme por las mañanas, suelo beber infusión de raíz de lúpulo. Como sabréis, el lúpulo calma las naturalezas exaltadas...

FRAY MIGUEL.– Debo confesar que ignoraba lo que me contáis. Creía que con lúpulo sólo se hacía cerveza...

CAROLA.– Pero ved que los hombres se quedan agotados después de beberla... De todos modos, no es este el objetivo de nuestra conversación.

FRAY MIGUEL.– Efectivamente, madre boticaria, veo en vos una mente lúcida, que libra batalla contra el pecado. ¿Y decís que tenéis completa seguridad en esa relación espuria?

CAROLA.– Podría contaros mucho más. Nuestra recadera, Elvira, tiene problemas con su marido. La abadesa lleva tiempo tomando esos asuntos como propios, sin atender a que, dentro de cada hogar, sólo puede penetrar Dios.

FRAY MIGUEL.– Conozco el caso. La desgraciada de Elvira vino contándolo a voces.

CAROLA.– En cierta ocasión el juez mandó recado con su sentencia. A la abadesa no le gustó y, apartada del grupo, pude ver como retenía don Nuño su mano.

FRAY MIGUEL.– ¿Hay algo más que recordéis?

CAROLA.– Infinidad de detalles: juntos paseaban, juntos reían y, a veces vi cómo la abadesa abandonaba de noche el convento para buscar algo en el pajar.

FRAY MIGUEL.– ¿Saben esto las demás?

CAROLA.– No lo creo. En fin, no sé cómo decíroslo, pero... el convento no es precisamente un lugar tranquilo y silencioso por las noches.

FRAY MIGUEL.– El estupor se apodera de mí. ¿Entendéis que esta declaración vuestra podría tener consecuencias decisivas?

CAROLA.– Lo entiendo.

FRAY MIGUEL.– Creo que seríais una buena abadesa.

CAROLA.– Gracia que me hacéis sólo con mencionarlo. En esta casa nunca he sido bien querida.

FRAY MIGUEL.– Las pecadoras no pueden querer consigo a una monja de virtud. Voy a haceros una pregunta. ¿La criatura que lleva la criada, no será... no vendrá... no llegaría... (*buscando, nervioso, las palabras*) del vientre de la abadesa?

CAROLA.– No; es hija de Juana y de sus amoríos.

FRAY MIGUEL.– Eso puede ser lo que os han hecho creer.

CAROLA.– ¡Monseñor, vivo aquí...!

FRAY MIGUEL.– Sabéis que ni ocultar la preñez de la abadesa, ni fingir la de la criada sería muy difícil.

Carola se queda un poco parada, con el entrecejo fruncido.

FRAY MIGUEL.– A su Ilustrísima, el obispo, le gustan los asuntos bien atados. Con una prueba como esta todo el mundo creería en nosotros. ¿Comprendéis?

CAROLA.– Sí, lo comprendo.

El dominico se inclina sobre Carola y le susurra algo al oído. Continúan paseando y hablando en voz baja. Mientras salen de escena, suena una cantiga de escarnio.

33

Aldara y Ginebra están en el gabinete de la abadesa cuando irrumpe Fray Miguel.

FRAY MIGUEL.– Abadesa, debo hablar con vos.

ALDARA.– Ya hablaremos en el refectorio, Fray Miguel. Ahora la prioresa y yo estamos repasando las cuentas de la casa...

FRAY MIGUEL.– El asunto que me trae no admite espera.

ALDARA.– Mirad que las cuentas son también urgentes, que sin ellas no comemos.

FRAY MIGUEL.– Abadesa, por favor...

ALDARA.– En fin, pasad, pasad.

FRAY MIGUEL.– Como sabéis, he venido a esta casa con una preocupante encomienda.

ALDARA.– No perdáis el tiempo en retóricas y decid qué habéis encontrado. ¿Otra vez estaba Juana en la despensa?

FRAY MIGUEL.– No, señora. He encontrado asunto de mayor relevancia: las muestras de vuestra conducta disoluta. (*Con desprecio*) ¡Una abadesa! ¡Alguien que debería dar ejemplo a toda la comunidad!

GINEBRA.– ¡Santa María, ruega por nosotras!

FRAY MIGUEL.– (*A Ginebra*) Sí, que ruegue, aunque la virginal madre de Dios no se ocupa de las mujeres caídas en la perdición... (*a Aldara*) como vos, abadesa. ¡Os acuso de ser la madre de la criatura que vuestra criada amamanta!

ALDARA.– (*Riendo*) ¿Yo la madre de Guiomar? ¿Estáis de broma? ¿Cómo podría serlo?

FRAY MIGUEL.– La niña es fruto de vuestros amores con el caballero Nuño de Vilamelle.

GINEBRA.– (*Persignándose*) ¡Virgen de los desamparados, protégenos! (*Comienza a llorar y se mantendrá llorando el resto de la escena*).

ALDARA.– (*Seria*) ¡No es cierto!

FRAY MIGUEL.– ¿Acaso no acogisteis a ese caballero la pasada primavera?

ALDARA.– Era obligación cristiana... Llegó a nosotras en grave estado.

FRAY MIGUEL.– ¿Acaso no permaneció más de dos meses bajo vuestro techo?

ALDARA.– Permaneció el tiempo necesario para que se curasen sus heridas; ni un día más.

FRAY MIGUEL.– ¿Acaso no lo visitabais en el pajar? ¿No le prodigasteis personalmente cuidados? ¿No os dejasteis ver en su compañía por los alrededores del convento? ¿No comía con vos en el refectorio? ¿No le mostrasteis simpatía en público...y algo más en privado?

ALDARA.– ¿Estoy bajo juicio, señor inquisidor?

FRAY MIGUEL.– ¿Negaréis ser la madre de esa criatura?

ALDARA.– Lo negaré, claro está. Cualquiera de mis monjas puede rechazar en mi nombre esa acusación. En el obispado alguien debe de andar muy interesado en este convento para que me vengáis con esas...

FRAY MIGUEL.– No me asustaréis con esa lengua rebelde. ¿Quién va a testificar en vuestra defensa? ¿Unas niñas criadas aquí y que no conocen otra familia? ¿Una vieja que se desvive por vos? Al obispo le bastará con la palabra de una mente selecta, a quien podrá premiar por tantos padecimientos vividos convirtiéndola en abadesa en algún otro convento de mejor proceder.

ALDARA.– ¿De quién habláis?

FRAY MIGUEL.– (*A Aldara*) De vuestra boticaria. (*Solicitando con un gesto la entrada a alguien que está fuera*) Entrad, madre, e idos haciendo con este territorio que en seguida ocuparéis.

Carola entra en escena y avanza, mientras Fray Miguel se retira a un rincón.

GINEBRA.– (*A Carola que permanece impasible*) Boticaria, no os atreveréis... Reparad en que no será como abadesa donde podréis saciar vuestro amor por el conocimiento.

CAROLA.– (*Sonriendo malévola*) Os equivocáis, prioresa. Seré yo quien dé las órdenes; sólo yo diré a qué se debe dedicar cada una y por cuánto tiempo. Me enfrascaré en el estudio y otras harán las cuentas.

GINEBRA.– No deberíais permitir que el afán de venganza envenenase vuestro corazón.

ALDARA.– Nunca pensé que la lengua de una hermana tan mal de mí dijese.

34

Están en el refectorio Isabel, Veva, Ginebra y doña Mayor en pie, en sus puestos para la comida, con las manos cruzadas sobre el regazo. Entran Juana y Sancha; después los frailes. Ginebra dirige los rezos.

GINEBRA.– Santa María, madre de Dios, ruega por nosotras pecadoras, ahora y en la hora de nuestra muerte.

TOD@S.– Amén.

Se sientan. Sancha se acerca con una fuente de carne. Ginebra le hace un gesto con la mano de que no la sirva.

GINEBRA.– Aguarda, Sancha. No agasajaremos a nuestros invitados cuando aún tenemos pendiente nuestra defensa, no sea que a estos señores la comida les perturbe el entendimiento.

Fray Paulino hace gestos de contrariedad, fray Miguel imperturbable.

GINEBRA.– Sabemos, señor, que somos...

FRAY MIGUEL.– (*Con retintín*) Mon-se-ñor.

GINEBRA.– No, fray Miguel, no. Las dignidades de la iglesia son para los que participan en esa carrera. Como mujer, y ya de edad, no preciso entrar en esas vanidades. Sabemos para qué habéis venido y de qué nos acusáis. Las que estamos aquí querríamos testificar en favor de Alda... de la abadesa... Ella no es la madre de nadie, ¿verdad, Juana?

JUANA.– Ay, no señor, que Guiomar es hija de mi vientre, por la virgen santísima (*Jura con los dedos en cruz*).

FRAY MIGUEL.– Bien, bien, bien... Pero... (*Quiere hablar, pero ellas lo interrumpen*).

SANCHA.– La abadesa es un ejemplo para todo el mundo.

DOÑA MAYOR.– Nada hay en el convento que pueda desagradar al Señor.

JUANA.– La abadesa es mujer buena como el pan.

VEVA.– Y cariñosa...

ISABEL.– Y honrada... ¡Como todas!

FRAY MIGUEL.– Nunca he dudado de que la abadesa estuviese bien cobijada en su casa. Finalmente era ella quien a todas daba licencia para tantos desatinos.

TODAS.– ¿Cómo? / ¿Qué? / No nos entiende/ ¿Qué desatinos?

GINEBRA.– Somos limitadas, como todo ser humano, y pecamos, y no nos tenemos por santas ni por heroínas. Pero, señor, no merecemos ser tan injustamente agraviadas y quien menos de todas lo merece es nuestra abadesa, por ser mujer de talante conciliador, muy dada al prójimo, siempre atenta y buena dirigente.

FRAY MIGUEL.– No todas opinan así.

GINEBRA.– Si lo decís por la boticaria...

FRAY MIGUEL.– Se dice el pecado, no el pecador... Tal vez alguna de vos quiera incrementar los testimonios de dejadez que ya poseemos con alguna otra indicación. Su Ilustrísima, desde luego, tendría en cuenta tal gesto de colaboración con la justicia, que debe servir a Dios.

GINEBRA.– La boticaria está aquí; será la única que tenga algo que decir.

Doña Mayor tira del hábito de Ginebra para apartarla de los frailes. Poco a poco, todas van reuniéndose en ese aparte.

DOÑA MAYOR.– (*A fray Miguel*) ¡Un momentito, por favor! (*A Ginebra*) Prioresa, por mucho que nos cueste aceptarlo, la abadesa ya está juzgada y perdida. ¿No será mejor que procuremos salvarnos nosotras?

GINEBRA.– ¡Pena me dais! ¿Traicionaremos a quien siempre nos ha protegido?

La escena parece quedar en suspenso, como si todas dudasen antes de sentirse seguras de seguir con Aldara. A continuación, Ginebra se vuelve a los frailes con solemnidad.

GINEBRA.– ¿De qué se nos acusa?

Las mujeres permanecen a un lado, los frailes a otro, como si la disposición de sus cuerpos retratase una guerra.

FRAY MIGUEL.– Fray Paulino, ¿queréis recordarnos la lista que habéis hecho durante estos días?

FRAY PAULINO.– Cómo no, padre. (*Saca el pergamino de entre los hábitos, lo desenrolla y lee*). El convento está situado en un lugar fértil, de gran hermosura. Sin embargo, la gestión de la riqueza no es apropiada. La iglesia, hecha de piedra, está caída en su mayor parte, maltratada y hecha una cuadra, sin ornamentos ni nada que visitar. Como las monjas son pocas y, por demás, mujeres, diversas dependencias se han visto abatidas a causa de la escasez de recursos y de las numerosas usurpaciones del bandidaje. Además, las bestias y los cerdos se aproximan en demasía, lo que es práctica muy deshonesta porque no puede estar nunca el claustro limpio. La iglesia está cavada y con muy mal suelo. Deberían echar una capa de barro blanco y aderezarlo todo lo mejor que pudiesen, limpiando las paredes de telarañas y polvo, porque a nuestro parecer nunca tal han hecho. Cada sábado antes de vísperas deberían barrer toda la iglesia y tenerla bien limpia, sacudiendo altares e imágenes, que todo está en mal estado y sólo por eso ya merecen la excomunión.

JUANA.– ¡Maldita sea su lengua!

GINEBRA.– Más quiero a mi puerta una zarza que pique que una mala lengua que mi conducta quite.

FRAY MIGUEL.– (*A las monjas*) ¿Queréis continuar con la lectura?

GINEBRA.– ¡Claro! Ahora que sabemos la facilidad con que hacéis falso testimonio, deseamos comprobar el alcance de vuestra imaginación. ¡Que digáis que no limpiamos la iglesia...!

FRAY MIGUEL.– Fray Paulino, saltad esta parte e id a las acusaciones *hospitium et indigentium*.

Fray Paulino desenrolla el pergamino. Se ve que había muchas más acusaciones.

FRAY PAULINO.– Na-ña-ña-ña... ¡Aquí! Las monjas dan asilo cuando les place, sin solicitar la licencia del obispo, ni siquiera para acoger hombres consigo. Nosotros mismos no tuvimos que acreditarnos para acceder a su pieza, de lo que se deduce cierta facilidad y propensión al pecado. Hemos sabido, por confesión de varias de ellas, que no daban importancia a tamaño hecho y que, durante más de dos meses, en la pasada primavera, entretuvieron a un caballero que responde al nombre de Nuño de Vilamelle. Todas hablan maravillas de ese señor, que se diría fascinó a las propias piedras del convento, hasta el punto de que no sería difícil deducir que con todas ha tenido trato carnal. (*Murmullos*). Quien esta declaración subscribe ha tenido que enfrentar la desagradable situación de acercarse a una despensa, con la intención de juzgar, por los alimentos que almacenaba, cuál era el grado en que las monjas observaban la pobreza, y toparse con una de las criadas y su amante en actitud fornicadora, completamente desnudos, como bestias. Apenas recuperado de la sorpresa, las novicias me presentaron con toda naturalidad el caso, y aún que un forastero había sido hospedado, como pobre y malherido que era. Todas sabían dónde se acomodaba el tal caballero, a qué hora visitarlo y cómo. Y, por preguntas indirectas, pudimos comprobar que todas por allí habían ido, sin guardar el recato debido a su condición de mujeres religiosas.

Fray Paulino levanta la vista, cansado de leer. Todas están emitiendo sonidos de sorpresa e indignación. Él continúa.

FRAY PAULINO.– Las legas llevan en el rostro la marca del vicio. Las que están por profesar conocen y disculpan detalles tan crudos que no osaré relatar. La viuda alojada en el convento se pasa el día deseando que acontezcan novedades, preferiblemente amorosas, lo cual es contrario a su estado, que debería ser de desasosegado luto. La priora consiente todos los excesos de este mundo errático. Sin embargo, la culpable máxima es la abadesa. Doña Aldara Eáns no es capaz de ejecutar las acciones correspondientes a su cargo. Muchos no le pagan las décimas a que son debidos, de modo que el convento ha caído en la indigencia más extrema. Además, no sabe inculcar virtud en sus monjas, como si fuese intrusa en el hábito, de manera que las novicias están todo el día jugando y haciendo lo que les parece. Más grave acusación es la de andar en industrias y confabulaciones para separar a un hombre, cierto comerciante de Ourense, de su mujer, que sirve en el convento y será probablemente alcahueta o semejante. Andar de boca en boca como abogada de pleitos pobres no es misión para una abadesa. Finalmente, el *hospitium* concedido al caballero antes mentado se convirtió en un profano fornicio, fruto del cual, la abadesa parió una niña que todas crían con esmero. Como todas se han solazado con el tal señor de Vilamelle, todas la toman a ella por hija.

Visión de desolación general mientras fray Miguel sonríe complacido.

35

En ese instante de tensión hace su entrada Aldara, consternada, causando un momentáneo silencio en el resto.

JUANA.– ¿Servimos, abadesa?

ALDARA.– No, Juana, voy a hablaros. Mete todo en el horno, si no quieres que se enfríe; la comida hoy no es lo principal.

GINEBRA.– Pero cuidado, Aldara, con lo que dices, que tenemos el juicio preparado.

ALDARA.– No, Ginebra querida, ha pasado el tiempo de ser precavida.

ISABEL.– (*Va corriendo junto a Aldara y la abraza*) ¡Madre, vienen por nosotras!

ALDARA.– No os preocupéis. Tenemos cuitas mayores. La principal, la traición que nos hace la boticaria. Pero voy a acusarme. Me culpo de no haberla entendido, de no saber darle lo que precisaba: una dedicación absoluta al saber. Y, cuando me acuso, sé por qué lo hago. ¡Es tan difícil para una mujer poder dedicarse al conocimiento! Carola ha sufrido demasiado. ¡Si hubiese nacido varón...!

GINEBRA.– ¡Ah! ¡De haber nacido varones todas, la historia sería otra! No tienes que acusarte de nada, Aldara.

ALDARA.– Sí que tengo, aunque me entristezca su frialdad. Hay otras tristezas, también. Algunas cosas que han pasado en la última época me llevan incluso a desconfiar de Dios, que hace parir a las mujeres para arrebatarles a sus hijos en las guerras, o a recelar de los hombres, que practican una justicia con la que se aseguran de tener criadas... Elvira ha vuelto otra vez a su casa, no fuese que sus cuñados resultasen más lesivos que los alguaciles... Estoy triste y tengo motivos para estarlo. Ven, mi fiel Ginebra, ven.

GINEBRA.– No te dejaremos. Conseguiremos justicia.

ALDARA.– ¡No quiero su justicia! ¡Quiero hablar y hablaré! Por boca de las gentes sencillas, en todas partes, corren cantigas de abadesas fornicadoras. En la acusación de estos frailes no hay novedad. ¡Cuántas veces habremos prestado oídos a las cantigas de Juana, o de los campesinos! Las monjas son jodedoras y desmesuradas en el amor.

GINEBRA.– ¡Aldara, que te pierdes!

ALDARA.– No; he de hablar y hablo. Gonzalo Eanes do Viñal, que debía de ser pariente mío, agradecía su hospitalidad a cierta abadesa cantando «que de amor y de placer no pudisteis más hacer». Con estas bromas los pobres se olvidan de que no tienen pan y los ricos encuentran motivo para mucho reír. ¡Pobres de nosotras! ¡Qué ridículas parecemos tan hambrientas de hombre! Hermanas, por favor, no neguéis la acusación, ¡un poco de dignidad! Fray Miguel, fray Paulino, monjas y niñas mías, quiero que sepáis que la abadesa está segura de que nada de lo acontecido en este convento tiene que avergonzarnos. Ni las amedrentadas, ni las que se reúnen con hombres y les paren hijos, ni las que entretienen su pasión en la ternura, ni las otras (*haciendo un gesto con la mano que evoca vaguedad*) tienen que avergonzarse.

A Fray Paulino no le llega el tiempo para tomar nota. Todas están asombradas. Fray Miguel está serio. Nadie esperaba esta insubordinación.

ALDARA.– Fray Miguel, no entraré en vuestro juego, porque nada de lo que nos acusáis es malo. Malo es no asistir al pobre, no escuchar a quien se desespera, buscar el propio beneficio a costa de los demás, pero no puede serlo ofrecer unas caricias. Y lo que hace una mujer puede hacerlo cualquier otra. No negaré ser la madre de Guiomar porque podría haberlo sido. Juana, ¿quieres pasarme a la niña?

Aldara se destapa el pecho en gesto de amamantar a la criatura.

36

Pero llega a la puerta del convento arrastrando un pequeño carro, con los emblemas de la causa irmandiña, donde viene muerta Nona. La escena debe tener carácter épico, con música solemne. Isabel está agarrada a la puerta cuando Pero descabalga y se le acerca, como aquella otra vez.

PERO.– Llamad a la abadesa, que traigo funestas noticias.

ISABEL.– Lo sabía. Esta mañana la perra no ha querido comer y ¿sabes...?

PERO.– ¿Qué?

ISABEL.– He visto un halcón echándose encima de un gorrión.

PERO.– Eso debe de suceder cada día, pequeña.

ISABEL.– Sí, pero otros días eran los gorriones los perseguidores.

Sin aguardar respuesta, se mete. Se escucha cómo llama «¡Venid, venid todas! ¡¡Sancha, está Pero aquí!!». Todas entran corriendo por la misma puerta. Aldara todavía sostiene a la niña en el regazo.

ALDARA.– (*Gritando*) ¡No! ¡No!

Juana coge a la niña de sus brazos y ella se tira encima del cadáver y llora.

PERO.– (*Arrodillándose ante Aldara*) Abadesa, la persona a quien vos y yo servíamos ha muerto heroicamente defendiendo sus ideas, no sus intereses.

ALDARA.– (*Con cara de estar en otra parte*) Tienes razón, Pero; los dos la servíamos.

PERO.– Encontraréis consuelo en saber de su aguerrida valentía, de su atrevimiento...

ALDARA.– No hay consuelo para mí.

PERO.– Debéis saber que los seis guerreros que me acompañaron hasta esta misma entrada son una rara honra militar.

ALDARA.– (*Desesperada y sacándose la toca*) ¿Qué me importan las honras militares? ¿Qué me importan los castigos de la iglesia? ¿Qué puede importarme la justicia divina? Si ella no estará nunca aquí... Si no volveré a tener su sonrisa... ¡¡¡Si nunca, nunca más, habrá primavera!!!

GINEBRA.– Aldara, están oyéndote, tranquilízate.

ALDARA.– No me importan razones. (*Volviéndose a Pero*) ¿Cómo fue? ¿Padeció?

PERO.– Todo fue muy rápido, madre. Resbaló y se cayó dando asalto a la fortaleza de Monterrei. El cansancio nos podía porque ya luchábamos intuyendo la derrota. La causa irmandiña tiene los días contados, a pesar de ser una noble causa de guerra.

ALDARA.– (*Como loca*) ¿Una noble causa de guerra?

PERO.– Sí, mi señora. (*Aldara no atiende mucho, descubre el cuerpo de Nona y la acaricia y besa mientras Pero habla*). Hoy por fin sabemos que Galicia ha perdido la ocasión de liberarse. No va a aparecer quien nos salve de los abusos de los señores porque, uno por uno, a todos los hombres de las villas que no eran siervos se les está dando muerte.

GINEBRA.– Habéis hecho guerra inútil.

PERO.– ¡No era inútil, si era justa! Dicen que el conde de Lemos ha recibido del mariscal Pardo de Cela la encomienda de llenar los robles con vasallos colgados de sus ramas: ni uno solo de los participantes principales en la revuelta quedará sin castigo.

GINEBRA.– Y lo hará. Las leyes de la guerra son crueles.

PERO.– No lo creo. El conde sabe que precisa hombres para reconstruir su torre. Regalará perdones y acallará las bocas rebeldes.

GINEBRA.– Y tanta sangre derramada... ¿para nada?

PERO.– Para nada.

Aldara continúa echada sobre el cadáver.

PERO.– Abadesa, os pido licencia para enterrar a don Nuño en vuestro cementerio, donde pueda ser acompañado de vos y honrado por siempre; no comido por las fieras en el campo de batalla.

ALDARA.– (*Haciendo gesto afirmativo, pero con cara inexpresiva, como si no consiguiese reponerse*) ... Acompañada y honrada por siempre.

GINEBRA.– (*A Pero, susurrando*) Mientes bien, Pero. La muerte no le sobrevino así, ¿verdad?

PERO.– Murió retorciéndose por una flecha. Me dijo: «Ponte a cubierto, Pero, que esta vez voy a morir» y yo le contesté: «No, señor, no moriréis, que sois caballero fuerte y capaz...», pero él insistía «no, Pero, no lo soy, déjame, que los tiempos son llegados...». En ese momento quise arrancarle la flecha del costado. Abrí la casaca rompiendo las telas todas y... descubrí lo que no querría haber visto... Era una mujer.

GINEBRA.– ¡Por Cristo bendito!

PERO.– Me dijo: «nunca he sido lo que veías por fuera. (*Pausa*) Vete al convento y dile a la abadesa que mi último pensamiento fue, a pesar de todo, para ella». (*Llora*).

GINEBRA.– Lo enterraremos aquí. Debemos agasajar con todas las honras del luto a un guerrero tan notable... tan notable... como ella.

37

Puerta del convento. Una de ellas va poniendo cruces por el suelo, para evocar un cementerio. El cuerpo de Nona está en el medio; de la casaca, entreabierta, asoman pechos femeninos. Las monjas se acercan entre rituales mortuorios.

ISABEL.– Don Nuño... era una mujer.

SANCHA.– ¡Ya decía yo que encajaba demasiado con nosotras!

DOÑA MAYOR.– ¡Y era tan dulce!

VEVA.– Sí, tan linda.

GINEBRA.– Hombre, mujer, ... eso da lo mismo. ¡Pero estaba en la flor de la edad!

DOÑA MAYOR.– Hagamos lo que toca.

Continúan con los preparativos: cubren el cuerpo con un lienzo, queman sándalo, traen flores y pétalos.... Entran Pero y Aldara y se colocan ante el cadáver.

PERO.— Creo, abadesa, que las cosas no van muy bien para el convento.

ALDARA.— ¿Por qué?

PERO.— Observo que no es de vuestro agrado la presencia de esos malencarados dominicos.

ALDARA.— ¡Ah! ¡Ya! Perdona, Pero, estoy un poco ida. No te preocupes, nada va a suceder. Ninguna revuelta es lo que se ve por fuera, sino lo que va por dentro.

PERO.— Señora, por dentro no siempre van cosas buenas.

ALDARA.— ¡Qué dices, Pero! ¡Con lo buen hombre que tú eres!

PERO.— Eso era antes, que ahora soy todo confusión y maldad.

ALDARA.— No sabes lo que es eso.

PERO.— ¡Desgraciado de mí! Madre, como vos sabéis, mi señor no era un hombre.

ALDARA.— ¿Y bien...?

PERO.— Acompañé y serví a un guerrero que no era guerrero. ¡Me engañó! Nunca me confió su secreto. ¿Qué dirá don Diego? ¡Yo sirviendo en la guerra a una mujer...!

ALDARA.— ¡Tranquilo, Pero, descansa!

PERO.— Todos se reirán de mí. Hasta yo lo hago. ¡Cuántas noches dormiría al lado de ella... y sin tocarla!

ALDARA.— Deja de torturarte, que el consuelo está dentro de ti. No se precisa ser hombre para actuar como señor valeroso y cortés. No se precisa ser hombre para comportarse como el más justo de los amos, el más afable de los amigos. ¿No te habías dado cuenta de eso?

Pero se echa a llorar de rodillas. Aldara le da palmadas en la cabeza. A continuación, coge dos cirios que tiene al lado y le tiende uno a Pero. Se disponen en formación: Ginebra-doña Mayor, Sancha-Juana, Isabel-Veva, Carola-Elvira. Finalmente, Aldara y Pero. La comitiva empuja el carro de

Nona, envuelta en un sudario y rodeada de flores. De repente, Aldara se adelanta.

ALDARA.– Bendita seas, Nona. La lápida que pondremos cantará tu nombre auténtico... (*sollozos*) para que siempre perdure la primavera.

Aldara coloca encima de ella una ramita de manzano. Salen.

38

De noche el convento vuelve a bullir de actividad.
Los frailes en el pajar se remueven ridículos y no pueden dormir al oír a Pero y Sancha amarse desesperadamente en el galpón contiguo.
Juana sale por la puerta encapuchada.
Carola en su celda escribe afanosamente.
Doña Mayor recoge sus pertenencias para marcharse antes de que los frailes las echen.
Ginebra habla con las novicias de una realidad que no acaba de entender: la doble identidad de Nuno-Nona. Ellas están muy atentas.

GINEBRA.– Pues eso, que un hombre puede parecer una mujer o al revés, sin que deje de ser lo que era... Cuando una mujer se viste de hombre y hace ocupaciones de hombre, pues claro está que no es un hombre...

ISABEL.– No lo entiendo.

VEVA.– ¡Yo tampoco!

GINEBRA.– ¡Buff! A ver, otra vez. Tenemos fuera enterrada a Nona, que era don Nuño, aunque no nos lo parecía...

ISABEL.– No, prioresa, no es así.

GINEBRA.– ¡Buff! A ver, otra vez...

Fuera, Aldara llora desconsolada ante la tumba de su amante.

39

Tod@s están sentad@s en el gabinete de la abadesa, menos Aldara que está de pie.

ALDARA.– Me gustaría ser letrada sabia para hablaros tan solemnemente como corresponde en esta ocasión. Vivimos entre guerras que sólo traen pérdidas. Cada cual tendrá sus dolores, supongo, pero puedo aseguraros que he pagado cara esta revuelta. Aquí, entre vosotras, había quien pensaba que la guerra podría traer nuevos tiempos, que íbamos a ser felices y comer sólo fresas. Parece que no, porque hemos perdido *(pausa)*. También hay aquí quien piensa que esta fue una guerra justa y que los combatientes conseguirán gloria. Preferiría la gloria de que estuviesen con vida. La guerra nos ha traído pérdidas, sin duda. Yo he perdido en ella a mi amiga, a mi enamorada, Nona. Ella perdió sobre todo su ocasión de ser por sí misma, sin tener que disfrazarse de hombre para ser quien era.

Aldara coge a la niña de los brazos de Juana.

ALDARA.– *(A la niña)* A ver, a ver, Guiomar, aquí, bonita... *(Al público)* Pero nosotras, en este convento de monjas pobre, perdido en unas tierras alejadas de todo, no hemos de desperdiciar la ocasión que se nos brinda. Fray Miguel, voy a confesarlo todo.

FRAY MIGUEL.– Os escucho impaciente.

ALDARA.– En la primavera pasada acogí, por espíritu cristiano y no por lujuria, al caballero Nuño de Vilamelle, que ha sido muerto y visto con su cuerpo de mujer por la tropa. En su estancia aquí, Nuño se me reveló Nona y yo amé a Nona. Volvería a amarla. Ya sé que este amor es prohibido, que está contra las leyes que ponéis en boca de Dios, pero a mí me nació del corazón sin que hubiese salido en su busca y fue más fuerte que todo el respeto y el temor de Dios. Amé a Nona y a Nona amaría si la fortuna no la hubiese desgraciado. Reíd, trovadores, reíd, esta vez la abadesa ha tenido amores, pero no los cantaréis porque fueron con otra mujer. ¿Vais a divulgar, fray Miguel, esta noticia? ¿O costará demasiadas explicaciones a la iglesia? Si lo pensáis bien, ¿qué va a decir el obispo cuando sepa que, habiéndoos encargado arremeter contra el convento, sólo supisteis montar un enredo? Porque, vamos a ver (*entregándole el bebé a Juana*), si la prueba de que en el convento hacemos una vida disipada es mi hija Guiomar, no hay prueba, sino una disculpa mal fundada para arrebatarnos lo nuestro. Si no recuerdo mal, las mujeres solas no podemos concebir porque, como dice Santo Tomás, para concebir le hace falta varón a la hembra... ¡No sé lo que digo! ¿Seguro? ¿Le hace falta varón a la hembra? ¿No será al revés y el necesitado de vientre será el varón?

Todas se ríen. Los frailes, enfadadísimos, salen de escena.

ALDARA.– Claro que, tal vez, Santo Tomás sabía demasiado poco de mujeres para matizar en este punto. Como mujer que también soy, no serviré al poder que representáis y, por la autoridad que me confieren mis compañeras, os exijo que abandonéis esta casa, un convento que, como sabéis, está poniendo en peligro vuestra reputación. Recordad que alojamos a una guerrera y hemos recibido protección de la Santa Hermandad, la causa perdedora. No creo que al obispo le guste que os vean por aquí. Ahora bien, ¡cuidado!; a nosotras la Hermandad tampoco nos complace porque intenta arreglar los problemas al estilo de los hombres. (*A las monjas todas*) ¡Queridas, nadie podrá ya hacernos daño! ¡Acabamos de descubrir que somos gorriones, terrible y completamente independientes!

Se da la vuelta y camina hacia la tumba donde la rama de manzano ya está florida.

FIN

Índice

PUBLICACIONES DE LA ASOCIACIÓN DE DIRECTORES DE ESCENA

www.adeteatro.com

Últimos títulos publicados

Serie: «Literatura dramática»

Nº 123 "ANÍBAL / MEHMED II"
de Pierre C. C. de Marivaux
Edición y traducción de Lydia Vázquez

Nº 124 "EL DIABLO COJUELO"
de Luis Vélez de Guevara
Versión escénica de Jesús Gómez Gutiérrez y Aitana Galán

Nº 125 "EL LEGADO / LA PRUEBA"
de Pierre C. C. de Marivaux
Edición y traducción de Lydia Vázquez

Nº 126 "TEATRO SUFRAGISTA BRITÁNICO"
Edición y traducción de Verónica Pacheco Costa

Serie: «Literatura dramática iberoamericana»

Nº 79 "¡CÓMICOS!" y "¡MÁQUINAS!"
de Álvaro Orriols
Edición de Antonio Espejo Trenas

Nº 80 "LA ODISEA SEGÚN MARCO MANICIO"
de Agustín Iglesias

Nº 81 "AMBIENTE FAMILIAR (MÍNIMO 2 NOCHES)"
de Aitana Galán y Jesús Gómez Gutiérrez

Nº 82 "LOS AMANTES SARNOSOS"
de Agustín Iglesias

Nº 83 "ANTÁRTIDA"
de Raúl Hernández Garrido

Serie: «Debate»

N° 31 "CAVILACIONES TEATRALES"
de Pedro Álvarez-Ossorio

N° 32 "LA ESCALERA EN EL TEATRO"
de Javier Navarro de Zuvillaga

N° 33 "LA MIRADA CREADORA ANTE LA ESCENIFICACIÓN"
Edición de Jara Martínez Valderas, Marga del Hoyo Ventura y José Manuel
Teira Alcaraz

N° 34 "20 DIRECTORES ROMPEDORES DE EUROPA DEL ESTE"
Edición de Kalina Stefanova y Marvin Carlson

N° 35 "DE LO DRAMÁTICO A LO POSTDRAMÁTICO. LA ESCENA
DEL SIGLO XXI (2)"
de José Gabriel López Antuñano

Serie: «Teoría y práctica del teatro»

N° 41 "ADRIÀ GUAL. TEORÍA ESCÉNICA"
Edición de Carles Batlle y Enric Gallén.
(Coedición ADE / Institut del Teatre)

N° 42 "EL BALLET ROMÁNTICO EN EL TEATRO DEL CIRCO
DE MADRID (1842-1850)"
de Laura Hormigón

N° 43 "ADOLFO MARSILLACH: ESCENIFICAR A LOS CLÁSICOS
(1986-1994)"
de Mariano de Paco Serrano

N° 44 "EL ACTOR BORBÓNICO (1700-1831)"
de Joaquín Álvarez Barrientos

N° 45 "LA TEORÍA DRAMÁTICA. UN VIAJE A TRAVÉS DEL
PENSAMIENTO TEATRAL"
de Jaume Melendres.
Traducción de Aitana Galán.
(Coedición ADE / Institut del Teatre/ Dantzerti)